BIBLIOTHÈQUE
LATINE-FRANÇAISE

PUBLIÉE

PAR

C. L. F. PANCKOUCKE.

PARIS, IMPRIMERIE DE C. L. F. PANCKOUCKE,
Rue des Poitevins, n. 14.

THÉATRE
DE PLAUTE

TRADUCTION NOUVELLE

ACCOMPAGNÉE DE NOTES

PAR J. NAUDET

MEMBRE DE L'INSTITUT (INSCRIPTIONS ET BELLES-LETTRES).

TOME DEUXIÈME

LA MARMITE. — LES DEUX BACCHIS.

PARIS
C. L. F. PANCKOUCKE
MEMBRE DE L'ORDRE ROYAL DE LA LÉGION D'HONNEUR
ÉDITEUR, RUE DES POITEVINS, N° 14.

M DCCC XXXIII.

PLAUTE.

LA MARMITE.

AVANT-PROPOS DE LA MARMITE.

La Marmite! pourquoi déroger à l'usage, et remplacer par ce mot trivial et bas l'ancien titre plus savant et plus connu? Plus connu, oui; mais compris? et c'est à l'être qu'un traducteur aspire avant tout. Qu'est-ce que ce nom l'*Aululaire*, latin dans son thème, français par sa terminaison, et qui n'appartient en propre à aucune langue, et n'a par lui-même aucun sens? Est-il bien sûr encore, qu'au siècle d'Auguste, tout le monde, même à Rome, entendît la signification du terme *aulularia*, sans qu'un Varron, un Verrius Flaccus, expliquât comment ce meuble de cuisine appelé *olla*, avait eu nom *aula* chez les anciens, lorsqu'on ne voulait point de doublement de consonne; et comment *aulularia* provenait du diminutif de *aula*, parce que les vieux Romains aimaient beaucoup les diminutifs [1]; ce qu'on n'aurait guère attendu de la rudesse de leurs mœurs?

La Marmite, voilà le vrai titre en français de la pièce de Plaute. J'y tiens beaucoup, non de cette affection que le bonhomme Chrysale portait en son cœur aux choses de cette espèce, quoique je prise fort son bon sens et ses discours; je tiens à mon titre par un motif de raison et d'équité. C'est la Marmite qui, avec Euclion, occupe le plus constamment la scène; c'est elle qui, avec lui, joue le rôle le plus important; elle est le personnage moral du drame. Que le vieillard pousse comme un furieux sa servante dans la rue; c'est qu'il veut visiter sans témoins, avant que de sortir, sa marmite pleine d'or. Qu'il s'afflige de quitter un moment son logis, même pour aller chez le magistrat de la curie chercher sa part d'un congiaire; c'est sa marmite qui le met en peine. Que l'affabilité de l'honnête Mégadore, et l'empressement de ce riche pour

---

[1] *Voyez* les titres *Cistellaria*, *Mostellaria*, *Pænulus*. Qu'on se souvienne du surnom *Corculum* donné au sage Scipion Nasica, etc.

AVANT-PROPOS DE LA MARMITE.

un pauvre homme tel que lui, le troublent et l'alarment; c'est pour sa marmite qu'il tremble. Qu'au bruit des ouvriers travaillant dans la maison du voisin, il rompe l'entretien brusquement et coure chez lui tout effaré; c'est encore sa marmite qu'il va sauver des voleurs. Pourquoi chasse-t-il à grands coups de bâton les cuisiniers que son gendre futur a envoyés chez lui en son absence pour apprêter le festin de noces, un festin qui ne doit lui rien coûter? Et sa marmite! comment la tenir cachée avec de pareils fripons? Cette marmite est comme l'Achille de l'*Iliade*; dans son repos elle domine toute l'action, toujours présente et invisible. Mais la voici enfin qui paraît. Euclion la porte en ses bras; il lui cherche un asile plus sûr. Le bois sacré de Sylvain est tout proche; il l'y enfouit. Mais de noirs pressentimens, mais le cri du corbeau et la rencontre d'un maraud d'esclave, ne lui laissent point de sécurité. Malgré les difficultés et les périls du déplacement, il faut choisir un autre dépositaire. La marmite reparaît encore pressée contre le sein d'Euclion, et c'est la Bonne-Foi qui la reçoit dans son temple, sans pouvoir elle-même se flatter d'inspirer à l'avare une confiance entière. Le coquin d'esclave le guettait, et la cachette est éventée. Entendez les cris d'Euclion, voyez ce masque grimaçant une colère qui va jusqu'à la rage, une douleur qui va jusqu'à la démence. C'est sa marmite qu'il redemande aux dieux et aux hommes, et pour laquelle il ferait pendre amis et ennemis, et lui-même après eux; cette marmite plus chère à son cœur que sa fille, dont il apprend, pour comble de désespoir, le déshonneur en ce moment même. Ainsi la marmite, ou son image, est attachée après lui, comme son génie malfaisant, comme sa furie, en punition de sa dureté pour les siens, de sa folie cruelle pour lui-même. Elle l'agite, elle le torture sans relâche par des transes mortelles, jusqu'à ce qu'enfin il n'y ait plus pour lui de nouveau malheur, de nouveau chagrin possible; et ce terrible supplice ne cesse d'être le spectacle, parfois le plus bouffon, presque toujours le plus comique.

Que Plaute eût été bien inspiré, s'il n'eût pas voulu ajouter à cette moralité un miracle incroyable, la métamorphose de l'avare en un bon père affectueux et libéral[1]! Ce qui se tolère en un

[1] *Voyez* l'Argument acrostiche, au dernier vers.

conte d'enfans pour l'édification des lecteurs, au théâtre n'est point admis par les hommes.

Ce fut néanmoins une conception hardie et puissante, une œuvre habile de l'art, que de renfermer dans la simple peinture d'un caractère, l'intérêt d'une grande comédie, et de soutenir l'action exempte de monotonie et de langueur, sans les accessoires d'une intrigue amoureuse ou des fourberies d'un esclave. Servante, cuisiniers, voisins, tous les personnages de la pièce se groupent autour d'Euclion sans l'éclipser un instant, et ne tendent qu'à mettre son vice en saillie et en lumière, la vieille Staphyle par ses doléances, Mégadore par sa générosité, les cuisiniers par leurs récits, l'amant par ses aveux mal interprétés, tous par les tribulations qu'ils lui causent.

Gardons-nous donc de renvoyer cette œuvre aux tréteaux des bateleurs, comme l'insinuerait un certain critique, sans que notre admiration toutefois aille jusqu'à la préférer à l'imitation originale et féconde de Molière. Entre l'enthousiasme érudit et systématique de M. Shlegel et le dédain superficiel de La Harpe, il est possible de porter un jugement plus équitable, si l'on a égard aux conditions diverses de la comédie latine et du théâtre français, soit pour le rôle que jouent les femmes, soit pour les bienséances des temps et des lieux, soit pour la déclamation, qui augmente ou diminue, selon qu'elle est plus ou moins chantante, l'étendue des poëmes et la complication des fables.

La composition et le sujet nous induiraient à penser que cette production appartenait à la maturité de l'auteur, lors même que des conjectures assez positives ne nous en donneraient pas à peu près la certitude.

L'an 559 de Rome[1], on se reposait à peine de la seconde guerre punique, lorsqu'un grand débat agita la ville. La loi d'Oppius avait interdit, vingt ans auparavant, aux dames romaines, les bijoux, les robes brodées et les voitures. Deux tribuns proposèrent de l'abroger, deux autres voulaient qu'elle fût maintenue. Caton était alors consul; on pense bien de quel côté il se rangea. Les femmes assiégeaient les maisons des magistrats, remplissaient le Forum et ses abords, tâchant de gagner des protections et des

---

[1] Tite-Live, liv. xxxiv, ch. 1-8 ; Valère-Maxime, liv. ix, chap. i, § 3.

suffrages; et même il accourait à Rome de tous les lieux voisins des solliciteuses : c'était presque une émeute. Caton n'arriva qu'à grand'peine, murmurant et grondant, à la tribune; il lui avait fallu traverser une armée de femmes qui l'étourdissaient de leurs plaintes, peut-être aussi de leurs imprécations, lorsqu'elles croyaient n'être pas reconnues dans la foule et le bruit. L'éloquence du consul fut vaincue avec la loi.

N'était-on pas encore échauffé par ces disputes ou par un souvenir récent, lorsque les réflexions du sage Mégadore sur le luxe des femmes, sur l'usage des chars et sur l'abus des parures, venaient s'accorder si bien avec les véhémentes harangues de Caton? Plaute fut le poëte des plébéiens, comme Caton en était l'orateur. Ils ont signalé, en plus d'une occasion, l'un et l'autre cette lutte de la vieille pauvreté latine contre les nouvelles richesses et les nouvelles voluptés apportées de la Grèce par la victoire. Cette pièce ne dut pas être donnée plus de dix ou douze ans avant la mort de Plaute, qui n'atteignit pas la vieillesse.

Il ne nomme point l'auteur dont il s'est approprié l'ouvrage. On cite parmi les pièces de Ménandre, le *Trésor*, ainsi que parmi celles de Philémon et d'Anaxandride. Ménandre avait fait aussi l'*Hydria* (la Cruche), et il s'y agissait d'un trésor. Leurs sujets étaient-ils semblables à celui de Plaute ? Dioxippe, et, après lui, Philippide, deux poëtes athéniens, avaient composé des pièces intitulées l'*Avare*. On a conservé un vers d'une *Aulularia* de Névius. Mais qu'avaient-ils à revendiquer ici ? on n'en sait rien.

Peut-être le silence de Plaute vient-il de la conscience de son plein droit sur sa comédie. Il l'avait faite toute romaine, toute à lui, en la transportant sur la scène de Rome. C'était une conquête, et non un larcin.

DRAMATIS PERSONÆ.

LAR, Prologus.
EUCLIO, senex.
STAPHYLA, anus.
EUNOMIA, mulier.
MEGADORUS.
STROBILUS*.
ANTHRAX, } coqui.
CONGRIO, }
PYTHODICUS, servus.
LYCONIDES.
PHÆDRA, puella.

---

* Duo sunt uno nomine, alter Lyconidis, alter Megadori servus. Vid. infra IV, 1.

PERSONNAGES.

Le dieu LARE, Prologue.
EUCLION, vieil avare.
STAPHYLE, vieille esclave d'Euclion.
EUNOMIE, sœur de Mégadore, mère de Lyconide.
MÉGADORE, vieillard opulent et libéral.
STROBILE, esclave de Mégadore.
ANTHRAX, } cuisiniers.
CONGRION, }
PYTHODICUS, esclave de Mégadore.
STROBILE, esclave de Lyconide.
LYCONIDE, fils d'Eunomie, amant de Phédra.
PHÉDRA, fille d'Euclion.

ARGUMENTUM.

Senex avarus vix sibi credens Euclio,
Domi suæ defossam multis cum opibus
Aulam invenit, rursumque penitus conditam
Exsanguis, amens, servat. Ejus filiam
Lyconides vitiarat. Interea senex
Megadorus, a sorore suasus ducere
Uxorem, avari gnatam deposcit sibi.
Durus senex vix promittit, atque aulæ timens,
Domo sublatam variis abstrudit locis.
Insidias servos facit hujus Lyconidis
Qui virginem vitiarat; atque ipse obsecrat
Avonculum Megadorum sibimet cedere
Uxorem amanti. Per dolum mox Euclio
Quom perdidisset, aulam insperato invenit,
Lætusque gnatam conlocat Lyconidi.

ALIUD ARGUMENTUM

(ut quibusdam videtur)

PRISCIANI.

Aulam repertam auri plenam Euclio
Vi summa servat, miseris adfectus modis.
Lyconides istius vitiat filiam.
Volt hanc Megadorus indotatam ducere,

ARGUMENT.

Le vieil avare Euclion, qui s'en fie à peine à lui-même, a trouvé chez lui, sous terre, une marmite remplie d'or. Il l'enfouit de nouveau profondément, et la garde avec de mortelles inquiétudes; il en perd l'esprit. Lyconide a ravi l'honneur à la fille de ce vieillard. Sur ces entrefaites, le vieux Mégadore, à qui sa sœur a conseillé de prendre femme, demande en mariage la fille de l'avare. Le vieux hibou a grand'peine à l'accorder. Sa marmite lui cause trop d'alarmes; il l'emporte de chez lui et la change de cachette plusieurs fois. Il est surpris par l'esclave de ce même Lyconide qui avait déshonoré la jeune fille. L'amant obtient de son oncle Mégadore qu'il renonce en sa faveur à la main de son amante. Ensuite Euclion, qui avait perdu par un vol sa marmite, la recouvre contre tout espoir; dans sa joie, il marie sa fille à Lyconide.

ARGUMENT ACROSTICHE

ATTRIBUÉ

A PRISCIEN LE GRAMMAIRIEN.

Une marmite pleine d'or a été trouvée par Euclion. Il fait sentinelle auprès, et s'inquiète et se tourmente. Lyconide ravit l'honneur à la fille du vieillard. Mégadore la demande en mariage sans dot, et, pour engager Euclion

Lubensque ut faciat, dat cocos cum opsonio.
Auro formidat Euclio; abstrudit foris.
Reque omni inspecta, conpressoris servolus
Id surpit. Illic Euclio i rem refert;
Ab eo donatur a‹…›re, et filio.

à consentir, il fournit le festin avec les cuisiniers. Euclion tremble pour son or et va le cacher hors de chez lui. L'esclave de l'amant le guettait; il enlève la marmite. Le jeune homme la rapporte, et Euclion lui donne en récompense son trésor et sa fille avec le nouveau-né.

M. ACCII PLAUTI

SARSINATIS UMBRI

AULULARIA.

PROLOGUS.

LAR FAMILIARIS.

Ne quis miretur, qui sim, paucis eloquar.
Ego Lar sum Familiaris, ex hac familia,
Unde exeuntem me adspexistis: hanc domum
Jam multos annos est, quom possideo, et colo
Patrique, avoque jam hujus qui nunc heic habet.
Sed mihi avos hujus obsecrans concredidit
Thesaurum auri clam omneis: in medio foco
Defodit, venerans me, ut id servarem sibi.
Is quoniam moritur, ita avido ingenio fuit,
Nunquam indicare id filio voluit suo;
Inopemque optavit potius eum relinquere,
Quam eum thesaurum conmonstraret filio.
Agri reliquit eii non magnum modum,
Quo cum labore magno et misere viveret.
Ubi is obiit mortem, qui mi id aurum credidit,

LA MARMITE

COMÉDIE

DE PLAUTE.

PROLOGUE.

LE DIEU LARE.

Que mon aspect ne vous étonne pas; deux mots vont me faire connaître : je suis le dieu Lare de cette famille, là, dans la maison d'où vous m'avez vu sortir. Il y a bien des années que j'y demeure; j'étais le dieu familier du père et de l'aïeul de celui qui l'occupe aujourd'hui. L'aïeul me confia un trésor inconnu de tout le monde, et l'enfouit au milieu du foyer, me priant, me suppliant de le lui conserver. A sa mort, voyez son avarice, il ne voulut point dire le secret à son fils, et il aima mieux le laisser pauvre, que de lui découvrir son trésor; un père! Son héritage consistait en un petit coin de terre, d'où l'on ne pouvait tirer, à force de travail, qu'une chétive existence. Quand cet homme cessa de vivre, moi, gardien du dépôt, je voulus voir si le fils me rendrait plus d'honneur que son père. Ce fut bien pis encore :

Cœpi observare, ecquid majorem filius
Mihi honorem haberet, quam ejus habuisset pater.
Atque ille vero minus minusque inpendio
Curare, minusque me inpartire honoribus.
Item a me factum contra 'st; nam item obiit diem.
Ex se hunc reliquit, qui heic nunc habitat, filium
Pariter moratum, ut pater avosque hujus fuit.
Huic filia una 'st : ea mihi cotidie
Aut ture, aut vino, aut aliquî semper subplicat :
Dat mî coronas. Ejus honoris gratia
Feci, thesaurum ut hic reperiret Euclio,
Quo eam facilius nubtum, si vellet, daret.
Nam conpressit eam de summo adulescens loco.
Is scit adulescens quæ sit, quam conpresserit;
Illa illum nescit, neque conpressam autem pater.
Eam ego hodie faciam, ut hic senex de proxumo
Sibi uxorem poscat : id ea faciam gratia,
Quo ille eam facilius ducat, qui conpresserat.
Et hic qui poscet eam sibi uxorem senex,
Is adulescentis illius est avonculus,
Qui illam stupravit noctu, Cereris vigiliis.
Sed hic senex jam clamat intus, ut solet;
Anum foras extrudit, ne sit conscia.
Credo, aurum inspicere volt, ne subreptum siet.

mon culte fut de plus en plus négligé. Notre homme eut ce qu'il méritait; je le laissai mourir sans être plus avancé. Un fils lui succéda : c'est le possesseur actuel de la maison; caractère tout-à-fait semblable à son aïeul et à son père. Il a une fille unique. Elle, au contraire, m'offre chaque jour, soit un peu de vin, soit un peu d'encens, ou quelque autre hommage; elle m'apporte des couronnes. Aussi est-ce à cause d'elle que j'ai fait découvrir le trésor par son père Euclion, afin que, s'il voulait la marier, cela lui devînt plus facile. Elle a été violée par un jeune homme de très-bonne maison; il la connaît, mais il n'est point connu d'elle, et le père ignore ce malheur. Aujourd'hui le vieillard, leur voisin, ici *(montrant la maison de Mégadore)*, la demandera en mariage : c'est moi qui lui inspirerai ce dessein pour ménager à l'amant l'occasion d'épouser. Car le vieillard qui la recherchera est justement l'oncle du jeune homme qui l'a déshonorée, dans les veillées de Cérès. Mais j'entends le vieil Euclion, là, dans la maison, grondant selon sa coutume. Il contraint sa vieille servante à sortir, de peur qu'elle n'évente son secret. Il veut, je crois, visiter son or, et s'assurer qu'on ne l'a pas volé.

AULULARIA.

EUCLIO, STAPHYLA*.

EUCLIO.
Exi, inquam; age, exi. Exeundum, hercle, tibi hinc est foras,
Circumspectatrix cum oculis emissitiis.

STAPHYLA.
Nam cur me miseram verberas?

EUCLIO.
      Ut misera sis,
Atque ut te dignam mala malam ætatem exigas.

STAPHYLA.
Nam qua me nunc causa extrusisti ex ædibus?

EUCLIO.
Tibi ego rationem reddam, stimulorum seges?
Illuc regredere ab ostio; illuc, sîs. Vide, ut
Incedit! At scin' quomodo tibi res se habet?
Si hodie, hercle, fustem cepero, aut stimulum in manum,
Testudineum istum tibi ego grandibo gradum.

STAPHYLA.
Utinam me divi adaxint ad suspendium

---
* Actus I, Scena 1.

LA MARMITE.

EUCLION, STAPHYLA*.

EUCLION.

Allons, sors; sors donc. Sortiras-tu, espion, avec tes yeux fureteurs?

STAPHYLA.

Pourquoi me bas-tu, pauvre malheureuse que je suis?

EUCLION.

Je ne veux pas te faire mentir. Il faut qu'une misérable de ton espèce ait ce qu'elle mérite, un sort misérable.

STAPHYLA.

Pourquoi me chasser de la maison?

EUCLION.

Vraiment, j'ai des comptes à te rendre, grenier à coups de fouet. Éloigne-toi de la porte. Allons, par là *(lui montrant le côté opposé à la maison).* Voyez comme elle marche. Sais-tu bien ce qui t'attend? Si je prends tout-à-l'heure un bâton, ou un nerf de bœuf, je te ferai allonger ce pas de tortue.

STAPHYLA, à part.

Mieux vaudrait que les dieux m'eussent fait pen-

* Acte I, Scène 1.

Potius quidem, quam hoc pacto apud te serviam.
EUCLIO.
At ut scelesta sola secum murmurat!
Oculos, hercle, ego istos, inproba, ecfodiam tibi,
Ne me observare possis, quid rerum geram.
Abscede, etiam nunc, etiam nunc, etiam : ohe!
Istuc adesto. Si, hercle, tu ex istoc loco
Digitum transvorsum aut unguem latum excesseris,
Aut si respexis, donicum ego te jussero,
Continuo, hercle, ego te dedam discipulam cruci.
Scelestiorem me hac anu certo scio
Vidisse nunquam; nimisque ego hanc metuo male,
Ne mî ex insidiis verba inprudenti duit,
Neu persentiscat, aurum ubi 'st absconditum,
Quæ in obcipitio quoque habet oculos, pessuma.
Nunc ibo uti visam, estne ita aurum, ut condidi,
Quod me sollicitat plurimis miserum modis.
STAPHYLA.
Nec nunc, mecastor, quid hero ego dicam meo
Malæ rei evenisse, quamve insaniam,
Queo conminisci : ita miseram me ad hunc modum
Decies die uno sæpe extrudit ædibus.
Nescio, pol, quæ illunc hominem intemperiæ tenent.
Pervigilat nocteis totas; tum autem interdius,
Quasi claudus sutor, domi sedet totos dies.
Neque jam quo pacto celem herilis filiæ
Probrum, propinqua partitudo quoi adpetit,
Queo conminisci; neque quidquam meliu 'st mihi,
Ut opinor, quam ex me ut unam faciam literam
Longam, meum laqueo collum quando obstrinxero.

dre, que de me donner un maître tel que toi.

ÉUCLION.

Cette drôlesse marmotte tout bas. Certes, je t'arracherai les yeux pour t'empêcher de m'épier continuellement, scélérate! Éloigne-toi. Encore. Encore. Encore. Holà! reste-là. Si tu t'écartes de cette place d'un travers de doigt ou de la largeur de mon ongle, si tu regardes en arrière, avant que je te le permette, je te fais mettre en croix pour t'apprendre à vivre. *(A part)* Je n'ai jamais vu de plus méchante bête que cette vieille. Je crains bien qu'elle ne me joue quelque mauvais tour au moment où je m'y attendrai le moins. Si elle flairait mon or, et découvrait la cachette? c'est qu'elle a des yeux jusque derrière la tête, la coquine. Maintenant, je vais voir si mon or est bien comme je l'ai mis. Ah! qu'il me cause d'inquiétudes et de peines!

(Il sort.)

STAPHYLA, seule.

Par Castor! je ne peux deviner quel sort on a jeté sur mon maître, ou quel vertige l'a pris. Qu'est-ce qu'il a donc à me chasser dix fois par jour de la maison? On ne sait, vraiment, quelle fièvre le travaille. Toute la nuit il fait le guet; tout le jour il reste chez lui sans remuer, comme un cul-de-jatte de cordonnier. Mais moi, que devenir? comment cacher le déshonneur de ma jeune maîtresse? Elle approche de son terme. Je n'ai pas d'autre parti à prendre, que de faire de mon corps un grand I, en me mettant une corde au cou.

AULULARIA.

EUCLIO, STAPHYLA.

EUCLIO.

Nunc defæcato demum animo egredior domo,
Postquam perspexi salva esse intus omnia.
Redi nunc jam intro, atque intus serva.

STAPHYLA.

        Quippini
Ego intus servem : an, ne quis ædeis abferat?
Nam heic apud nos nihil est aliud quæsti furibus :
Ita inaniis sunt obpletæ atque araneis.

EUCLIO.

Mirum, quin tua me causa faciat Jupiter
Philippum regem aut Darium, trivenefica.
Araneas mihi ego illas servari volo.
Pauper sum, fateor; patior; quod di dant, fero.
Abi intro; obclude januam. Jam ego heic ero.
Cave quemquam alienum in ædeis intromiseris.
Quod quispiam ignem quærat, exstingui volo,
Ne causæ quid sit, quod te quisquam quæritet.
Nam si ignis vivet, tu exstinguere extempulo.
Tum aquam abfugisse dicito, si quis petet.
Cultrum, securim, pistillum, mortarium,
Quæ utenda vasa semper vicini rogant,
Fures venisse, atque abstulisse dicito.
Profecto in ædeis meas, me absente, neminem
Volo intromitti; atque etiam hoc prædico tibi,

---

* Actus I, Scena II.

EUCLION, STAPHYLA*.

EUCLION, à part.

Je sors à présent, l'esprit plus dégagé. Je me suis assuré là-dedans que tout est bien en place. *(A Staphyla)* Rentre maintenant, et garde la maison.

STAPHYLA, ironiquement.

Oui, garder la maison; est-ce de crainte qu'on n'emporte les murs? car, chez nous, il n'y a pas d'autre coup à faire pour les voleurs : la maison est toute pleine de rien et de toiles d'araignées.

EUCLION.

C'est étonnant, n'est-ce pas, que Jupiter ne m'ait pas donné, pour te faire plaisir, les biens du roi Philippe ou ceux du roi Darius, vieille sorcière! Je veux qu'on garde les toiles d'araignées, moi. Eh bien, oui, je suis pauvre. Je me résigne; ce que les dieux m'envoient, je le prends en patience. Rentre, et ferme la porte. Je ne tarderai pas à revenir. Ne laisse entrer personne; prends-y garde. Éteins le feu, de peur qu'on n'en demande; on n'aura plus de prétexte pour en venir chercher. S'il reste allumé, je t'étoufferai à l'instant. Dis à ceux qui demanderaient de l'eau, qu'elle s'est enfuie. Les voisins empruntent toujours quelque ustensile, comme cela; c'est un couteau, une hache, un pilon, un mortier. Tu diras que les voleurs nous ont tout pris. Enfin je veux qu'en mon absence personne ne s'introduise;

---

* Acte I, Scène II.

Si Bona Fortuna veniat, ne intromiseris.

STAPHYLA.

Pol, ea ipsa, credo, ne intromittatur, cavet :
Nam ad ædeis nostras nusquam adiit quaquam prope.

EUCLIO.

Tace, atque abi intro.

STAPHYLA.

Taceo, atque abeo.

EUCLIO.

Obclude, sîs,
Foreis ambobus pessulis : jam ego heic ero.
Discrucior animi, quia ab domo abeundum 'st mihi.
Nimis, hercle, invitus abeo : sed quid agam, scio.
Nam noster nostræ qui est magister Curiæ,
Dividere argenti dixit numos in viros :
Id si relinquo ac non peto, omneis inloco
Me subspicentur, credo, habere aurum domi.
Nam verisimile non est, hominem pauperem
Pauxillum parvi facere quin numum petat.
Nam nunc, quom celo sedulo omneis, ne sciant,
Omneis videntur scire, et me benignius
Omneis salutant, quam salutabant prius;
Adeunt, consistunt, copulantur dexteras;
Rogitant me, ut valeam, quid agam, quid rerum geram.
Nunc, quo profectus sum, ibo; postidea domum
Me rursum, quantum potero, tantum recipiam.

je t'en avertis. Fût-ce la Bonne-Fortune qui se présentât, qu'elle reste à la porte.

STAPHYLA.

Par Pollux! elle n'a garde d'entrer chez nous. On ne l'a jamais vue s'en approcher.

EUCLION.

Tais-toi, et rentre.

STAPHYLA.

Je me tais, et je rentre.

EUCLION.

Ferme la porte aux deux verroux, entends-tu? je serai ici dans un moment. *(Staphyla sort.)* Je suis désolé d'être obligé de sortir. Mais, hélas! il le faut. Je sais ce que je fais. Le président de la Curie a annoncé une distribution d'argent. Si je n'y vais pas pour recevoir ma part, aussitôt tout le monde se doutera que j'ai de l'or chez moi; car il n'est pas vraisemblable qu'un pauvre homme dédaigne un didrachme, et ne se donne pas la peine d'aller le recevoir. Et déjà, malgré mon soin à cacher ce secret, on dirait que tout le monde le connaît. On me salue plus gracieusement qu'autrefois; on m'accoste, on entre en conversation, on me serre la main; chacun me demande de mes nouvelles, comment vont les affaires?.... Faisons cette course, et puis je reviendrai le plus tôt possible à la maison.

(Il sort.)

EUNOMIA, MEGADORUS*.

EUNOMIA.

Velim te arbitrari me hæc verba, frater,
Meæ fidei tuæque rei heic causa
Facere, ut æquom 'st germanam sororem.
Quamquam haud falsa sum, nos odiosas haberi.
Nam multum loquaceis merito omneis habemur,
Nec mutam profecto repertam ullam esse
Hodie dicunt mulierem ullo in seculo.
Verum hoc, frater, unum tamen cogitato,
Tibi proxumam me, mihique item esse te.
Ut æquom 'st, quod in rem esse utrique arbitremur,
Et mihi te, et tibi me consulere et monere,
Neque obcultum id haberi, neque per metum mussari,
Quin participem pariter ego te, et tu me ut facias.
Eo nunc ego secreto te huc foras seduxi,
Ut tuam rem ego tecum heic loquerer familiarem.

MEGADORUS.
Da mihi, optuma femina, manum.

EUNOMIA.
                          Ubi ea 'st? quis ea
Est nam optuma?

MEGADORUS.
Tu.

EUNOMIA.
Tune ais?

---

* Actus II, Scena 1.

EUNOMIE, MÉGADORE[*].

EUNOMIE.

Crois, mon frère, que je te parle par amitié pour toi et dans ton intérêt, comme une bonne sœur. Je sais bien qu'on nous reproche d'être ennuyeuses, nous autres femmes. On dit que nous sommes bavardes, on a raison; on assure même qu'il ne s'est jamais trouvé, en aucun siècle, une seule femme muette. Quoi qu'il en soit, considère, mon frère, que nous n'avons pas de plus proche parent, toi que moi, moi que toi, et que nous devons par conséquent nous aider l'un l'autre de nos conseils et de nos bons avis. Ce serait une discrétion, une timidité mal entendues, que de nous abstenir de pareilles communications entre nous. Je t'ai donc fait sortir pour t'entretenir sans témoin de ce qui intéresse ta fortune.

MÉGADORE.

Excellente femme! touche là.

EUNOMIE, regardant autour d'elle.

A qui parles-tu? où est cette excellente femme?

MÉGADORE.

C'est toi-même.

EUNOMIE.

Vraiment?

[*] Acte II, Scène 1.

MEGADORUS.

Si negas,
Nego.
EUNOMIA.
Decet te equidem vera proloqui.
Nam optuma nulla potest eligi : alia alia
Pejor, frater, est.
MEGADORUS.
Idem ego arbitror, nec tibi
Advorsari certum 'st de istac re unquam, soror.
Quid vis?
EUNOMIA.
Da mî operam, amabo.
MEGADORUS.
Tua 'st; utere,
Atque inpera, sîs.
EUNOMIA.
Id quod in rem tuam
Optumum esse arbitror, te id admonitum advento.
MEGADORUS.
Soror, more tuo facis.
EUNOMIA.
Facta volo.
MEGADORUS.
Quid est id,
Soror?
EUNOMIA.
Quod tibi sempiternum salutare
Sit, procreandis liberis.
MEGADORUS.
Ita di faxint.

MÉGADORE.

Si tu dis le contraire, je ne te démentirai pas.

EUNOMIE.

Un homme tel que toi doit dire la vérité. Il n'y a point d'excellente femme : elles ne diffèrent toutes que par les degrés de méchanceté.

MÉGADORE.

Je suis du même sentiment; et certes, ma sœur, je ne veux pas te contrarier sur ce point. Que me veux-tu?

EUNOMIE.

Prête-moi attention, je te prie.

MÉGADORE.

A ton service; dispose de moi, ordonne.

EUNOMIE.

J'ai voulu te donner un conseil très-utile.

MÉGADORE.

Je te reconnais là, ma sœur.

EUNOMIE.

C'est mon désir.

MÉGADORE.

De quoi s'agit-il?

EUNOMIE.

Pour ta plus grande félicité, afin que tu deviennes père....

MÉGADORE.

Que les dieux t'écoutent!

EUNOMIA.
Volo te uxorem domum ducere.
MEGADORUS.
       Hei obcidi!
EUNOMIA.
Quid ita?
MEGADORUS.
  Quia mihi misero cerebrum excutiunt
Tua dicta, soror; lapides loqueris.
EUNOMIA.
       Heia! hoc face,
Quod te jubet soror.
MEGADORUS.
  Si lubeat, faciam.
EUNOMIA.
       In rem
Hoc tuam 'st.
MEGADORUS.
  Ut quidem emoriar, priusquam ducam,
Quæ cras veniat, perendie foras feratur, soror,
His legibus, quam dare vis cedo, nubtias adorna.

EUNOMIA.
Quam maxuma possum tibi, frater, dare dote:
Sed est grandior natu, media est mulieris ætas.
Eam si jubes, frater, tibi me poscere, poscam.
MEGADORUS.
Num non vis me interrogare te?
EUNOMIA.
       Imo si quid vis, roga.

LA MARMITE.

EUNOMIE.

Je veux que tu te maries.

MÉGADORE.

Aie! aie! je suis mort!

EUNOMIE.

Qu'as-tu donc?

MÉGADORE.

Ce sont des pierres que tes paroles; elles fendent la tête à ton pauvre frère.

EUNOMIE.

Allons, suis les conseils de ta sœur.

MÉGADORE.

Nous verrons.

EUNOMIE.

C'est un parti sage.

MÉGADORE.

Oui, de me pendre plutôt que de me marier. Cependant j'y consentirai à une condition : demain époux, après demain veuf. A cette condition-là, présente-moi la femme qu'il te plaira; prépare la noce.

EUNOMIE.

Elle t'apporterait une très-riche dot. C'est une femme déjà mûre, entre deux âges. Si tu m'y autorises, mon frère, je la demanderai pour toi.

MÉGADORE.

Me permets-tu de te faire une question?

EUNOMIE.

Tout ce que tu voudras.

MEGADORUS.

Post mediam ætatem, qui mediam ducit uxorem domum;
Si eam senex anum prægnatem fortuitu fecerit,
Quid dubitas, quin sit paratum nomen puero Postumus?
Nunc ego istum, soror, laborem demam, et deminuam
    tibi.
Ego, virtute Deum et majorum nostrorum, dives sum
    satis.
Istas magnas factiones, animos, doteis dapsileis,
Clamores, inperia, eburata vehicula, pallas, purpuram,
Nil moror, quæ in servitutem sumtibus redigunt viros.

EUNOMIA.

Dic mihi, quæso, quis ea'st, quam vis ducere uxorem?

MEGADORUS.

                                         Eloquar.
Gnostin' hunc senem Euclionem ex proxumo pauper-
    culum?

EUNOMIA.

Gnovi, hominem haud malum, mecastor.

MEGADORUS.

                                 Ejus cupio filiam
Virginem mihi desponderi. Verba ne facias, soror.
Scio quid dictura es: hanc esse pauperem; hæc pauper
    placet.

EUNOMIA.

Di bene vortant!

MEGADORUS.

Idem ego spero.

MÉGADORE.

Quand un homme est sur le déclin, et qu'il épouse une femme entre deux âges, si par hasard ces deux vieilles gens donnent la vie à un fils, cet enfant n'est-il pas assuré d'avance de porter le nom de Postume? Mais je veux t'épargner le soin que tu prends. Grâce à la bonté des dieux et à la prudence de nos ancêtres, j'ai assez de biens. Je n'aime pas vos femmes de haut parage, avec leurs dots magnifiques, et leur orgueil, et leurs criailleries, et leurs airs hautains, et leurs chars d'ivoire, et leurs robes de pourpre; c'est une ruine, un esclavage pour le mari.

EUNOMIE.

Dis-moi donc quelle est la femme que tu veux épouser?

MÉGADORE.

Volontiers. Connais-tu le vieil Euclion, ce pauvre homme notre voisin?

EUNOMIE.

Oui; un brave homme, ma foi.

MÉGADORE.

Je désire qu'il me donne sa fille. Point de discours superflus, ma sœur; je sais ce que tu vas me dire : qu'elle est pauvre. Sa pauvreté me plaît.

EUNOMIE.

Les dieux rendent ce dessein prospère!

MÉGADORE.

Je l'espère ainsi.

EUNOMIA.

Quid, me numquid vis?

MEGADORUS.

Vale.

EUNOMIA.

Et tu, frater.

MEGADORUS.

Ego conveniam Euclionem, si domi
Est. Sed eccum ; nescio unde sese homo recipit domum.

EUCLIO, MEGADORUS*.

EUCLIO.

Præsagibat mi animus, frustra me ire, quom exibam
    domo.
Itaque abibam invitus : nam neque quisquam Curialium
Venit, neque magister, quem dividere argentum opor-
    tuit.
Nunc domum properare propero : nam egomet sum
    heic; animus domi 'st.

MEGADORUS.

Salvos atque fortunatus, Euclio, semper sies.

EUCLIO.

Di te ament, Megadore.

MEGADORUS.

Quid tu? recten' atque ut vis vales?

---

* Actus II, Scena ii.

EUNOMIE.

Je puis me retirer ?

MÉGADORE.

Adieu.

EUNOMIE.

Adieu, mon frère. (Elle sort.)

MÉGADORE.

Voyons si Euclion est chez lui. Il était sorti ; le voici justement qui rentre.

EUCLION, MÉGADORE*.

EUCLION.

Je prévoyais, en sortant, que je ferais une course inutile, et il m'en coûtait de m'absenter. Aucun des hommes de la Curie n'est venu, non plus que le président, qui devait distribuer l'argent. Hâtons-nous de rentrer ; car, pendant que je suis ici, mon âme est à la maison.

MÉGADORE.

Bonjour, Euclion ; le ciel te tienne toujours en joie.

EUCLION.

Et toi de même, Mégadore.

MÉGADORE.

Comment te portes-tu ? cela va-t-il comme tu veux ?

* Acte II, Scène II.

EUCLIO.
Non temerarium 'st, ubi dives blande adpellat pauperem.
Jam illic homo aurum scit me habere, eo me salutat blandius.

MEGADORUS.
Ain' tu te valere?

EUCLIO.
Pol, ego haud a pecunia perbene.

MEGADORUS.
Pol, si est animus æquos tibi, sat habes, quî bene vitam colas.

EUCLIO.
Anus, hercle, huic indicium fecit de auro; perspicue palam 'st.
Quoi ego jam linguam præcidam, atque oculos ecfodiam domi.

MEGADORUS.
Quid tu solus tecum loquere?

EUCLIO.
Meam pauperiem conqueror.
Virginem habeo grandem, dote cassam, atque inlocabilem,
Neque eam queo locare quoiquam.

MEGADORUS.
Tace; bonum habe animum, Euclio;
Dabitur; adjuvabere a me : dic, si quid opus 'st; inpera.

EUCLIO.
Nunc petit, quom pollicetur; inhiat aurum, ut devoret.

LA MARMITE.

EUCLION, à part.

Les riches ne viennent pas parler d'un air aimable aux pauvres sans quelque bonne raison. Il sait que j'ai de l'or; c'est pour cela qu'il me salue si gracieusement.

MÉGADORE.

Réponds-moi : te portes-tu bien ?

EUCLION.

Ah! pas trop bien du côté de l'argent.

MÉGADORE.

Par Pollux! si tu as une âme raisonnable, tu as ce qu'il faut pour être heureux.

EUCLION, à part.

Oui, la vieille lui a fait connaître mon trésor. La chose est sûre; c'est clair. Ah! je te couperai la langue et t'arracherai les yeux.

MÉGADORE.

Pourquoi parles-tu là tout seul ?

EUCLION.

Je me plains de ma misère. J'ai une fille déjà grande, mais sans dot, partant point mariable. Qui est-ce qui voudrait l'épouser ?

MÉGADORE.

Ne dis pas cela, Euclion. Il ne faut pas désespérer : on t'aidera. Je veux t'être utile; as-tu besoin de quelque chose? tu n'as qu'à parler.

EUCLION, à part.

Ses offres ne sont qu'un appât. Il convoite mon or,

Altera manu fert lapidem, panem ostentat altera.
Nemini credo, qui large blandu 'st dives pauperi.
Ubi manum injicit benigne, ibi onerat aliquam zamiam.
Ego istos gnovi polypos, qui, ubi quid tetigerint, tenent.

MEGADORUS.

Da mî operam parumper; paucis, Euclio, 'st quod te volo
De conmuni re adpellare, mea et tua.

EUCLIO.

          Hei misero mihi!
Aurum mi intus harpagatum 'st; nunc hic eam rem volt, scio,
Mecum adire ad pactionem. Verum intervisam domum.

MEGADORUS.

Quo abis?

EUCLIO.

Jam ad te revortar; namque est, quod visam domum.

MEGADORUS.

Credo, edepol, ubi mentionem ego fecero de filia,
Mî ut despondeat, sese a me derideri rebitur.
Neque illo quisquam 'st alter hodie ex paupertate parcior.

EUCLIO.

Di me servant, salva res est; salvom 'st, si quid non perit.
Nimis male timui, priusquam intro redii; exanimatus fui.
Redeo ad te, Megadore, si quid me vis.

il veut le dévorer. D'une main il tient une pierre, tandis que de l'autre il me montre du pain. Je ne me fie pas à un riche prodigue de paroles flatteuses envers un pauvre. Partout où il met la main obligeamment, il porte quelque dommage. Nous connaissons ces polypes, qu'on ne peut plus arracher, une fois qu'ils se sont pris quelque part.

MÉGADORE.

Écoute-moi un moment, Euclion; je veux te dire deux mots sur une affaire qui t'intéresse comme moi.

EUCLION.

Pauvre Euclion! ton or est pillé. On veut composer avec toi, c'est sûr. Mais courons voir au plus tôt.

MÉGADORE.

Où vas-tu?

EUCLION, s'en allant.

Je reviens dans l'instant. J'ai affaire à la maison.

(Il sort.)

MÉGADORE, seul.

Quand je lui demanderai sa fille en mariage, sans doute il croira que je me moque de lui. Il n'y a pas de mortel plus pauvre et qui vive plus pauvrement.

EUCLION, à part.

Les dieux me protègent, elle est sauvée. Sauvé est ce qui n'est pas perdu. J'ai eu une belle peur, avant d'avoir vu là-dedans; j'étais plus mort que vif. (*A Mégadore*) Me voici revenu, Mégadore; je suis à toi.

MEGADORUS.

Habeo gratiam.
Quæso, quod te percontabor, ne id te pigeat proloqui.

EUCLIO.

Dum quidem ne quid perconteris, quod non lubeat proloqui.

MEGADORUS.

Dic mihi, quali me arbitrare genere prognatum?

EUCLIO.

Bono.

MEGADORUS.

Quid fide?

EUCLIO.

Bona.

MEGADORUS.

Quid factis?

EUCLIO.

Neque malis, neque inprobis.

MEGADORUS.

Ætatem meam scis?

EUCLIO.

Scio esse grandem, itidem ut pecuniam.

MEGADORUS.

Certe, edepol, equidem te civem sine mala omni malitia
Semper sum arbitratus, et nunc arbitror.

EUCLIO.

Aurum huic olet.
Quid nunc me vis?

MEGADORUS.

Quoniam tu me, et ego te, qualis sis, scio;

LA MARMITE.

MÉGADORE.

Bien obligé. Maintenant, aie la complaisance de répondre à mes questions.

EUCLION.

Oui, pourvu que tu ne me demandes pas des choses qu'il ne me plaise pas de te dire.

MÉGADORE.

Que penses-tu de ma naissance?

EUCLION.

Bonne.

MÉGADORE.

Et de ma réputation?

EUCLION.

Bonne.

MÉGADORE.

Et de ma conduite?

EUCLION.

Sage et sans reproche.

MÉGADORE.

Sais-tu mon âge?

EUCLION.

Il est grand, comme ta fortune.

MÉGADORE.

Et moi, Euclion, je t'ai toujours tenu pour un honnête citoyen, et je te tiens pour tel encore.

EUCLION, à part.

Il a eu vent de mon or. *(Haut)* Qu'est-ce que tu me veux?

MÉGADORE.

Puisque nous nous connaissons réciproquement, je

Quæ res recte vortat, mihique, tibique, tuæque filiæ,
Filiam tuam mî uxorem posco. Promitte hoc fore.

EUCLIO.

Heia! Medagore, haud decorum facinus tuis factis facis,
Ut inopem atque innoxium abs te atque abs tuis me in-
　rideas.
Nam de te neque re, neque verbis merui, ut faceres,
　quod facis.

MEGADORUS.

Neque, edepol, ego te derisum venio, neque derideo;
Neque dignum arbitror.

EUCLIO.

　　　　Cur igitur poscis meam gnatam tibi?

MEGADORUS.

Ut propter me tibi sit melius, mihique propter te et tuos.

EUCLIO.

Venit hoc mî, Megadore, in mentem, ted esse homi-
　nem divitem,
Factiosum; me item esse hominem pauperum pauper-
　rumum.
Nunc si filiam locassim meam tibi, in mentem venit,
Te bovem esse, et me asellum: ubi tecum conjunctus siem,
Ubi onus nequeam ferre pariter, jaceam ego asinus in
　luto,
Tu me bos magis haud respicias, gnatus quasi nunquam
　siem.
Et te utar iniquiore, et meus me ordo inrideat.
Neutrubi habeam stabile stabulum, si quid divorti fuat.

veux (daignent les dieux bénir ce dessein et pour toi, et pour ta fille, et pour moi!) devenir ton gendre; y consens-tu?

EUCLION.

Ah! Mégadore, c'est une chose indigne de ton caractère, que de te moquer d'un pauvre homme, qui n'a jamais offensé ni toi, ni les tiens. Jamais, ni par mes discours ni par mes actions, je n'ai mérité que tu te comportasses ainsi envers moi.

MÉGADORE.

Par Pollux! je ne me moque pas de toi, je n'en ai pas l'intention : cela ne me paraîtrait pas du tout convenable.

EUCLION.

Pourquoi donc me demander ma fille en mariage?

MÉGADORE.

Pour faire ton bonheur et celui de ta famille, et pour vous devoir le mien.

EUCLION.

Je réfléchis, Mégadore, que tu es riche et puissant, que je suis pauvre et très-pauvre. Si je deviens ton beau-père, nous aurons attelé ensemble le bœuf et l'âne : je serai l'ânon, incapable de porter le même faix que toi, et je tomberai harrassé dans la boue, et le bœuf ne me regardera pas plus que si je n'existais pas. Il me traitera avec hauteur, et mes pareils se moqueront de moi. Plus d'étable où me retirer, s'il survient un divorce; les ânes de me déchirer à belles dents, les bœufs de me chasser à coups de cornes. Il y a donc trop de danger pour moi à quitter les ânes pour passer chez les bœufs.

Asini me mordicibus scindant, boves incursent cornibus.
Hoc magnum 'st periculum, me ab asinis ad boves transcendere.

MEGADORUS.

Quam ad probos propinquitate proxume te adjunxeris,
Tam optumum 'st. Tu conditionem hanc adcipe : ausculta mihi,
Atque eam desponde mî.

EUCLIO.

At nihil est dotis, quod dem.

MEGADORUS.

Ne duas.
Dummodo morata recte veniat, dotata 'st satis.

EUCLIO.

Eo dico, ne me thesauros reperisse censeas.

MEGADORUS.

Gnovi, ne doceas. Desponde.

EUCLIO.

Fiat. Sed, pro Jupiter!
Non ego disperii?

MEGADORUS.

Quid tibi 'st?

EUCLIO.

Quid crepuit quasi ferrum modo?

MEGADORUS.

Heic apud me hortum confodere jussi. Sed ubi hic est homo?
Abiit, neque me certiorem fecit. Fastidit mei,
Quia videt me suam amicitiam velle. More hominum facit:

MÉGADORE.

En s'alliant à d'honnêtes gens, on ne peut que gagner. Accepte, crois-moi, le parti que je te propose, et accorde-moi ta fille.

EUCLION.

Mais je n'ai pas de dot à lui donner.

MÉGADORE.

On s'en passera. Pourvu qu'elle soit sage, elle est assez bien dotée.

EUCLION.

Je te le dis, afin que tu ne t'imagines pas que j'aie trouvé des trésors.

MÉGADORE.

Je le sais; tu n'as pas besoin de me le dire. Consens.

EUCLION.

Soit. *(Il entend des coups de pioche)* Mais, ô Jupiter! ne m'assassine-t-on pas?

MÉGADORE.

Qu'est-ce que tu as?

EUCLION.

N'entends-je pas un bruit de fer? (Il part.)

MÉGADORE.

Oui, je fais travailler à mon jardin. Eh bien! qu'est-il devenu? il s'en va sans me donner une réponse positive. Il ne veut pas de moi, parce que je le recherche. Voilà bien comme sont les hommes. Qu'un riche fasse les

Nam si opulentus it petitum pauperioris gratiam,
Pauper metuit congrediri; per metum male rem gerit.
Idem, quando illæc obcasio periit, post sero cupit.

EUCLIO.

Si, hercle, ego te non elinguandam dedero usque ab
  radicibus,
Inpero auctorque sum, ut te me quoivis castrandum
  loces.

MEGADORUS.

Video, hercle, ego te me arbitrari, Euclio, hominem
  idoneum,
Quem senecta ætate ludos facias, haud merito meo.

EUCLIO.

Neque, edepol, Megadore, facio, neque, si cupiam, copia 'st.

MEGADORUS.

Quid nunc? etiam mihi despondes filiam?

EUCLIO.

          Illis legibus,
Cum illa dote, quam tibi dixi.

MEGADORUS.

      Sponden' ergo?

EUCLIO.

          Spondeo.

MEGADORUS.

Di bene vortant.

EUCLIO.

    Ita Di faxint. Illud facito ut memineris
Convenisse, ut ne quid dotis mea ad te adferret filia.

avances pour lier amitié avec un pauvre, le pauvre a peur de s'approcher, et sa timidité lui fait manquer une bonne occasion. Il la regrette ensuite, quand elle est passée ; mais il est trop tard.

(Euclion revient.)

EUCLION, à part.

Si je ne te fais pas arracher la langue du fin fond du gosier, vieille coquine, je t'autorise bien à me faire châtrer sans délai.

MÉGADORE.

Je m'aperçois, Euclion, que, sans égard pour mon âge, tu me prends pour un homme dont on peut s'amuser. Tu as tort.

EUCLION.

Point du tout, Mégadore. Et quand je le voudrais, cela m'irait bien !

MÉGADORE.

Enfin m'accordes-tu ta fille ?

EUCLION.

Aux conditions et avec la dot que j'ai dit ?

MÉGADORE.

Oui. Me l'accordes-tu ?

EUCLION.

Je te l'accorde.

MÉGADORE.

Que les dieux nous donnent bon succès !

EUCLION.

Ainsi le veuillent-ils ! Mais souviens-toi de nos conventions : ma fille n'apporte point de dot.

MEGADORUS.

Memini.

EUCLIO.

At scio, quo vos soleatis pacto perplexarier :
Pactum non pactum 'st, non pactum pactum 'st, quod vobis lubet.

MEGADORUS.

Nulla controversia mihi tecum erit. Sed nubtias
Hodie quin faciamus, num quæ causa 'st?

EUCLIO.

Imo, edepol, optuma.

MEGADORUS.

Ibo igitur, parabo. Numquid vis?

EUCLIO.

Istuc.

MEGADORUS.

Fiet. Vale.
Heus, Strobile, sequere propere me ad macellum strenue.

EUCLIO.

Illic hinc abiit. Di inmortaleis, obsecro, aurum quid valet!
Credo ego illum jam inaudisse, mi esse thesaurum domi :
Id inhiat, ea adfinitatem hanc obstinavit gratia.

MÉGADORE.

C'est dit.

EUCLION.

C'est que je connais les chicanes que vous avez coutume de faire, vous autres. Conventions faites sont nulles, et ce qui n'était pas convenu est convenu, selon qu'il vous plaît.

MÉGADORE.

Il n'y aura point de difficultés entre nous. Mais qu'est-ce qui empêche de faire la noce aujourd'hui même?

EUCLION.

Rien, ma foi!

MÉGADORE.

Je vais ordonner les apprêts. Tu n'as rien à me dire?

EUCLION.

Hâte-toi seulement.

MÉGADORE.

Tu seras obéi. Adieu. Holà! Strobile, suis-moi promptement au marché.

(Il sort.)

EUCLION, seul.

Il est parti. Dieux immortels! voyez le pouvoir de l'or! Oh! je le pense bien, il a ouï dire que j'avais un trésor; il le convoite : c'est là le motif de son opiniâtreté à rechercher mon alliance.

EUCLIO, STAPHYLA*.

EUCLIO.

Ubi tu es, quæ deblaterasti jam vicinis omnibus,
Meæ me filiæ daturum dotem? heus, Staphyla, te voco.
Ecquid audis? vascula intus pure propera atque elue.
Filiam despondi ego; hodie nubtum huic Megadoro dabo.

STAPHYLA.

Di bene vortant. Verum, ecastor, non potest; subitum 'st nimis.

EUCLIO.

Tace, atque abi : curata fac sint, quom a Foro redeam domum.
Atque obclude ædeis : jam ego heic adero.

STAPHYLA.

Quid ego nunc agam?
Nunc nobis prope adest exitium, mihi atque herili filiæ.
Nam probrum atque partitudo prope adest, ut fiat palam.
Quod celatum 'st atque obcultatum usque adhuc, nunc non potest.
Ibo intro, ut, herus quæ inperavit, facta, quom veniat, sient.
Nam, ecastor, malum mœrorem metuo, ne mistum bibam.

* Actus II, Scena III.

EUCLION, STAPHYLA*.

EUCLION.

Où es-tu, bavarde, qui vas dire à tous les voisins, que je dois doter ma fille? Hé! Staphyla; viendras-tu? est-ce que tu ne m'entends pas? *(Staphyla vient.)* Dépêche-toi de nettoyer le peu que j'ai de vaisselle sacrée. J'ai fiancé ma fille, et elle sera mariée aujourd'hui.

STAPHYLA.

Les dieux bénissent ton dessein! Mais, ma foi, cela ne se peut pas; on n'a pas le temps de se retourner.

EUCLION.

Pas de raisons : va-t-en; et que tout soit prêt, quand je reviendrai du Forum. Ferme bien la porte. Je serai ici tout à l'heure. (Il sort.)

STAPHYLA, seule.

Que faire? encore un moment, et nous sommes perdues, ma jeune maîtresse et moi. Son terme approche; son déshonneur va se découvrir. Ce malheureux secret ne peut plus désormais se cacher. Rentrons, pour que les ordres du maître soient exécutés quand il reviendra. Par Castor! je crains d'avoir aujourd'hui une coupe bien amère à avaler.

(Elle sort.)

* Acte II, Scène III.

STROBILUS, CONGRIO, ANTHRAX*.

STROBILUS.
Postquam opsonavit herus, et conduxit cocos
Tibicinasque hasce apud forum, edixit mihi,
Ut dispartirem opsonium heic bifariam.

CONGRIO.
Me tu quidem, hercle, dicam palam, non divides.
Si quo tu totum me ire vis, operam dabo.

ANTHRAX.
Bellum et pudicum vero prostibulum popli!
Post, si quis vellet te, haud non velles dividi.

CONGRIO.
Atqui ego istuc, Anthrax, aliovorsum dixeram,
Non istuc, quo tu insimulas.

STROBILUS.
      Sed herus nubtias
Meus hodie faciet.

CONGRIO.
   Quojus ducit filiam?

STROBILUS.
Vicini hujus Euclioni' e proxumo.
Ei adeo opsoni hinc dimidium jussit dari,
Cocum alterum, itidemque alteram tibicinam.

---
* Actus II, Scena IV.

STROBILE, CONGRION, ANTHRAX*.

STROBILE.

Mon maître vient d'acheter des provisions, et de louer des cuisiniers et des joueuses de flûte sur la place, et il m'a chargé de partager en deux toutes ses emplettes.

CONGRION.

Je te le déclare, tu ne me fendras pas par le milieu ; entends-tu ? Si tu veux m'envoyer quelque part tout entier, je suis à ton service.

ANTHRAX.

Voyez, qu'il est timoré, ce beau mignon de place ! Si l'on voulait de toi, tu ne te laisserais pas fendre ? n'est-ce pas ?

CONGRION.

Ce n'est pas cela, Anthrax ; je ne disais pas ce que tu me fais dire.

STROBILE.

Mais songeons aux noces de mon maître. C'est pour aujourd'hui.

CONGRION.

Quelle est la fille qu'il épouse ?

STROBILE.

Celle du voisin Euclion. Il m'ordonne de donner au beau-père la moitié des provisions, avec un cuisinier et une joueuse de flûte.

* Acte II, Scène IV.

CONGRIO.

Nempe huic dimidium dicis, dimidium domi?

STROBILUS.

Nempe, sicut dicis.

CONGRIO.

Quid? hic non poterat de suo
Senex opsonari filiæ in nubtiis?

STROBILUS.

Vah!

CONGRIO.

Quid negoti 'st?

STROBILUS.

Quid negoti sit, rogas?
Pumex non æque est aridus, atque hic est senex.

CONGRIO.

Ain' tandem ita esse, ut dicis?

STROBILUS.

Tute existuma.
Quin divom atque hominum clamat continuo fidem,
Suam rem periisse, seque eradicarier,
De suo tigillo fumus si qua exit foras.
Quin, quom it dormitum, follem obstringit ob gulam.

CONGRIO.

Cur?

STROBILUS.

Ne quid animæ forte amittat dormiens.

CONGRIO.

Etiamne obturat inferiorem gutturem,
[Ut] ne quid animæ forte amittat dormiens?

CONGRION.

Ainsi moitié là *(Montrant la maison d'Euclion)*, et moitié chez vous.

STROBILE.

Comme tu dis.

CONGRION.

Est-ce que le vieillard ne pouvait pas faire les frais d'un festin, pour la noce de sa fille?

STROBILE.

Bah!

CONGRION.

Qu'est-ce qui l'en empêche?

STROBILE.

Ce qui l'en empêche? tu le demandes? On tirerait plutôt de l'huile d'un mur.

CONGRION.

Oui-dà? Vraiment?

STROBILE.

Juge-s-en toi-même. Il crie au secours, il invoque les dieux et les hommes, et dit que son bien est perdu, qu'il est un homme ruiné, s'il voit la fumée sortir du toit de sa masure. Quand il va se coucher, il s'attache une bourse devant la bouche.

CONGRION.

Pourquoi?

STROBILE.

Pour ne pas perdre de son souffle en dormant.

CONGRION.

S'en met-il une aussi à la bouche de derrière, pour conserver son souffle pendant le sommeil?

STROBILUS.

Hæc mihi ted, ut tibi med, æquom 'st credere.

CONGRIO.

Imo equidem credo.

STROBILUS.

At scin' etiam quomodo?
Aquam, hercle, plorat, quom lavat, profundere.

CONGRIO.

Censen' talentum magnum exorari potesse
Ab istoc sene, ut det, quî fiamus liberi?

STROBILUS.

Famem, hercle, utendam, si roges, nunquam dabit.
Quin ipsi pridem tonsor ungueis demserat;
Conlegit, omnia abstulit præsegmina.

CONGRIO.

Edepol, mortalem parce parcum prædicas.
Censen' vero adeo esse parcum et misere vivere?

STROBILUS.

Pulmentum pridem eii eripuit miluus :
Homo ad prætorem deplorabundus venit;
Infit ibi postulare, plorans, ejulans,
Ut sibi liceret miluum vadarier.
Sexcenta sunt, quæ memorem, si sit otium.
Sed uter vostrorum est celerior? memora mihi.

CONGRIO.

Ego, ut multo melior.

STROBILUS.

Cocum ego, non furem rogo.

CONGRIO.

Cocum ego dico.

STROBILE.

Tu dois m'en croire, comme il est juste que je te croie.

CONGRION.

Ah! je te crois, vraiment.

STROBILE.

Encore un autre tour. Quand il se baigne, il pleure l'eau qu'il répand.

CONGRION.

Crois-tu que, si nous lui demandions un talent pour acheter notre liberté, il nous le donnerait?

STROBILE.

Quand tu lui demanderais la famine, il ne te la prêterait pas. L'autre jour, le barbier lui avait coupé les ongles; il en ramassa les rognures, et les recueillit toutes.

CONGRION.

Voilà, certainement, un ladre des plus ladres. Comment! il est si mesquin et si avare?

STROBILE.

Un milan lui enleva un morceau de viande : notre homme court tout éploré au préteur; il remplit tout de ses cris, de ses lamentations, et demande qu'on lance contre le milan un ordre de comparaître. J'aurais mille traits de la sorte à raconter, si nous avions le temps. Mais lequel de vous deux est le plus expéditif? Dis.

CONGRION.

Moi, comme le plus habile sans comparaison.

STROBILE.

Je parle d'un cuisinier, et non pas d'un voleur.

CONGRION.

C'est bien ce que j'entends.

STROBILUS.

Quid tu ais?

ANTHRAX.

Sic sum, ut vides.

CONGRIO.

Cocus ille nundinali 'st; in nonum diem
Solet ire coctum.

ANTHRAX.

Tun' trium literarum homo,
Me vituperas, fur!

CONGRIO.

Etiam fur trifurcifer.

STROBILUS.

Tace nunc jam tu; atque agnum horunc uter est pinguior....

CONGRIO.

Licet.

STROBILUS.

Tu, Congrio, eum sume, atque abi
Intro illuc, et vos illum sequimini:
Vos ceteri illuc ad nos.

ANTHRAX.

Hercle, injuria
Dispartivisti; pinguiorem agnum isti habent.

STROBILUS.

At nunc tibi dabitur pinguior tibicina.
I sane cum illo, Phrygia: tu autem, Eleusium,
Huc intro abi ad nos.

CONGRIO.

O Strobile subdole,

LA MARMITE.

STROBILE, à Anthrax.

Et toi? Parle.

ANTHRAX, dans l'attitude d'un homme résolu.

Tu vois qui je suis.

CONGRION.

C'est un cuisinier nondinaire; il n'a d'emploi qu'une fois en neuf jours.

ANTHRAX.

C'est bien à toi de me mépriser, l'ami, dont le nom s'écrit en six lettres. Voleur!

CONGRION.

Voleur toi-même, triple pendard.

STROBILE.

Silence. Voyons; le plus gras des deux agneaux....

CONGRION.

Oui!

STROBILE.

Prends-le, Congrion, et va dans cette maison *(Celle d'Euclion)*. Vous *(A une partie des gens qui portent les provisions)*, suivez-le. Vous autres, venez chez nous.

ANTHRAX.

Ah! le partage n'est pas juste. Tu leur donnes l'agneau le plus gras.

STROBILE.

Eh bien! tu auras la plus grasse des deux joueuses de flûte. Phrygia, tu iras avec lui *(Montrant Congrion)*; et toi, Éleusie, viens à la maison.

CONGRION.

Perfide Strobile! tu me relègues chez ce vieil avare!

Huccine detrusti me ad senem parcissumum?
Ubi, si quid poscam, usque ad ravim poscam prius,
Quam quidquam detur.

STROBILUS.

Stultum et sine gratia 'st
Ibi recte facere, quando, quod facias, perit.

CONGRIO.

Quî vero?

STROBILUS.

Rogitas? Jam principio in ædibus
Turba isteic nulla tibi erit : si quod uti voles,
Domo abs te adferto, ne operam perdas poscere.
Heic apud nos magna turba ac magna familia est,
Subpellex, aurum, vestcis, vasa argentea :
Ibi si perierit quidpiam (quod te scio
Facile abstinere posse, si nihil obviam 'st),
Dicant : Coci abstulerunt; conprehendite,
Vincite, verberate, in puteum condite.
Horum tibi isteic nihil eveniet; quippe quî?
Ubi quid subripias, nihil est : sequere hac me.

CONGRIO.

Sequor.

STROBILUS, STAPHYLA, CONGRIO*.

STROBILUS.

Heus, Staphyla, prodi, atque ostium aperi.

* Actus II, Scena v.

Quand j'aurai besoin de quelque chose, il faudra m'égosiller avant qu'on me le donne.

STROBILE.
C'est bêtise et bien perdu que d'obliger un ingrat.

CONGRION.
Comment?

STROBILE.
Tu le demandes? D'abord, là, tu n'auras pas de bruit. Et si tu veux quelque ustensile, apporte-le avec toi, pour ne pas te fatiguer inutilement à le demander. A la maison, beaucoup de monde, beaucoup de fracas, un grand mobilier, de l'or, des tapis, de l'argenterie. S'il vient à manquer quelque chose (et je sais que tu es incapable de toucher à ce qui ne se trouve pas à ta portée), on dira : Ce sont les cuisiniers qui l'ont pris. Qu'on les saisisse; qu'ils soient liés et fustigés, et qu'on les enferme dans le souterrain. — Mais là, tu n'as rien de semblable à craindre; car il n'y a rien à dérober. Allons, suis-moi.

CONGRION.
J'y vais.

STROBILE, STAPHYLA, CONGRIO*.

STROBILE.
Holà! Staphyla, viens nous ouvrir la porte.

* Acte II, Scène v.

STAPHYLA.

Qui vocat?

STROBILUS.

Strobilus.

STAPHYLA.

Quid vis?

STROBILUS.

Hos ut adcipias cocos,
Tibicinamque, opsoniumque in nubtias.
Megadorus jussit Euclioni haec mittere.

STAPHYLA.

Cererine, Strobile, has facturi nubtias?

STROBILUS.

Quî?

STAPHYLA.

Quia temeti nihil adlatum intellego.

STROBILUS.

At jam adferetur, si a Foro ipsus redierit.

STAPHYLA.

Ligna heic apud nos nulla sunt.

CONGRIO.

Sunt asseres?

STAPHYLA.

Sunt, pol.

CONGRIO.

Sunt igitur ligna; ne quaeras foris.

STAPHYLA.

Quid? inpurate, quamquam Volcano studes,

STAPHYLA.

Qui m'appelle?

STROBILE.

C'est Strobile.

STAPHYLA.

Que veux-tu?

STROBILE.

Voici des cuisiniers, une joueuse de flûte, et des provisions pour la noce. C'est Mégadore qui les envoie à Euclion.

STAPHYLA.

Est-ce que ce sont les noces de Cérès, que vous allez faire, Strobile?

STROBILE.

Pourquoi?

STAPHYLA.

Je ne vois pas de vin.

STROBILE.

On vous en apportera, quand le maître sera de retour.

STAPHYLA.

Nous n'avons pas de bois.

CONGRION.

Mais vous avez des boiseries.

STAPHYLA.

Oui, certainement.

CONGRION.

Vous avez donc du bois? il n'y a pas besoin d'en emprunter.

STAPHYLA.

Oui-dà, coquin, dont Vulcain, ton patron, ne peut

Cœnæne causa, aut tuæ mercedis gratia,
Nos nostras ædeis postulas conburere?

CONGRIO.

Haud postulo.

STROBILUS.

Duc istos intro.

STAPHYLA.

Sequimini.

PYTHODICUS*.

Curate; ego intervisam quid faciant coci;
Quos, pol, ut ego hodie servem, cura maxuma 'st.
Nisi unum hoc faciam, ut in puteo cœnam coquant,
Inde coctam sursum subducemus corbulis.
Sin autem deorsum comedent, si quid coxerint,
Superi incœnati sint, et cœnati inferi.
Sed verba heic facio, quasi negoti nil siet,
Rapacidarum ubi tantum siet in ædibus.

* Actus II, Scena vi.

purifier l'âme, prétends-tu pour ce souper ou pour le prix de tes soins qu'on brûle la maison?

CONGRION.

Point du tout.

STROBILE, à Staphyla.

Fais-les entrer.

STAPHYLA.

Suivez-moi.

(Ils entrent chez Euclion.)

PYTHODICUS*, seul, sortant de chez Mégadore.

Travaillez, tandis que je surveillerai les cuisiniers. Certes, j'ai fort affaire de les contenir. Il n'y aurait qu'un moyen : ce serait qu'ils fissent la cuisine dans le souterrain ; nous monterions ensuite le souper dans des paniers. Mais s'ils mangeaient là-bas ce qu'ils apprêtent? on ferait jeûne dans les hautes régions et bombance dans les demeures sombres. Je m'amuse à babiller, comme si je n'avais pas d'occupation, et nous avons chez nous l'armée des Rapacides.

(Il sort.)

* Acte II, Scène VI.

EUCLIO, CONGRIO.*

EUCLIO.

Volui animum tandem confirmare hodie meum,
Uti bene haberem filiæ in nubtiis.
Venio ad macellum, rogito pisceis; indicant
Caros, agninam caram, caram bubulam,
Vitulinam, cetum, porcinam; cara omnia :
Atque eo fuerunt cariora, æs non erat.
Abeo illinc iratus, quoniam nihil est, quî emam.
Ita illis inpuris omnibus adii manum.
Deinde egomet mecum cogitare inter vias
Obcepi : festo die si quid prodegeris,
Profesto egere liceat, nisi peperceris.
Postquam hanc rationem cordi ventrique edidi,
Adcessit animus ad meam sententiam,
Quam minumo sumtu filiam ut nubtum darem.
Hoc thusculum emi et has coronas floreas :
Hæc inponentur in foco nostro Lari,
Ut fortunatas gnatæ faciat nubtias.
Sed quid ego apertas ædeis nostras conspicor ?
Et strepitu 'st intus ! Numnam ego conpilor miser ?

CONGRIO.

Aulam majorem, si potes, vicinia
Pete; hæc est parva, capere non quit.

EUCLIO.

                                        Hei mihi !

---

* Actus II, Scena VII.

EUCLION, CONGRION[*].

EUCLION, seul.

J'ai voulu faire un effort, et me régaler pour la noce de ma fille. Je vais au marché ; je demande. Combien le poisson ? trop cher. L'agneau ? trop cher. Le bœuf ? trop cher. Veau, marée, charcuterie, tout est hors de prix. Impossible d'en approcher ; d'autant plus que je n'avais pas d'argent. La colère me prend, et je m'en vais, n'ayant pas le moyen d'acheter. Ils ont été ainsi bien attrapés, tous ces coquins-là. Et puis, dans le chemin, j'ai fait réflexion : quand on est prodigue les jours de fête, on manque du nécessaire les autres jours ; voilà ce que c'est que de ne pas épargner. C'est ainsi que la prudence a parlé à mon esprit et à mon estomac ; j'ai fait entendre raison à la sensualité, et nous ferons la noce le plus économiquement possible. J'ai acheté ce peu d'encens et ces couronnes de fleurs ; nous les offrirons au dieu Lare, dans notre foyer, pour qu'il rende le mariage fortuné. Mais que vois-je ? ma porte est ouverte ! Quel vacarme dans la maison ! Malheureux ! est-ce qu'on me vole ?

CONGRION, de l'intérieur de la maison.

Va demander tout de suite, chez le voisin, une plus grande marmite. Celle-ci est trop petite pour ce que je veux faire.

EUCLION.

Hélas ! on m'assassine. On me ravit mon or, on cher-

[*] Acte II, Scène VII.

Perii, hercle! aurum rapitur, aula quæritur.
Nimirum obcidor, ni intro huc propero currere.
Apollo, quæso, subveni mî, atque adjuva :
Confige sagittis fures thesaurarios ;
Quoi in re tali jam subvenisti antidhac.
Sed cesso prius, quam prorsus perii, currere?

ANTHRAX*.

Dromo, desquama pisceis. Tu, Machærio,
Congrum, murænam exdorsua, quantum potes.
Ego hinc artoptam ex proxumo utendam peto
A Congrione. Tu istum gallum, si sapis,
Glabriorem reddes mihi, quam volsus ludiu'st.
Sed quid hoc clamoris oritur hinc ex proxumo?
Coci, hercle, credo, faciunt opficium suum.
Fugiam intro, ne quid heic turbæ fiat itidem.

CONGRIO**.

Optati civeis, populareis, incolæ, adcolæ, advenæ, omneis,

* Actus II, Scena VIII.
** Actus III, Scena I.

che la marmite. Je suis mort, si je ne cours en toute hâte. Apollon, je t'en conjure, viens à mon secours. Perce de tes traits ces voleurs de trésors : tu m'as déjà défendu en semblable péril. Mais je tarde trop. Courons, avant qu'on m'ait égorgé.

(Il entre chez lui.)

ANTHRAX *, sortant de la maison de Mégadore.

Dromon, écaille les poissons; toi, Machérion, désosse-moi au plus vite le congre et la murène : je vais emprunter à Congrion, ici à côté, un moule à cuire le pain. Toi, si tu n'es pas un sot, tu me plumeras ce poulet plus net qu'un danseur épilé. Mais quelle est cette clameur, qui se fait entendre chez le voisin? Sans doute les cuisiniers auront fait un plat de leur métier. Enfuyons-nous dans la maison. Je crains qu'il ne nous arrive aussi pareille scène.

(Il rentre.)

CONGRION **, sortant de chez Euclion.

Chers citoyens, habitans de cette ville et des environs, tous tant que vous êtes, domiciliés ou voyageurs,

* Acte II, Scène vIII.
** Acte III. Scena I.

Date viam, qua fugere liceat, facite totæ plateæ pateant.
Neque ego unquam, nisi hodie, ad Bacchas veni in Bacchanal coquinatum,
Ita me miserum et meos discipulos fustibus male contuderunt.
Totus doleo, atque oppido perii, ita me iste habuit senex gymnasium.
Neque ligna usquam ego gentium præberi vidi polchrius:
Itaque omneis exegit foras, me atque hos, onustos fustibus.
At at, perii, hercle, ego miser! aperit, adest, sequitur.
Scio, quam rem geram : hoc ipsus magister me docuit.

EUCLIO, CONGRIO*.

EUCLIO.

Redi, quo fugis nunc? tene, tene.

CONGRIO.

Quid, tu, stolide, clamas?

EUCLIO.

Quia ad treisviros jam ego deferam tuom nomen.

CONGRIO.

Quamobrem?

EUCLIO.

Quia cultrum habes.

CONGRIO.

Cocum decet.

* Actus III, Scena II.

place! Que je fuie! Laissez-moi tous les passages libres. Non, jamais, je ne vins faire la cuisine chez des enragés comme cet enragé-là. Mes aides et moi nous sommes tout moulus de coups de bâton. Mon corps n'est que douleur. Je suis mort. Maudit vieillard, qui fait ainsi de moi son gymnase! Jamais on ne fournit le bois plus libéralement. Aussi ne nous a-t-il chassés de la maison, qu'en nous en chargeant tous de la belle manière. Ah! ciel, je suis perdu! Malheureux! Il ouvre, le voilà, il nous poursuit. Je sais ce que j'ai à faire; il me l'a enseigné lui-même.

EUCLION, CONGRION*.

EUCLION.
Viens ici. Où t'enfuis-tu? Arrêtez, arrêtez!
CONGRION.
Qu'est-ce que tu as à crier, butor?
EUCLION.
Je vais te dénoncer aux triumvirs.
CONGRION.
Pourquoi?
EUCLION.
Parce que tu es armé d'un couteau.
CONGRION.
C'est l'arme d'un cuisinier.

* Acte III, Scène II.

EUCLIO.

Quid conminatus
Mihi?

CONGRIO.
Istuc malefactum arbitror, qui non latus fodi.

EUCLIO.
Homo nullu'st, te scelestior qui vivat hodie,
Neque quoi de industria ego amplius male lubens faxim.

CONGRIO.
Pol, etsi taceas, palam id quidem 'st : res ipsa testi 'st.
Ita fustibus sum miser mollior magi', quam ullus cinædus.
Sed quid tibi nos, mendice homo, tactio est? quæ res?

EUCLIO.
Etiam rogitas? an quia minus, quam æquom erat, feci?
Sine.

CONGRIO.
At, hercle, cum malo magno tuo, si hoc caput sentit.

EUCLIO.
Pol, ego haud scio, quid post fiat; tuum nunc caput sentit.
Sed in ædibus quid tibi meis nam erat negoti,
Me absente, nisi ego jusseram? volo scire.

CONGRIO.

Tace ergo.
Quia venimus coctum ad nubtias.

EUCLIO.

Quid tu, malum! curas,
Utrum crudum, an coctum, edim; nisi tu mihi es tutor?

EUCLION.

Pourquoi m'en as-tu menacé?

CONGRION.

Je n'ai eu qu'un tort; c'est de ne t'avoir pas crevé le ventre.

EUCLION.

Il n'y a pas de plus grand scélérat que toi sur la terre, personne à qui je fisse du mal de plus grand cœur et avec plus de joie.

CONGRION.

Par Pollux! tu n'as pas besoin de le dire; tes actions le prouvent. J'ai mon pauvre corps plus rompu par tes coups, que n'est un baladin mignon. Mais de quel droit nous frappes-tu, vilain mendiant? qu'est-ce que tu as?

EUCLION.

Interroge-moi. Apparemment je ne t'en ai pas donné assez. Laisse un peu. (Il fait mine de le frapper.)

CONGRION.

Par Hercule! ce sera malheur à toi, ou cette tête aura perdu le sentiment.

EUCLION.

Je ne sais pas pour l'avenir; quant à présent, elle ne l'a pas perdu. Mais qu'est-ce que tu avais à faire chez moi, en mon absence, sans mon ordre? Je veux le savoir.

CONGRION.

Cesse donc de parler. Nous sommes venus à cause de la noce faire la cuisine.

EUCLION.

Eh! par la mort! que t'importe qu'on mange cuit ou cru chez moi? Es-tu mon tuteur?

CONGRIO.

Volo scire, sinas, an non sinas, nos coquere heic coe-
   nam?

EUCLIO.

Volo scire item ego, meæu' domi mea salva futura?

CONGRIO.

Utinam mea mihi modo abferam, quæ adtuli, salva!
Me haud pœnitet. Tuane expetam?

EUCLIO.

Scio; ne doce, gnovi.

CONGRIO.

Quid est, qua prohibes nunc gratia nos coquere heic
   cœnam?
Quid fecimus? quid diximus tibi secus, quam velles?

EUCLIO.

Etiam rogitas, sceleste homo, qui angulos omneis
Mearum ædium et conclavium mihi perviam facitis?
Id ubi tibi erat negotium, ad focum si adesses,
Non fissile haberes caput: merito id tibi factum 'st.
Adeo ut tu meam sententiam jam gnoscere possis,
Si ad januam huc adcesseris, nisi jussero, propius,
Ego te faciam miserrumus mortalis uti sis.
Scis jam meam sententiam? quo abis? redi rursum.

CONGRIO.

Ita me bene amet Laverna, te jam, nisi reddi
Mihi vasa jubes, pipulo heic disferam ante ædeis.
Quid ego nunc agam? næ ego, edepol, veni huc au-
   spicio malo.
Numo sum conductus; plus jam medico mercede est opus.

LA MARMITE.

CONGRION.

Veux-tu nous laisser faire le souper ici? Oui ou non? dis-le.

EUCLION.

Veux-tu me dire si ma maison sera en sûreté? dis-le.

CONGRION.

Que je sois aussi sûr de ne rien perdre de ce que j'ai apporté, je serai content. Est-ce que je veux te prendre quelque chose?

EUCLION, ironiquement.

Oui, on vous connaît. Tu ne nous apprends rien.

CONGRION.

Quelle raison as-tu de nous empêcher de faire ici le souper? Qu'avons-nous fait, qu'avons-nous dit pour te fâcher?

EUCLION.

Tu le demandes, scélérat, quand vous vous introduisez dans tous les coins les plus secrets de ma maison! Si tu avais été occupé de ton ouvrage auprès du foyer, tu n'aurais pas la tête fêlée. Tu n'as que ce que tu mérites. Tiens-toi pour averti que, si tu approches de cette porte sans ma permission, tu deviendras, de mon fait, le plus malheureux des mortels. Tu m'as bien entendu? Où t'en vas-tu? Reviens. (Il rentre chez lui.)

CONGRION, seul.

Par ma protectrice Laverne, si tu ne me rends mes ustensiles, je ferai scandale à ta porte. Que faire à présent? O dieux! que je suis venu ici sous de mauvais auspices! On me paie un didrachme; j'en dépenserai davantage pour le médecin.

EUCLIO, CONGRIO*.

EUCLIO.

Hoc quidem, hercle, quoquo ibo, mecum erit, mecum feram,
Neque istuc in tantis periclis unquam conmittam ut siet.
Ite sane nunc jam intro omneis, et coci, et tibicinæ.
Etiam introduce, si vis, vel gregem venalium.
Coquite, facite, festinate nunc jam, quantum lubet.

CONGRIO.

Temperi, postquam implevisti fusti fissorum caput.

EUCLIO.

Intro abi; opera huc conducta 'st vostra, non oratio.

CONGRIO.

Heus senex, pro vapulando, hercle, ego abs te mercedem petam.
Coctum ego, non vapulatum, dudum conductus fui.

EUCLIO.

Lege agito mecum, molestus ne sis. I, et cœnam coque,
Aut abi in malum cruciatum ab ædibus.

CONGRIO.

Abi tu modo.

* Actus III, Scena III.

EUCLION, CONGRION*.

EUCLION, tenant sa marmite.

Désormais, partout où j'irai, cela ne me quittera plus ; je le porterai toujours avec moi. Je ne veux plus l'exposer à de si grands périls. *(A Congrion et aux autres)* Entrez maintenant tous, si vous voulez, cuisiniers, joueuses de flûte. Amène, si bon te semble, une troupe d'esclaves. Faites, remuez, cuisinez, tant qu'il vous plaira.

CONGRION.

Il est temps, à présent que j'ai la tête pleine de trous par les coups de bâton !

EUCLION.

Allons, rentre. On te paie pour travailler, et non pas pour discourir.

CONGRION.

Toi, vieillard, tu me paieras pour m'avoir battu. On m'a loué pour faire la cuisine, et non pour qu'on me batte.

EUCLION.

Porte ta plainte aux juges, et cesse de m'ennuyer. Allons, qu'on apprête le souper ; ou va-t'en te faire pendre !

CONGRION.

Vas-y toi-même.

(Les cuisiniers sortent.)

* Acte III, Scène III.

EUCLIO*.

Ille hinc abiit. Dj inmortaleis, facinus audax incipit,
Qui cum opulento pauper cœpit rem habere, aut negotium,
Veluti Megadorus tentat me omnibus miserum modis:
Qui simulavit, mei honoris mittere huc causa cocos,
Is ea causa misit, hoc qui subriperent misero mihi.
Condigne etiam meus me intus gallus gallinaceus,
Qui erat anui peculiaris, perdidit pænissume.
Ubi erat hæc defossa, obcœpit scalpturire ibi ungulis
Circumcirca. Quid opus 'st verbis? ita mihi pectus peracuit;
Capio fustem, obtrunco gallum, furem manifestarium.
Credo ego, edepol, illi mercedem gallo pollicitos cocos,
Si id palam fecisset: exemi e manu manubrium.
Quid opu'st verbis? facta 'st pugna in gallo gallinaceo.
Sed Megadorus, meus adfinis, eccum incedit a Foro.
Jam hunc non ausim præterire, quin consistam et conloquar.

MEGADORUS, EUCLIO**.

MEGADORUS.
Narravi amicis multis consilium meum

* Actus III, Scena iv.
** Actus III, Scena v.

EUCLION*, seul.

Il est parti. Dieux immortels! quelle témérité a un pauvre, de se mettre en relation d'amitié ou d'intérêt avec un riche! Voyez comme Mégadore emploie tous les moyens pour me surprendre, malheureux que je suis! Sous prétexte de m'envoyer obligeamment des cuisiniers, il m'envoie des voleurs pour me ravir ce cher trésor. Et le coq de la vieille, leur digne complice, n'a-t-il pas failli me perdre? Il s'est mis à gratter autour de l'endroit où la marmite était cachée, et de ci, et de là. Soudain la colère me transporte; je saisis un bâton, et je tue le voleur pris en flagrant délit. Par Pollux! je crois que les cuisiniers lui avaient graissé la patte pour me trahir. Mais je leur ai retiré l'arme de la main. Bref, la guerre a fini par la mort du Gaulois emplumé. — Voici Mégadore, mon gendre, qui revient du Forum. Je ne peux plus me dispenser à présent de m'arrêter, quand je le rencontre, et de causer avec lui.

MÉGADORE, EUCLION**.

MÉGADORE, sans apercevoir Euclion.

J'ai fait part à plusieurs amis de mon projet de ma-

* Acte III, Scène iv.
** Acte III, Scène v.

De conditione hac : Euclionis filiam
Laudant; sapienter factum et consilio bono.
Nam, meo quidem animo si idem faciant cæteri,
Opulentiores pauperiorum filias
Ut indotatas ducant uxores domum,
Et multo fiat civitas concordior,
Et invidia nos minore utamur, quam utimur;
Et illæ malam rem metuant, quam metuunt, magis,
Et nos minore sumtu simus, quam sumus.
In maxumam illuc populi partem est optumum;
In pauciores avidos altercatio 'st,
Quorum animis avidis atque insatietatibus,
Neque lex, neque tutor capere est qui possit modum.
Namque hoc qui dicat : Quo illæ nubent divites
Dotatæ, si istud jus pauperibus ponitur?
Quo lubeat nubant, dum dos ne fiat comes.
Hoc si ita fiat, mores meliores sibi
Parent, pro dote quos ferant, quam nunc ferunt.
Ego faxim muli, pretio qui superant equos,
Sint viliores gallicis cantheriis.

EUCLIO.

Ita me di amabunt, ut ego hunc ausculto lubens.
Nimis lepide fecit verba ad parcimoniam.

MEGADORUS.

Nulla igitur dicat : equidem dotem ad te adtuli
Majorem multo, tibi quam erat pecunia.
Enim mihi quidem æquom 'st purpuram atque aurum
    dari,
Ancillas, mulos, muliones, pedisequos,
Salutigerulos pueros, vehicula, quî vehar.

riage. Ils disent tous du bien de la fille d'Euclion; ils m'approuvent fort : C'est, disent-ils, une idée très-sage. En effet, si tous les riches en usaient comme moi, et prenaient sans dot les filles des citoyens pauvres, il y aurait dans l'état plus d'accord, nous exciterions moins de haine, et les femmes seraient plus contenues par la crainte du châtiment, et nous mettraient moins en dépense. Il en résulterait un grand bien pour la majeure partie du peuple. Il n'y aurait qu'un petit nombre d'opposans : ce seraient les avares, dont l'insatiable cupidité brave toutes les puissances, et ne connaît ni loi ni mesure. Je les entends déjà : A qui mariera-t-on les filles dotées, si l'on établit un tel usage en faveur des pauvres? Qu'elles épousent qui elles voudront, pourvu qu'elles n'apportent point de dot avec elles. S'il en était ainsi, elles s'efforceraient de remplacer la dot par de bonnes qualités; elles vaudraient mieux. On verrait les mulets, qui coûtent plus cher aujourd'hui que les chevaux, tomber à plus bas prix que les bidets gaulois.

EUCLION, à part.

Par tous les dieux! c'est plaisir de l'entendre. Voilà ce qui s'appelle parler. Qu'il entend bien l'économie!

MÉGADORE.

Une femme ne viendrait pas vous dire : Ma dot a plus que doublé tes biens; il faut que tu me donnes de la pourpre et des bijoux, des femmes, des mulets, des cochers, des laquais pour me suivre, des valets pour mes commissions, des chars pour mes courses.

EUCLIO.

Ut matronarum hic facta pergnovit probe!
Moribus præfectum mulierum hunc factum velim.

MEGADORUS.

Nunc, quoquo venias, plus plaustrorum in ædibus
Videas, quam ruri, quando ad villam veneris.
Sed hoc etiam polchrum 'st, præ quam ubi sumtus petunt.
Stat fullo, phrygio, aurifex, lanarius:
Caupones patagiarii, indusiarii,
Flammearii, violarii, carinarii,
Aut manulearii, aut murobathrarii;
Propolæ, linteones, calceolarii,
Sedentarii sutores, diabathrarii,
Solearii adstant, adstant molochinarii;
Petunt fullones, sarcinatores petunt.
Strophiarii adstant, adstant semizonarii.
Jam hosce absolutos censeas: cedunt, petunt
Treceni, constant phylacistæ in atriis,
Textores limbolarii, arcularii;
Ducuntur, datur æs. Jam hosce absolutos censeas,
Quom incedunt infectores crocotarii;
Aut aliqua mala crux semper est, quæ aliquid petat.

EUCLIO.

Conpellem ego illum, ni metuam ne desinat
Memorare mores mulierum: nunc sic sinam.

MEGADORUS.

Ubi nugigerulis res soluta 'st omnibus,

LA MARMITE.

EUCLION, à part.

Comme il connaît bien les habitudes de nos fières matrones! Si l'on m'en croyait, on le nommerait préfet des mœurs pour les femmes.

MÉGADORE.

A présent il n'y a pas de maison de ville où l'on ne trouve plus de chariots, qu'il n'y en a dans celles des champs. Mais ce train est fort modeste encore, en comparaison des autres dépenses. Vous avez le foulon, le brodeur, le bijoutier, le lainier, toutes sortes de marchands, le fabricant de bordures pailletées, le faiseur de tuniques intérieures, les teinturiers en couleur de feu, en violet, en jaune de cire, les tailleurs de robes à manches, les parfumeurs de chaussures, les revendeurs, les lingers, les cordonniers de toute espèce pour les souliers de ville, pour les souliers de table, pour les souliers fleur de mauve. Il faut donner aux dégraisseurs, il faut donner aux raccommodeurs, il faut donner aux faiseurs de gorgerettes, aux couturiers. Vous croyez en être quitte; d'autres leur succèdent. Nouvelle légion de demandeurs assiégeant votre porte; ce sont des tisserands, des bordeurs de robes, des tabletiers. Vous les payez. Pour le coup vous êtes délivrés. Viennent les teinturiers en safran, ou quelque autre engeance maudite, qui ne cesse de demander.

EUCLION, à part.

J'irais l'embrasser, si je ne craignais d'interrompre cette excellente censure des femmes. Il vaut mieux l'écouter.

MÉGADORE.

Quand on a satisfait tous ces fournisseurs de colifi-

Ibi ad postremum cedit miles, æs petit.
Itur, putatur ratio cum argentario.
Inpransus miles adstat, æs censet dari.
Ubi disputata 'st ratio cum argentario,
Etiam ipsus ultro debet argentario.
Spes prorogatur militi in alium diem.
Hæc sunt atque aliæ multæ in magnis dotibus
Inconmoditates, sumtusque intolerabileis.
Nam, quæ indotata 'st, ea in potestate est viri;
Dotatæ mactant et malo et damno viros.
Sed eccum adfinem ante ædeis. Quid agis, Euclio?

EUCLIO, MEGADORUS*.

EUCLIO.
Nimium lubenter edi sermonem tuum.
MEGADORUS.
Ain'? audivisti?
EUCLIO.
Usque a principio omnia.
MEGADORUS.
Tamen, meo quidem animo, aliquanto facias rectius,
Si nitidior sis filiæ [in] nubtiis.
EUCLIO.
Pro re nitorem, et gloriam pro copia.
Qui habent, meminerint sese, unde oriundi sient.

* Actus III, Scena vi.

chets, arrive le terme de la contribution pour la guerre. Il faut payer. On va chez son banquier, on compte avec lui. Le soldat se morfond à vous attendre, dans l'espoir de toucher son argent. Mais, tout compte fait, il se trouve que vous êtes débiteur de votre banquier. On renvoie le soldat à un autre jour, avec des promesses. Et je ne dis pas encore tous les ennuis, toutes les folles dépenses qui accompagnent les grandes dots. Une femme qui n'apporte rien, est soumise à son mari; mais une épouse richement dotée, c'est un fléau, une désolation. Eh! voici le beau-père à sa porte. Bonjour, Euclion.

EUCLION, MÉGADORE*.

EUCLION.
Je me délectais à savourer ta morale.
MÉGADORE.
Oui-dà! tu m'écoutais?
EUCLION.
Je n'ai pas perdu une parole.
MÉGADORE.
Mais il me semble que tu ferais bien d'être un peu mieux vêtu pour la noce de ta fille.
EUCLION.
Chacun se pare selon sa fortune, et fait figure selon ses moyens. Ceux qui ont de quoi doivent soutenir leur

* Acte III, Scène vi.

Neque, pol, Megadore, mihi, neque quoiquam pauperi,
Opinione melius res structa 'st domi.

MEGADORUS.

Imo est, et dii faciant uti siet,
Plus plusque istucce sospitent, quod nunc habes.

EUCLIO.

Illud mihi verbum non placet : « Quod nunc habes. »
Tam hoc scit me habere, quam egomet : anus fecit palam.

MEGADORUS.

Quid tu te solus e senatu sevocas?

EUCLIO.

Pol, ego te ut adcusem, merito meditabar.

MEGADORUS.

Quid est?

EUCLIO.

Quid sit, me rogitas? qui mihi omneis angulos
Furum inplevisti in ædibus misero mihi;
Qui intromisisti in ædibus quingentos cocos,
Cum senis manibus, genere Geryonaceo;
Quos si Argus servet, qui oculeus totus fuit,
Quem quondam Ioni Juno custodem addidit,
Is nunquam servet : præterea tibicinam,
Quæ mihi interbibere sola, si vino scatet,
Corinthiensem fontem Pirenem potest.
Tum opsonium autem !....

MEGADORUS.

Pol, vel legioni sat est.
Et jam agnum misi.

rang. Mais chez moi, Mégadore, et chez tous les pauvres comme moi, il n'y a pas plus d'aisance qu'on ne croit.

MÉGADORE.

Ne te fais pas si pauvre; et veuillent les dieux augmenter de plus en plus le bien que tu possèdes !

EUCLION, à part.

Le bien que tu possèdes! ce mot ne me plaît pas. Il sait ce que j'ai, comme moi-même. La vieille m'a trahi.

MÉGADORE, à Euclion, qui s'est détourné.

Pourquoi donc te séparer de notre sénat?

EUCLION.

Je m'apprêtais à te faire des reproches. Tu en mérites.

MÉGADORE.

Et pourquoi?

EUCLION.

Tu demandes pourquoi, lorsque tu remplis de voleurs tous les coins de ma pauvre maison? lorsque tu amènes chez moi une armée de cuisiniers, race de Géryon, pourvus chacun de trois paires de mains? Argus qui était tout yeux, et à qui Junon commit la garde d'Io, Argus lui-même ne suffirait pas à les surveiller. Et pour renfort, une joueuse de flûte, capable à elle seule d'épuiser la fontaine corinthienne de Pirène, s'il en coulait du vin. Pour les vivres....

MÉGADORE.

Il y a de quoi nourrir une légion. D'abord j'ai envoyé un agneau.

EUCLIO.

Quo quidem agno sat scio
Mage curionem nusquam esse ullam beluam.

MEGADORUS.

Volo ego ex te scire, qui sit agnus curio.

EUCLIO.

Qui ossa atque pellis totu 'st, ita cura macet.
Quin exta inspicere in sole etiam vivo licet,
Ita is perlucet, quasi laterna punica.

MEGADORUS.

Cædundum illum ego conduxi.

EUCLIO.

Tum tu idem, optumum 'st,
Loces ecferendum : nam jam, credo, mortuu'st.

MEGADORUS.

Potare ego hodie, Euclio, tecum volo.

EUCLIO.

Non potem ego quidem, hercle.

MEGADORUS.

At ego jussero
Cadum unum vini veteris a me adferrier.

EUCLIO.

Nolo, hercle : nam mihi bibere decretum 'st aquam.

MEGADORUS.

Ego te hodie reddam madidum, sed vino, probe,
Tibi quoi decretum 'st bibere aquam.

EUCLIO.

Scio, quam rem agat.

EUCLION.

Par ma foi! je ne connais pas de plus grand surveillant que cet agneau-là.

MÉGADORE.

Explique-moi ce que tu entends par un agneau surveillant.

EUCLION.

Il n'a que la peau et les os; tant les veilles l'ont maigri. On peut examiner ses entrailles au soleil sans l'égorger. Son corps est transparent, comme une lanterne de Carthage.

MÉGADORE.

J'ai payé pour qu'on le tue.

EUCLION.

Tu devrais plutôt payer son enterrement; car je crois qu'il est déjà mort.

MÉGADORE.

Nous boirons ensemble aujourd'hui, j'espère.

EUCLION.

Non, non, je ne veux pas boire.

MÉGADORE.

Je te ferai porter de chez moi un tonneau de vin vieux.

EUCLION.

Non, point du tout; car je suis résolu à ne boire que de l'eau.

MÉGADORE.

Oh! nous t'humecterons comme il faut, mais de bon vin, malgré ta résolution de boire de l'eau.

EUCLION, à part.

Je devine son dessein. Il s'y prend ainsi pour me faire

Ut me deponat vino, eam adfectat viam;
Post hoc, quod habeo, ut conmutet coloniam.
Ego id cavebo, nam alicubi abstrudam foris.
Ego faxo, et operam et vinum perdiderit simul.

MEGADORUS.

Ego, nisi quid me vis, eo lavatum, ut sacruficem.

EUCLIO.

Edepol, næ tu, Aula, multos inimicos habes,
Atque istuc aurum, quod tibi concreditum 'st.
Nunc hoc mihi factum 'st optumum, ut te abferam,
Aula, in Fidei fanum; ibi abstrudam probe.
Fides, gnovisti me et ego te, : cave, sîs, tibi,
Ne tu inmutassis nomen, si hoc concreduo.
Ibo ad te, fretus tua, Fides, fiducia.

STROBILUS*.

Hoc est servi facinus frugi facere, quod ego persequor,
Nec moræ molestiæque inperium herile habeat sibi.
Nam qui hero ex sententia servire servos potulat,
In herum matura, in se sera, condecet capessere.
Sin dormitet, ita dormitet, servom sese ut cogitet.
Nam qui amanti servitutem servit, quasi ego servio,
Si eum videt superare amorem, hoc servi esse opficium
    reor,

* Actus IV, Scena 1.

tomber ivre-mort. Et puis, mon or changerait de résidence. J'y mettrai bon ordre. Je le cacherai en quelque lieu hors de chez moi. Notre homme perdra sa peine et son vin.

MÉGADORE.

Si je ne te suis bon à rien, je vais aller au bain, pour me préparer au sacrifice. (Il sort.)

EUCLION, seul.

Eh! ma pauvre Marmite, par Pollux! que d'ennemis conjurés contre toi et contre cet or, dont tu es dépositaire! Le mieux aujourd'hui pour moi est de l'emporter dans le temple de la Bonne-Foi, et de l'y bien cacher. O Bonne-Foi! nous nous connaissons réciproquement; ne va pas perdre ton nom avec moi, si je te remets ce dépôt. Songe, ô Bonne-Foi! que j'agis de confiance, que je me livre à toi.

(Il entre dans l'enceinte du temple.)

STROBILE*, seul.

Ma conduite est celle d'un esclave bien avisé. Point de paresse, point de mauvaise volonté pour obéir au maître : l'esclave qui veut qu'on soit content de son service, doit être empressé pour son maître, négligent pour lui-même. A-t-il envie de dormir; que le sommeil ne lui fasse pas oublier ce qu'il est. Quand on sert, comme moi, un jeune amoureux, si on le voit trop dominé par la passion, il faut le retenir et l'empêcher de

* Acte IV, Scène 1.

Retinere ad salutem : non eum, quo incumbat, eo inpellere.
Quasi pueri qui nare discunt, scirpea induitur ratis,
Qui laborent minus; facilius ut nent, et moveant manus :
Eodem modo servom ratem esse amanti hero æquom censeo,
Ut toleret, ne pessum abeat, tamquam
Herile inperium ediscat, ut, quod frons velit, oculi sciant;
Quod jubeat, citis quadrigis citius properet persequi.
Qui ea curabit, abstinebit censione bubula.
Nec sua opera rediget unquam in splendorem conpedes.
Nunc herus meus amat filiam hujus Euclionis pauperis :
Eam hero nunc renunciatum 'st nubtum huic Megadoro dari.
Is speculatum huc misit me, ut, quæ fierent, fieret particeps.
Nunc sine omni subspicione in ara heic adsidam sacra.
Hinc ego et huc et illuc potero, quid agant, arbitrarier.

EUCLIO, STROBILUS*.

EUCLIO.

Tu modo cave quoiquam indicassis, aurum meum esse isteic, Fides.
Non metuo, ne quisquam inveniat : ita probe in latebris situm 'st.

* Actus IV, Scena II.

se perdre, au lieu de le pousser au penchant où il est enclin. De même qu'on met aux enfans qui apprennent à nager, une nacelle d'osier pour les soulager dans cet exercice et leur faciliter le mouvement des bras; ainsi l'esclave d'un jeune homme amoureux doit être la nacelle qui le soutient et l'empêche de se noyer. Qu'il sache deviner les volontés de son maître, entendre de l'œil l'expression de sa figure, exécuter un ordre plus vite que la course des chars. Quiconque pratiquera ces maximes, ne subira point la censure des étrivières et ne polira point avec ses jambes le fer des entraves. Mon maître aime la fille du pauvre Euclion. Il vient d'apprendre qu'on la marie à Mégadore, et il m'envoie ici en observation pour que je l'instruise de ce qui se passe. Je vais m'asseoir sur cet autel, on ne se doutera pas que j'y sois, et je pourrai voir de tous côtés ce qu'on fera.

EUCLION, STROBILE*.

EUCLION, sortant du temple.

Ah! çà, garde-toi de révéler à personne le dépôt que j'ai fait de mon or dans ton temple, ô Bonne-Foi! Je ne crains pas qu'on le trouve; il est trop bien caché. Par Pollux! il emporterait une belle proie, celui qui trouverait

* Acte IV, Scène II.

Edepol, næ illic polchram prædam agat, si qui illam in-
  venerit
Aulam onustam auri; verum id te quæso, ut prohibes-
  sis, Fides.
Nunc lavabo, ut rem divinam faciam, ne adfinem morer,
Quin, ubi arcessat, meam extemplo filiam ducat domum.
Vide, Fides, etiam atque etiam nunc, salvam ut aulam
  abs te abferam.
Tuæ fidei concredidi aurum : in tuo luco et fano modo
  'st situm.

STROBILUS.

Di inmortaleis! quod ego hunc hominem facinus audio
  loqui?
Se aulam onustam auri abstrusisse heic intus in fano.
  Fides,
Cave tu illi fidelis, quæso, potius fueris, quam mihi.
Atque hic pater est, ut ego opinor, hujus, herus quam
  amat.
Ibo hinc intro, perscrutabor fanum, si inveniam uspiam
Aurum, dum hic est obcupatus. Sed si reperero, o Fides,
Mulsi congialem plenam faciam tibi fideliam.
Id adeo tibi faciam : verum ego mihi bibam, ubi id
  fecero.

EUCLIO*.

Non temere 'st, quod corvos cantat mihi nunc ab-læva
  manu.

* Actus IV, Scena III.

cette marmite remplie d'or. Ah! je t'en conjure! ne le permets pas, ô Bonne-Foi! Maintenant, je vais me baigner pour le sacrifice. Il ne faut pas nous faire attendre. Lorsque mon gendre enverra chercher ma fille, elle devra être prête à partir. Prends-y bien garde, ô Bonne-Foi! je ne saurais trop te le recommander; que je puisse te reprendre ma marmite sans encombre. Je confie mon or à ta garde; il est placé dans ton bois sacré, dans ton temple.

(Il sort.)

STROBILE, seul.

Dieux immortels! qu'est-ce que j'entends? il vient de cacher une marmite remplie d'or dans ce temple. O Bonne-Foi! ne sois pas fidèle, je t'en prie, plutôt à lui qu'à moi. Cet homme est, je pense, le père de l'amante de mon maître. Entrons dans le temple, cherchons de tous côtés, tâchons de dénicher son or, tandis qu'il est occupé ailleurs. O Bonne-Foi! si je le découvre, je t'offrirai une cruche de vin d'un conge entier : oui, je n'y manquerai pas; mais je boirai ensuite l'offrande.

(Il entre dans le temple.)

EUCLION[*], revenant sur ses pas.

Ce n'est pas par hasard que le corbeau a chanté à ma gauche, et puis il rasait la terre de ses pieds en croas-

[*] Acte IV, Scène III.

Simul radebat pedibus terram, et voce crocibat sua :
Continuo meum cor cœpit artem facere ludicram,
Atque in pectus emicare. Sed ego cesso currere?

EUCLIO, STROBILUS*.

EUCLIO.

I foras, lumbrice, qui sub terra erepsisti modo,
Qui modo nusquam conparebas, nunc, quom conpares,
    peris.
Ego, edepol, te, præstigiator, miseris jam adcipiam
    modis.

STROBILUS.

Quæ te mala crux agitat? quid tibi mecum 'st con-
    merci, senex?
Quid me adflictas? quid me raptas? qua me causa ver-
    beras?

EUCLIO.

Verberabilissume, etiam rogitas? non fur, sed trifur.

STROBILUS.

Quid tibi subripui?

EUCLIO.

    Redde huc, sîs.

STROBILUS.

        Quid tibi vis reddam?

---

* Actus IV, Scena IV.

sant. Mon cœur aussitôt a fait le métier de danseur et a bondi dans mon sein. Pourquoi tarder? courons.

EUCLION, STROBILE*.

EUCLION.

Hors d'ici, animal rampant, qui viens de sortir de dessous terre. On ne te voyait pas tout-à-l'heure; tu te montres, et l'on t'écrase. Par Pollux! je vais t'arranger de la bonne manière, subtil coquin.

STROBILE.

Quel démon te tourmente? qu'avons-nous à démêler ensemble, vieillard? Pourquoi me pousser à me jeter par terre? pourquoi me tirer de la sorte? pourquoi me frapper?

EUCLION.

Grenier à coups de fouet! tu le demandes? Voleur; que dis-je? triple voleur.

STROBILE.

Que t'ai-je pris?

EUCLION.

Rends-le-moi, et vite.

STROBILE.

Que veux-tu que je te rende?

* Acte IV, Scène IV.

EUCLIO.

Rogas?

STROBILUS.
Nihil equidem tibi abstuli.

EUCLIO.
At illud, quod tibi abstuleras, cedo.
Ecquid agis?

STROBILUS.
Quid agam?

EUCLIO.
Abferre non potes.

STROBILUS.
Quid vis tibi?

EUCLIO.
Pone.

STROBILUS.
Equidem, pol, te datare credo consuetum, senex.

EUCLIO.
Pone hoc, sîs; abfer cavillam; non ego nunc nugas ago.

STROBILUS.
Quid ego ponam? quin tu eloquere, quidquid est, suo
   nomine.
Non, hercle, equidem quidquam sumsi, nec tetigi.

EUCLIO.
Ostende huc manus.

STROBILUS.
Hem tibi!

EUCLIO.
Ostende.

LA MARMITE.

EUCLION, ironiquement.

Tu ne le sais pas?

STROBILE.

Je n'ai rien pris qui t'appartienne.

EUCLION.

Mais ce qui t'appartient maintenant par le vol, rends-le. Eh bien?

STROBILE.

Eh bien?

EUCLION.

Ton vol ne te réussira pas.

STROBILE.

Qu'est-ce que tu as donc?

EUCLION.

Remets-le-moi.

STROBILE.

Ah! vraiment, vieillard, tu es accoutumé à ce qu'on te le remette.

EUCLION.

Remets-moi cela, te dis-je. Pas de plaisanterie. Je ne badine pas, moi.

STROBILE.

Qu'exiges-tu que je te remette? Nomme la chose par son nom. Je jure que je n'ai rien pris, rien touché.

EUCLION.

Voyons tes mains.

STROBILE, montrant une main.

Tiens.

EUCLION.

Montre donc

STROBILUS.

Eccas.

EUCLIO.

Video. Age ostende etiam tertiam.

STROBILUS.

Larvæ hunc atque intemperiæ insaniæque agitant senem.
Facin' injuriam mî, an non?

EUCLIO.

Fateor, quia non pendes, maxumam.
Atque id quoque jam fiet, nisi fatere.

STROBILUS.

Quid fatear tibi?

EUCLIO.

Quid abstulisti hinc?

STROBILUS.

Di me perdant, si ego tui quidquam abstuli.

EUCLIO.

Nive adeo abstulisse vellem. Agedum, excutedum pallium.

STROBILUS.

Tuo arbitratu.

EUCLIO.

Ne inter tunicas habeas.

STROBILUS.

Tenta, qua lubet.

EUCLIO.

Vah, scelestus, quam benigne! ut ne abstulisse intellegam.
Gnovi sycophantias: age! rursum, ostende huc manum
Dexteram.

STROBILE.
Les voici.

EUCLION.
Je vois. Maintenant, la troisième.

STROBILE.
Ce vieillard est fou. Les fantômes et les vapeurs de l'enfer lui troublent le cerveau. Tu ne diras pas que tu ne me fais pas injure?

EUCLION.
Oui, très-grande; car tu devrais déjà être fustigé. Et cela t'arrivera certainement, si tu n'avoues.

STROBILE.
Que dois-je avouer?

EUCLION.
Qu'est-ce que tu m'as dérobé?

STROBILE.
Que le ciel me foudroie, si je t'ai pris quelque chose!

EUCLION, sur le même ton avec affectation.
Et si je n'ai pas voulu prendre. Allons! secoue ton manteau.

STROBILE.
Tant que tu voudras.

EUCLION.
Ne l'aurais-tu pas sous ta tunique?

STROBILE.
Tâte partout.

EUCLION.
Ah! le scélérat; comme il fait le bon, pour qu'on ne le soupçonne pas. Nous connaissons vos finesses. Or çà, montre-moi encore une fois ta main droite.

STROBILUS.

Hem!

EUCLIO.

Nunc lævam ostende.

STROBILUS.

Quin equidem ambas profero.

EUCLIO.

Jam scrutari mitto : redde huc.

STROBILUS.

Quid reddam?

EUCLIO.

Ah nugas agis,
Certe habes.

STROBILUS.

Habeo ego? quid habeo?

EUCLIO.

Non dico; audire expetis.
Id meum quidquid habes, redde.

STROBILUS.

Insanis : perscrutatus es
Tuo arbitratu, neque tui me quidquam invenisti penes.

EUCLIO.

Mane, mane : quis ille est, qui heic intus alter erat tecum simul?

Perii, hercle! ille nunc intus turbat : hunc si amitto, hic abierit.

Postremo jam hunc perscrutavi, hic nihil habet : abi, quo lubet.

Jupiter te dique perdant.

STROBILUS.

Haud male agit gratias.

STROBILE.

Regarde.

EUCLION.

Et la gauche.

STROBILE.

Les voici toutes deux.

EUCLION.

Je ne veux pas chercher davantage. Rends-le-moi.

STROBILE.

Mais quoi?

EUCLION.

Tous ces détours sont inutiles. Tu l'as certainement.

STROBILE.

Je l'ai? moi! Qu'est-ce que j'ai?

EUCLION.

Je ne le dirai pas. Tu voudrais me le faire dire. Quoi que ce soit, rends-moi mon bien.

STROBILE.

Tu extravagues. N'as-tu pas fouillé à ton aise, sans rien trouver sur moi qui t'appartienne?

EUCLION.

Demeure, demeure. Quel autre était ici avec toi? Je suis perdu! grands dieux! il y a là dedans quelqu'un qui fait des siennes. (*A part*) Si je lâche celui-ci, il s'en ira. Après tout, je l'ai fouillé; il n'a rien. Va-t'en, si tu veux. Et que Jupiter et tous les dieux t'exterminent!

STROBILE.

Beau remerciment.

EUCLIO.

Ibo hinc intro, atque illi socienno tuo jam interstrin-
    gam gulam.
Fugin' hinc ab oculis? abin' hinc, an non?

STROBILUS.

                Abeo.

EUCLIO.

                Cave, sîs, te videam.

STROBILUS*.

Emortuum ego me mavelim leto malo,
Quam non ego illi dem hodie insidias seni.
Nam heic jam non audebit aurum abstrudere.
Credo, ecferet jam secum, et mutabit locum.
Atat, foris crepuit! senex eccum aurum ecfert foras.
Tantisper heic ego ad januam concessero.

EUCLIO, STROBILUS**.

EUCLIO.

Fidei censebam maxumam multo fidem
Esse: ea sublevit os mihi pænissume.
Ni subvenisset corvos, periissem miser.

* Actus IV, Scena v.
** Actus IV, Scena vi.

EUCLION.

Je vais rentrer, et j'étranglerai ton complice. Fuis de ma présence. T'en iras-tu?

STROBILE.

Je pars.

EUCLION.

Que je ne te revoie plus; prends-y garde.

(Il entre dans le temple.)

STROBILE*, seul.

J'aimerais mieux mourir par le supplice, que de ne pas jouer un tour à ce vieillard. Il n'osera plus cacher son or ici. Il va l'emporter avec lui et le changer de place. Oh! oh! j'entends du bruit. Le vieillard emporte son or. Retirons-nous un peu ici contre la porte.

EUCLION, STROBILE**.

EUCLION.

Je croyais pouvoir me fier en toute sûreté à la Bonne-Foi. Elle a bien manqué m'en jouer d'une belle. Si le corbeau n'était venu à mon secours, malheureux! je

* Acte IV, Scène v.
** Acte IV, Scène vi.

Nimis, hercle, ego illum corvom ad me veniat, velim,
Qui indicium fecit, illi ut ego aliquid boni
Dicam : nam quod edit, tam duim, quam perduim.
Nunc, hoc ubi abstrudam, cogito solum locum.
Silvani lucus extra murum est avius,
Crebro salicto obpletus; ibi sumam locum.
Certum 'st, Silvano potius credam, quam Fide.

STROBILUS.

Euge! euge! di me salvom et servatum volunt.
Jam ego illuc præcurram, atque inscendam aliquam in arborem.
Indeque observabo, aurum ubi abstrudat senex.
Quamquam heic manere me herus sese jusserat,
Certum 'st, malam rem potius quæram cum lucro.

LYCONIDES, EUNOMIA, PHÆDRA*.

LYCONIDES.

Dixi tibi, mater; juxta rem mecum tenes
Super Euclionis filia : nunc, te obsecro,
Fac mentionem cum avonculo, mater mea :
Resecroque, mater, quod dudum obsecraveràm.

EUNOMIA.

Scis tute, facta velle me, quæ tu velis.
Et istuc confido a fratre me inpetrassere.

* Actus IV, Scena vii.

périssais. Je voudrais bien le revoir, ce corbeau mon sauveur, pour lui souhaiter toutes sortes de biens; car lui donner à manger, non; autant vaut perdre que donner. Il s'agit à présent de choisir, pour cacher ceci, un endroit bien désert. Il y a, hors des murs, le bois de Silvain, où personne ne passe, et tout plein d'une saussaie épaisse. Je prendrai là une place. Oui, j'aime mieux me confier à Silvain qu'à la Bonne-Foi. (Il sort.)

STROBILE, seul.

A merveille! à merveille! les dieux me protègent et veulent mon bonheur. Je cours en avant. Je grimpe sur un arbre, et j'observe en quel endroit le vieillard cache son or. Mon maître m'avait dit de l'attendre ici. Mais le parti en est pris; je ferai fortune au péril de mes épaules.

(Il sort.)

LYCONIDE, EUNOMIE, PHÉDRA*.

LYCONIDE.

Je t'ai dit tout, ma mère; tu connais aussi bien que moi ce qui concerne la fille d'Euclion. Maintenant, je t'en conjure, parle pour nous à mon oncle. Je t'en ai priée, je t'en supplie, ma mère.

EUNOMIE.

Tu sais que tes désirs sont les miens. J'espère que mon frère ne me refusera pas. La demande est juste

* Acte IV, Scène VII.

Et causa justa est, siquidem ita est, ut prædicas,
Te eam conpressisse vinolentum virginem.

LYCONIDES.

Egone ut te advorsum mentiar, mater mea?

PHÆDRA.

Perii, mea nutrix! obsecro te, uterum dolet.
Juno Lucina, tuam fidem!

LYCONIDES.

      Hem, mater mea,
Tibi rem potiorem video : clamat, parturit.

EUNOMIA.

I hac intro mecum, gnate mi, ad fratrem meum,
Ut istuc, quod me oras, inpetratum ab eo abferam.

LYCONIDES.

I, jam sequor te, mater. Sed servom meum
Strobilum miror, ubi sit, quem ego me jusseram
Heic obperiri : nunc ego mecum cogito,
Si mihi dat operam, me illi irasci injurium 'st.
Ibo intro, ubi de capite meo sunt comitia.

STROBILUS*.

Picos divitiis, qui aureos monteis colunt,
Ego solus supero. Nam istos reges cæteros
Memorare nolo, hominum mendicabula.
Ego sum ille rex Philippus. O lepidum diem!

---

* Actus IV, Scena VIII.

d'ailleurs, s'il est vrai, comme tu dis, que tu aies fait violence à cette fille dans un moment d'ivresse.

LYCONIDE.

Voudrais-je t'en imposer, à toi, ma mère?

PHÉDRA, derrière le théâtre.

Ah! je meurs, ma nourrice. A moi! quelle douleur d'entrailles! Junon Lucine, secours-moi.

LYCONIDE.

Tiens, ma mère, les faits te convaincront mieux. Tu entends ses cris; l'enfant va naître.

EUNOMIE.

Mon fils, entre avec moi chez mon frère. Il faut que j'obtienne de lui ce que tu me demandes. (Elle sort.)

LYCONIDE.

Va; je te suis, ma mère. Où est donc Strobile? il avait ordre de m'attendre ici. Cela m'étonne. Mais, en y réfléchissant, s'il est occupé pour moi, j'aurais tort de me fâcher. Entrons aux comices, où mon sort se décide.

STROBILE[*], seul.

Tous les gryphons, possesseurs des montagnes d'or, ne m'égalent pas en richesses. Et pour les rois du commun, je n'en parle pas : pauvres mendians! Je suis le roi Philippe. O l'heureux jour! J'étais parti d'ici à pro-

[*] Acte IV, Scène VIII.

Nam, ut dudum hinc abii, illuc multo adveni prior,
Multoque prius me conlocavi in arborem :
Inde exspectabam, ubi aurum abstrudebat senex.
Ubi ille abiit, ego me deorsum duco de arbore;
Ecfodio aulam auri plenam; inde exeo e loco;
Video recipere se senem; me ille non videt.
Nam ego declinavi paulum me extra viam.
Atat! eccum ipsum : ibo, ut hoc condam domum.

EUCLIO*.

Perii! interii! obcidi! quo curram? quo non curram?
Tene, tene! quem? quis? nescio, nihil video, cæcus eo;
    atque
Equidem quo eam, aut ubi sim, aut qui sim, nequeo
    cum animo
Certum investigare. Obsecro vos ego, mihi auxilio,
Oro, obtestor, sitis, et hominem demonstretis, qui eam
    abstulerit.
Qui vestitu et creta obcultant sese, atque sedent, quasi
    sint frugi....
Quid ais tu? tibi credere certum 'st : nam esse bonum e
    voltu congnosco.
Quid est? quid ridetis? gnovi omneis, scio fures esse
    heic conplureis.

---

* Actus IV, Scena IX.

pos pour devancer notre homme, et j'ai eu tout le temps de me poster sur un arbre. Ainsi perché, je remarquais la place où il enfouissait son or. Il s'en va, et je me glisse à bas de mon arbre, je déterre la marmite toute pleine d'or, je me retire, et je vois le vieillard rentrer chez lui sans qu'il me voie; car j'avais soin de me tenir en dehors de la route. Oh! oh! le voici lui-même. Courons mettre ceci en sûreté à la maison.

(Il sort.)

EUCLION[*], seul.

Je suis mort! je suis égorgé! je suis assassiné! Où courir? où ne pas courir? Arrêtez! arrêtez! Qui? lequel? je ne sais; je ne vois plus, je marche dans les ténèbres. Où vais-je? où suis-je? Qui suis-je? je ne sais; je n'ai plus ma tête. Ah! je vous prie, je vous conjure, secourez-moi. Montrez-moi celui qui me l'a ravie.... vous autres, cachés sous vos robes blanchies, et assis comme des honnêtes gens.... Parle, toi, je veux t'en croire; ta figure annonce un homme de bien.... Qu'est-ce? pourquoi riez-vous? On vous connaît tous. Certainement, il y a ici plus d'un voleur.... Eh bien! dis; aucun d'eux ne l'a prise?.... Tu me donnes le coup de la mort. Dis-moi donc, qui est-ce qui l'a? Tu l'ignores! Ah! malheureux, malheureux! C'est fait de moi; plus de ressource, je suis dépouillé de tout! Jour déplorable, jour funeste,

---

[*] Acte IV, Scène IX.

Hem, nemo habet horum? obcidisti : dic igitur, quis habet? nescis!
Heu me miserum, miserum! perii! male perditus, pessume ornatus eo.
Tantum gemiti et malæ mœstitiæ hic dies mihi obtulit,
Famem et pauperiem. Perditissumus ego sum omnium in terra.
Nam quid mihi opu'st vita, qui tantum auri perdidi
Quod custodivi sedulo? egomet me defrudavi
Animumque meum geniumque meum : nunc eo alii lætificantur,
Meo malo et damno : pati nequeo.

LYCONIDES, EUCLIO*.

LYCONIDES.

Quinam homo heic ante ædeis nostras ejulans conqueritur mœrens?
Atque hic quidem Euclio 'st, ut opinor : oppido ego interii! palam 'st res.
Scit peperisse jam, ut ego opinor, filiam suam : nunc mi incertum 'st,
Quid agam? abeam, an maneam? an adeam? an fugiam? Quid agam, edepol, nescio.

EUCLIO.

Quis homo heic loquitur?

* Actus IV, Scena x.

qui m'apporte la misère et la faim! Il n'y a pas de mortel sur la terre qui ait éprouvé un pareil désastre. Et qu'ai-je à faire de la vie, à présent que j'ai perdu un si beau trésor, que je gardais avec tant de soin? Pour lui je me dérobais le nécessaire, je me refusais toute satisfaction, tout plaisir. Et il fait la joie d'un autre qui me ruine et qui me tue! Non, je n'y survivrai pas.

LYCONIDE, sortant de chez Mégadore; EUCLION*.

LYCONIDE.

Qui est-ce qui gémit et se lamente devant notre maison? C'est, je crois, Euclion lui-même. Je suis perdu! il sait tout. Il a appris l'accouchement de sa fille. Quel embarras! que faire? me retirer, ou demeurer? lui parler ou m'enfuir? Vraiment, je ne sais que résoudre.

EUCLION.

Qui entends-je parler ici?

* Acte IV, Scène x.

LYCONIDES.

Ego sum miser.

EUCLIO.

Imo ego sum, et misere perditus,
Quoi tanta mala, mœstitudoque obtigit.

LYCONIDES.

Animo bono es.

EUCLIO.

Quo, obsecro, pacto esse possum?

LYCONIDES.

Quia istuc facinus, quod tuum
Sollicitat animum, id ego feci, et fateor.

EUCLIO.

Quid ego ex te audio?

LYCONIDES.

Id, quod verum 'st.

EUCLIO.

Quid ego emerui, adulescens, mali,
Quamobrem ita faceres, meque meosque perditum ires
   liberos?

LYCONIDES.

Deus inpulsor mihi fuit, is me ad illam inlexit.

EUCLIO.

Quo modo?

LYCONIDES.

Fateor peccavisse, et me culpam conmeritum scio.
Id adeo te oratum advenio, ut animo æquo ingnoscas
   mihi.

EUCLIO.

Cur id ausus facere, ut id, quod non tuum esset, tan-
   geres?

LA MARMITE.

LYCONIDE.

Un malheureux.

EUCLION.

Ah! c'est moi qui le suis; c'est moi qui suis misérable et désespéré, après un accident si funeste. O douleur !

LYCONIDE.

Console-toi.

EUCLION.

Eh! le puis-je? dis-moi.

LYCONIDE.

C'est moi qui suis coupable, et qui cause ton chagrin, je te le confesse.

EUCLION.

Qu'entends-je?

LYCONIDE.

La vérité.

EUCLION.

Jeune homme, quel mal t'ai-je fait, pour en agir ainsi envers moi, et me perdre avec mes enfans?

LYCONIDE.

Un dieu m'a séduit, et m'a entraîné vers elle.

EUCLION.

Comment?

LYCONIDE.

J'ai de grands torts : ma faute est grave, je le sais; et je viens te demander ton indulgence et mon pardon.

EUCLION.

Pourquoi as-tu osé toucher à ce qui ne t'appartenait pas?

LYCONIDES.
Quid vis fieri? factum 'st illud; fieri infectum non potest.
Deos credo voluisse : nam ni vellent, non fieret, scio.

EUCLIO.
At ego Deos credo voluisse, ut apud me te in nervo enicem.

LYCONIDES.
Ne istuc dixis.

EUCLIO.
Quid tibi ergo meam me invito tactio 'st?

LYCONIDES.
Quia vini vitio atque amoris feci.

EUCLIO.
Homo audacissume,
Cum istacin' te oratione huc ad me adire ausum, inpudens?
Nam si istuc jus est, ut tu istuc excusare possies,
Luci claro deripiamus aurum matronis palam;
Post id, si prehensi simus, excusemus, ebrios
Nos fecisse amoris causa. Nimis vile 'st vinum atque amor,
Si ebrio atque amanti inpune facere, quod lubeat, licet.

LYCONIDES.
Quin tibi ultro subplicatum venio ob stultitiam meam.

EUCLIO.
Non mihi homines placent, qui, quando male fecerunt, purgitant.
Tum illam scibas non tuam esse; non adtactam oportuit.

LYCONIDE.

Que veux-tu? le mal est fait. Le passé n'est pas en notre puissance. Les dieux sans doute l'ont voulu; car sans leur volonté, cela ne serait pas arrivé.

EUCLION.

Mais les dieux veulent aussi, je pense, que je te fasse mourir chez moi à la chaîne.

LYCONIDE.

Qu'est-ce que tu dis là?

EUCLION.

N'était-elle pas à moi? De quel droit y as-tu touché sans ma permission?

LYCONIDE.

Accuse-s-en l'ivresse et l'amour.

EUCLION.

Effronté scélérat! oses-tu bien me tenir ce langage? Qu'on reçoive en droit de pareilles excuses, vous irez maintenant arracher aux femmes leurs joyaux en plein jour; et puis, si vous êtes pris, vous direz, pour vous excuser, que vous étiez ivres et amoureux. Le vin et l'amour n'ont plus de prix, s'ils autorisent à tout faire avec impunité.

LYCONIDE.

Non; je te prie de me pardonner mon égarement.

EUCLION.

Je ne me paie pas de ces excuses qu'on prodigue quand on a fait le mal. Tu savais qu'elle ne t'appartenait pas; tu ne devais pas y toucher.

LYCONIDES.

Ergo quia sum tangere ausus, haud causificor quin eam
Ego habeam potissumum.

EUCLIO.

Tun' habeas, me invito, meam?

LYCONIDES.

Haud, te invito, postulo; sed meam esse oportere arbitror.

Quin tu eam invenies, inquam, meam illam esse oportere, Euclio.

EUCLIO.

Nisi refers....

LYCONIDES.

Quid tibi ego referam?

EUCLIO.

Quod subripuisti meum.
Jam quidem, hercle, te ad prætorem rapiam, et tibi
scribam dicam.

LYCONIDES.

Subripio ego tuum? unde? aut quid id est?

EUCLIO.

Ita te amabit Jupiter,
Ut tu nescis?

LYCONIDES.

Nisi quidem tu mihi, quid quæras, dixeris.

EUCLIO.

Aulam auri, inquam, te reposco, quam tu confessus mihi
Te abstulisse.

LYCONIDES.

Neque, edepol, ego dixi, neque feci.

LA MARMITE.

LYCONIDE.

Puisque j'ai eu ce tort, je veux le réparer; elle doit être à moi.

EUCLION.

A toi? mon sang? malgré moi?

LYCONIDE.

Non; je veux obtenir ton consentement; mais tu ne peux me le refuser. Toi-même, Euclion, tu seras forcé d'en convenir.

EUCLION.

Si tu ne me rends....

LYCONIDE.

Et quoi?

EUCLION.

Mon bien que tu m'as ravi...... Je vais, par Hercule! te traîner devant le préteur et t'intenter un procès.

LYCONIDE.

Moi, je t'ai pris ton bien? Comment? de quoi parles-tu?

EUCLION, *ironiquement*.

Oui, que Jupiter te soit en aide, comme il est vrai que tu l'ignores!

LYCONIDE.

A moins que tu ne m'apprennes ce que tu réclames.

EUCLION.

Ma marmite pleine d'or, voilà ce que je réclame de toi, ce que tu m'as dérobé, comme tu l'avoues toi-même.

LYCONIDE.

Par Pollux! je n'ai rien dit, ni fait de semblable.

EUCLIO.

Negas?

LYCONIDES.

Pernego imo : nam neque ego aurum, neque istæc aula quæ siet,
Scio, nec gnovi.

EUCLIO.

Illam, ex Silvani luco quam abstuleras, cedo.
I, refer : dimidiam tecum potius partem dividam.
Tametsi fur mihi es, molestus non ero furi; refer.

LYCONIDES.

Sanus tu non es, qui furem me voces : ego te, Euclio,
De alia re rescivisse censui, quod ad me adtinet.
Magna est res, quam ego tecum otiose, si otium 'st, cupio loqui.

EUCLIO.

Dic bona fide : tu id aurum non subripuisti?

LYCONIDES.

Bona.

EUCLIO.

Neque scis, quis abstulerit?

LYCONIDES.

Istuc quoque bona.

EUCLIO.

Atque id si scies,
Qui abstulerit, mihi indicabis?

LYCONIDES.

Faciam.

EUCLION.

Tu le nies?

LYCONIDE.

Assurément, je le nie très-fort; et je ne sais ce que c'est que cet or et cette marmite.

EUCLION.

Celle que tu as enlevée du bois sacré de Silvain; rends-la. Allons, donne. Nous partagerons ensemble par moitié. Quoique tu m'aies volé, je ne t'inquièterai pas. Allons, rends-la-moi.

LYCONIDE.

Est-ce que tu as perdu l'esprit, de me traiter de voleur? Il s'agit d'une autre chose qui me regarde, Euclion, et dont je croyais que tu étais instruit. C'est une affaire importante, et je voudrais t'en entretenir tranquillement, si tu as le loisir de m'entendre.

EUCLION.

Dis-moi; en vérité, tu ne m'as pas pris mon or?

LYCONIDE.

En vérité.

EUCLION.

Et tu ne sais pas qui est-ce qui l'a pris?

LYCONIDE.

Non, sur ma foi.

EUCLION.

Et si tu l'apprends, tu me le feras connaître?

LYCONIDE.

Oui.

EUCLIO.

Neque partem tibi
Ab eo, quiqui est, indipisces, neque furem excipies?

LYCONIDES.

Ita.

EUCLIO.

Quid, si fallis?

LYCONIDES.

Tum me faciat, quod volt, magnus Jupiter.

EUCLIO.

Sat habeo. Age nunc, loquere, quid vis.

LYCONIDES.

Si me gnovisti minus,
Genere quo sim gnatus, hic mihi est Megadorus avon-
    culus,
Meus fuit pater Antimachus, ego vocor Lyconides,
Mater est Eunomia.

EUCLIO.

Gnovi genus : nunc quid vis? id volo
Gnoscere.

LYCONIDES.

Filiam ex te tu habes.

EUCLIO.

Imo eccillam domi.

LYCONIDES.

Eam tu despondisti, opinor, meo avonculo.

EUCLIO.

Omnem rem tenes.

LYCONIDES.

Is me nunc renunciare repudium jussit tibi.

LA MARMITE.

EUCLION.

Et quel que soit le voleur, tu ne partageras pas avec lui, et tu ne le recèleras pas?

LYCONIDE.

Je te le promets.

EUCLION.

Et si tu manques à cette promesse?

LYCONIDE.

Alors je me livre à toutes les vengeances de Jupiter.

EUCLION.

Il suffit. Maintenant, dis-moi tout ce que tu voudras.

LYCONIDE.

Si tu ne connais ni mon nom, ni ma famille, sache que Mégadore est mon oncle, qu'Antimaque fut mon père, que ma mère est Eunomie, et que je m'appelle Lyconide.

EUCLION.

Je connais ta famille. Maintenant, de quoi s'agit-il? explique-toi.

LYCONIDE.

Tu as une fille.

EUCLION.

Oui; elle est à la maison.

LYCONIDE.

Tu l'as, je crois, promise en mariage à mon oncle.

EUCLION.

On t'a bien instruit.

LYCONIDE.

Il me charge de te dire qu'il renonce à elle.

EUCLIO.

Repudium, rebus paratis, atque exornatis nubtiis?
Ut illum di inmortaleis omneis deæque, quantum est, perduint,
Quem propter hodie auri tantum perdidi, infelix, miser.

LYCONIDES.

Bono animo es, et benedice : nunc quæ res tibi et gnatæ tuæ
Bene feliciterque vortat.... Ita di faxint, inquito.

EUCLIO.

Ita di faciant.

LYCONIDES.

Et mihi ita di faciant. Audi nunc jam.
Qui homo culpam admisit in se, nullu 'st tam parvi preti,
Quin pudeat, quin purget se. Nunc te obtestor, Euclio,
Si quid ego erga te inprudens peccavi, aut gnatam tuam,
Ut mi ingnoscas, eamque uxorem mihi des, ut leges jubent:
Ego me injuriam fecisse filiæ fateor tuæ,
Cereris vigiliis, per vinum, atque inpulsu adulescentiæ.

EUCLIO.

Hei mihi! quod facinus ex te ego audio?

LYCONIDES.

Cur ejulas?
Quem ego avom feci jam ut esses filiæ nubtiis;
Nam tua gnata peperit, decumo mense post, numerum cape :
Ea re repudium remisit avonculus causa mea.
I intro, exquære, sitne ita, ut ego prædico.

LA MARMITE.

EUCLION.

Il y renonce, quand les préparatifs sont faits, quand la noce est prête! Que tous les dieux et toutes les déesses l'exterminent! lui qui est cause que j'ai perdu un si grand trésor. O douleur! ô misère!

LYCONIDE.

Console-toi, et tiens un meilleur langage. Maintenant, pour le plus grand bonheur de toi et de ta fille..... dis donc : Ainsi le veuillent les dieux!

EUCLION.

Ainsi le veuillent les dieux!

LYCONIDE.

Ainsi veuillent-ils pour moi aussi! Écoute, à présent. Euclion, il n'y a pas d'homme assez pervers pour ne pas se repentir du mal qu'il a fait, et pour ne pas vouloir le réparer. Je t'en prie, si, dans mon égarement, j'ai outragé ta fille et toi en même temps, veuille me pardonner, et me l'accorder pour femme, comme la loi l'ordonne. Je l'avoue, je lui ai fait violence, dans les veilles de Cérès, entraîné par le vin et par la fougue de l'âge.

EUCLION.

Hélas! hélas! qu'entends-je?

LYCONIDE.

Pourquoi ces gémissemens, quand tu as le bonheur d'être grand-père aux noces mêmes de ta fille? car elle vient d'accoucher à son terme naturel ; compte plutôt. Mon oncle renonce à elle en ma faveur. Entre, tu verras si je dis vrai.

EUCLIO.

Perii oppido!
Ita mihi ad malum malæ res plurimæ se adglutinant.
Ibo intro, ut, quid hujus rei sit, sciam.

LYCONIDES.

Jam te sequor.
Hæc propemodum jam esse in vado salutis res videtur.
Nunc servom esse ubi dicam meum Strobilum, non
  reperio.
Nisi etiam heic obperiar tamen paulisper; postea intro
Hunc subsequar : nunc interim spatium ei dabo exquæ-
  rendi
Meum factum e gnatæ pedisequa nutrice anu : ea rem
  gnovit.

STROBILUS, LYCONIDES*.

STROBILUS.

Di inmortaleis, quibus et quantis me donatis gaudiis,
Quadrilibrem aulam auro onustam habeo : quis me est
  divitior?
Quis me Athenis nunc magi', quisquam 'st homo, quoi
  di sint propitii?

LYCONIDES.

Certo enim ego vocem heic loquentis modo me audire
  visus sum.

* Actus V, Scena 1.

EUCLION.

Je suis perdu, anéanti! Tous les malheurs fondent sur moi l'un après l'autre. Entrons, et voyons s'il dit la vérité. (Il sort.)

LYCONIDE.

Je te suis à l'instant. — Enfin, je suis près de toucher au port; nous sommes sauvés. Mais Strobile, je ne devine pas où il peut être. Je l'attendrai un peu; et j'irai rejoindre ensuite Euclion. Mais je veux lui donner le temps de prendre des informations auprès de la vieille, nourrice et gouvernante de sa fille. Elle sait ce qui s'est passé.

STROBILE, LYCONIDE*.

STROBILE.

Dieux immortels, quel est l'excès de vos bontés et de ma joie! J'ai dans la marmite quatre livres d'or pesant. Y a-t-il dans Athènes un mortel plus riche que moi? plus favorisé des dieux?

LYCONIDE.

Je ne me trompe pas, j'ai entendu quelqu'un parler.

* Acte V, Scène 1.

STROBILUS.

Hem!
Herumne ego adspicio meum?

LYCONIDES.

Video ego hunc Strobilum, servom meum?

STROBILUS.

Ipsus est.

LYCONIDES.

Haud alius est.

STROBILUS.

Congrediar.

LYCONIDES.

Contollam gradum.
Credo ego illum, ut jussi, campse anum adisse, hujus
nutricem virginis.

STROBILUS.

Quin ego illi me invenisse dico hanc prædam, atque
eloquor?
Igitur orabo, ut manu me mittat: ibo atque eloquar.
Reperi.

LYCONIDES.

Quid reperisti?

STROBILUS.

Non, quod pueri clamitant,
In faba se reperisse.

LYCONIDES.

Jamne autem, ut soles, deludis?

STROBILUS.

Here, mane, eloquar jam; ausculta.

STROBILE.

Eh ! n'aperçois-je pas mon maître?

LYCONIDE.

Ne vois-je pas Strobile, mon esclave?

STROBILE.

C'est lui-même.

LYCONIDE.

C'est bien lui.

STROBILE.

Approchons.

LYCONIDE.

Allons à lui. Il a vu sans doute, comme je le lui avais ordonné, la vieille nourrice de Phédra.

STROBILE, à part.

Pourquoi ne pas lui déclarer le butin qui m'est advenu? Et puis, je lui demanderai qu'il m'affranchisse. Entrons en matière. (*Haut*) J'ai trouvé....

LYCONIDE, avec empressement.

Qu'as-tu trouvé?

STROBILE.

Ce n'est pas ce qui fait crier aux enfans : *Je l'ai trouvé!* quand ils épluchent la fève.

LYCONIDE.

Voilà de tes gentillesses ordinaires.

STROBILE.

Un peu de patience, mon maître. Je vais te le dire. Écoute.

LYCONIDES.

       Age ergo loquere.

STROBILUS.

          Reperi hodie,
Here, divitias nimias.

LYCONIDES.

Ubinam?

STROBILUS.

 Quadrilibrem, inquam, aulam auri plenam.

LYCONIDES.

Quod ego facinus audio ex te?

STROBILUS.

      Euclioni huic seni subripui.

LYCONIDES.

Ubi id est aurum?

STROBILUS.

 In arca apud me : nunc volo me emitti manu.

LYCONIDES.

Egone te emittam manu, scelerum cumulatissume?

STROBILUS.

        Abi, here, scio
Quam rem geras : lepide, hercle, animum tuum ten-
  tavi : jam
Ut eriperes, adparabas. Quid faceres, si reperissem?

LYCONIDES.

Non potes probasse nugas : i, redde aurum.

STROBILUS.

        Reddam ego aurum?

LYCONIDE.

Parle donc.

STROBILE.

Je viens de trouver un trésor immense.

LYCONIDE.

Où?

STROBILE.

Une marmite pleine d'or, quatre livres pesant.

LYCONIDE.

Qu'entends-je?

STROBILE.

Je l'ai dérobée au vieil Euclion, notre voisin.

LYCONIDE.

Où est cet or?

STROBILE.

Dans un coffre à moi. Je désire maintenant que tu m'affranchisses.

LYCONIDE.

Moi, t'affranchir, ramas de tous les crimes?

STROBILE.

Fort bien, mon maître. Je devine ta pensée. Par ma foi, c'était une plaisanterie; j'ai voulu t'éprouver. Tu t'apprêtais à me l'arracher. Ah! si je l'avais trouvée en effet, où en serais-je?

LYCONIDE.

Je ne me paie pas de tes sornettes. Allons, rends cet or.

STROBILE.

Que je le rende?

LYCONIDES.
Redde, inquam, ut huic reddatur.

STROBILUS.
Ah, unde?

LYCONIDES.
Quo modo fassus es
Esse in arca.

STROBILUS.
Soleo, hercle, ego garrire nugas : ita loquor.

LYCONIDES.
At scin' quomodo?

STROBILUS.
Vel enica, hercle : hinc nunquam a me feres.

SUPPLEMENTUM CODRI URCEI.

LYCONIDES.
« Velis nolis; quum te quadrupedem strinxero :
« Et herniosos testes ad trabem tibi
« Divellam appenso. Sed cur in fauces moror
« Hujus scelesti ruere? et animam protinus
« Cur non compello facere iter præposterum?
« Das, an non?

STROBILUS.
Dabo.

LYCONIDE.

Oui, te dis-je, rends-le, pour que je le remette à Euclion.

STROBILE.

Et quel or?

LYCONIDE.

Celui qui est dans un coffre à toi. Ne l'as-tu pas déclaré?

STROBILE.

C'est mon habitude, vraiment, de jaser à tort et à travers. Ma parole!

LYCONIDE.

Sais-tu bien ce qui t'attend?

STROBILE.

Par Hercule! tue-moi, si tu veux. Tu n'obtiendras rien.

SUPPLÉMENT D'URCEUS CODRUS.

LYCONIDE.

« Bon gré mal gré, quand je t'aurai attaché par les pieds et les mains au gibet, tes grosses jambes bien écartées..... Mais je tarde trop à saisir ce traître à la gorge, et à forcer sa vilaine âme à rebrousser chemin. Le rends-tu? oui, ou non?

(Il lui serre le cou.)

STROBILE.

« Je vais le rendre.

LYCONIDES.
Des ut nunc, non olim volo.
STROBILUS.
« Do jam : sed me animam recipere sinas te rogo.
« Ah! ah! quid, ut dem, poscis, here?
LYCONIDES.
Nescis, scelus?
« Et aulam auri plenam quadrilibrem mihi
« Audes negare, quam dixti modo
« Te arripuisse? heia, jam ubi nunc lorarii?
STROBILUS.
« Here, audi pauca.
LYCONIDES.
Non audio : lorarii,
« Heus heus !
LORARII.
Quid est?
LYCONIDES.
Parari catenas volo.
STROBILUS.
« Audi, quæso, post me ligare jusseris,
« Quantum libet.
LYCONIDES.
Audio : sed rem expedias ocius.
STROBILUS.
« Si me torqueri jusseris ad necem, vide
« Quid consequare : primum servi exitium habes :
« Deinde, quod concupisces, ferre non potes.
« At si me dulcis libertatis præmio
« Dudum captasses, jamdudum votis fores

LYCONIDE.

« Sur-le-champ; point de délai.

STROBILE.

« Tu vas l'avoir; mais laisse-moi respirer. Aie! aie! Que veux-tu, mon maître, que je te donne?

LYCONIDE.

« Tu l'ignores, coquin? Tu oses nier ce que tu m'as dit tout-à-l'heure; que tu as volé une marmite pleine d'or pesant quatre livres. Holà, fouetteurs!

STROBILE.

« Mon maître, deux mots!

LYCONIDE.

« Je n'écoute rien. Fouetteurs, à moi!

LES FOUETTEURS.

« Que veux-tu?

LYCONIDE.

« Qu'on prépare des chaînes!

STROBILE.

« Écoute un peu. Tu pourras ensuite me faire enchaîner tant qu'il te plaira.

LYCONIDE.

« Eh bien! soit; mais pas de longs discours.

STROBILE.

« Si tu me fais torturer jusqu'à la mort, qu'y gagneras-tu? d'abord tu perdras un esclave; de plus, tu n'obtiendras pas ce que tu désires. Mais si tu m'offrais en récompense la chère liberté, tu ferais de moi tout ce que tu voudrais, tu serais déjà satisfait. La nature nous a

« Tuis potitus. Omnes Natura parit liberos,
« Et omnes libertati natura student.
« Omni malo, omni exitio pejor servitus :
« Et, quem Juppiter odit, servom hunc primum facit.

LYCONIDES.

« Non stulte loqueris.

STROBILUS.

Audi reliqua nunc jam :
« Tenaces nimium dominos nostra ætas tulit.
« Quos Harpagones, Harpyias et Tantalos
« Vocare soleo, in opibus magnis pauperes,
« Et sitibundos in medio Oceani gurgite :
« Nullæ illis satis divitiæ sunt, non Midæ,
« Non Crœsi : non omnis Persarum copia
« Explere illorum tartaream ingluviem potest.
« Inique domini servis utuntur suis,
« Et servi inique dominis nunc parent suis :
« Sic fit neutrobi, quod fieri justum foret.
« Penum, popinas, cellas promptuarias
« Occludunt mille clavibus parci senes.
« Quæ vix legitimis concedi natis volunt,
« Servi furaces, versipelles, callidi,
« Occlusa mille clavibus sibi reserant ;
« Furtimque raptant, consumunt, liguriunt :
« Centena nunquam furta dicturi cruce :
« Sic servitutem ulciscuntur servi mali
« Risu jocisque. Sic ergo concludo, quod
« Servos fideles liberalitas facit.

LYCONIDES.

« Recte quidem tu, sed non paucis, ut mihi

créés tous libres; naturellement nous aimons tous la liberté. Le pire, le plus affreux des maux, c'est la servitude. Et le mortel haï de Jupiter commence par être esclave.

LYCONIDE.

« Il ne raisonne pas mal.

STROBILE.

« Écoute le reste. Dans notre siècle, les maîtres sont trop avares; de vrais Harpagons, des Harpyies, des Tantales! Pauvres au sein de l'opulence, mourant de soif au milieu de la mer, il n'y a pas de richesses assez grandes pour eux, ni celles de Crésus, ni celles de Midas. Les trésors de la Perse ne pourraient pas combler le gouffre sans fond de leur cupidité. Les maîtres se comportent mal envers leurs esclaves; les esclaves le leur rendent bien. Ainsi, des deux parts, on est mécontent les uns des autres. L'office, le cellier, les armoires, sont fermés à triple serrure par de vieux ladres. Ce qu'ils accordent à peine à leurs enfans, des esclaves, adroits et rusés voleurs, le leur dérobent, et se jouent de leurs milliers de clés. Ils pillent, ils avalent, ils dévorent. Et jamais les gibets ne leur sauraient arracher l'aveu de leurs nombreux larcins. C'est ainsi que les drôles se dédommagent de leur servitude en riant et s'amusant. Je conclus donc que la libéralité fait les bons esclaves.

LYCONIDE.

« Tu as raison; mais tu n'épargnes pas les paroles,

« Pollicitus. Verum si te facio liberum,
« Reddes, quod cupio?

STROBILUS.

Reddam : sed testes volo
« Adsint : ignosces, here; parum credo tibi.

LYCONIDES.

« Ut lubet; adsint vel centum; jam nil moror.

STROBILUS.

« Megadore, et tu, Eunomia, adeste, precor, si libet.
« Exite : perfecta re mox redibitis.

MEGADORUS.

« Qui nos vocat? hem, Lyconide.

EUNOMIA.

Hem, Strobile, quid est?
« Loquimini.

LYCONIDES.

Breve est.

MEGADORUS.

Quid est?

STROBILUS.

Vos testes voco.
« Si quadrilibrem aulam auri plenam huc adfero,
« Et trado Lyconidæ, Lyconides me manu
« Mittit; jubetque juris esse me mei.
« Itane spondes?

LYCONIDES.

Spondeo.

STROBILUS.

Jamne audistis hoc
« Quod dixit?

comme tu me l'avais promis. Si je te rends libre, me donneras-tu ce que je veux?

STROBILE.

« Oui; mais je veux des témoins. Pardonne, mon maître : je n'ai pas pleine confiance en toi.

LYCONIDE.

« Cent témoins, si tu veux. J'y consens.

STROBILE, appelant.

« Mégadore! Eunomie! venez, s'il vous plaît. Vous rentrerez après le traité conclu.

MÉGADORE.

« Qui nous appelle? Me voici, Lyconide.

EUNOMIE.

« Me voici, Strobile. Qu'est-ce? parlez.

LYCONIDE.

« L'affaire n'est pas longue.

MÉGADORE.

« Quelle est-elle?

STROBILE.

« Je vous appelle pour me servir de témoins. Si j'apporte ici une marmite remplie d'or, de quatre livres pesant, et si je la remets à Lyconide, il m'affranchit, et je deviens mon maître. Le promets-tu?

LYCONIDE.

« Je le promets.

STROBILE, à Mégadore et à Eunomie.

« Vous l'entendez?

MEGADORUS.

Audivimus.

STROBILUS.

Jura enim per Jovem.

LYCONIDES.

« Hem quo redactus sum alieno malo!
« Nimis procax es. Quod jubet, faciam tamen.

STROBILUS.

« Heus tu, nostra ætas non multum fidei gerit :
« Tabulæ notantur : adsunt testes duodecim :
« Tempus locumque scribit actuarius;
« Tamen invenitur rhetor, qui factum neget.

LYCONIDES.

« Sed me cito expedi, sîs.

STROBILUS.

Hem silicem tibi.

LYCONIDES.

« Si ego te sciens fallam, ita me ejiciat Diespiter
« Bonis, salva urbe et arce, ut ego hunc lapidem. Satin'
« Jam feci tibi?

STROBILUS.

Satis : ut ego aurum apportem, eo.

LYCONIDES.

« I pegaseo gradu, et vorans viam redi.

MÉGADORE.

« Oui.

STROBILE.

« Jure donc par Jupiter.

LYCONIDE.

« A quoi m'oblige ma pitié pour autrui! — Tu es un insolent! — Faisons cependant ce qu'il exige.

STROBILE.

« Vois-tu, la bonne-foi n'est pas ce qui abonde en notre siècle. On écrit des actes; on appelle des douzaines de témoins; le notaire consigne la date, le lieu : après cela, on trouve encore un habile qui nie tout avec sa rhétorique.

LYCONIDE.

« Dépêche, je t'en prie.

STROBILE.

« Tiens, voici un caillou.

LYCONIDE.

« Si je te trompe par mauvaise foi, que Jupiter, sans que la ville soit troublée par la guerre, m'enlève tous mes biens, comme je jette cette pierre. Es-tu content?

STROBILE.

« Oui, et je vais apporter l'or.

LYCONIDE.

« Vole sur les ailes de Pégase, et dévore l'espace au retour.

LYCONIDES, STROBILUS, MEGADORUS, EUCLIO, EUNOMIA.

LYCONIDES.

« Grave est homini pudenti morologus nimis
« Servus, qui sapere plus volt hero suo.
« Abeat hic Strobilus in malam liber crucem,
« Modo mihi apportet aulam auro puro gravem :
« Ut Euclionem socerum ex luctu retraham
« Ad hilaritatem, et mihi conciliem filiam,
« Ex compressu meo novam puerperam.
« Sed ecce redit onustus Strobilus : ut reor,
« Aulam apportat : et certe est aula, quam gerit.

STROBILUS.

« Lyconide, apporto inventum promissum tibi,
« Aulam auri quadrilibrem : num serus fui?

LYCONIDES.

« Nempe : o dii immortales, quid video, aut quid habeo ?
« Plus sexcentos Philippeos ter et quater.
« Sed evocemus Euclionem protinus.
« O Euclio, Euclio.

MEGADORUS.

Euclio, Euclio.

EUCLIO.

Quid est?

LYCONIDES.

« Descende ad nos : nam dii te servatum volunt.
« Habemus aulam.

LYCONIDE, STROBILE, MÉGADORE, EUCLION, EUNOMIE.

LYCONIDE.
« L'ennuyeux personnage, qu'un valet raisonneur, qui en veut savoir plus que son maître ! Peste soit de l'affranchi Strobile ! mais qu'il m'apporte au moins la marmite pleine d'or. Je veux sécher les larmes de mon beau-père Euclion, et le rendre au bonheur, afin d'obtenir sa fille, qui vient d'accoucher d'un fils, dont je suis le père. Mais voici Strobile avec un fardeau. C'est, je crois, la marmite qu'il apporte. Oui, c'est cela même.

STROBILE.
« Lyconide, je t'apporte ma trouvaille, ainsi que je l'avais promis, la marmite pleine d'or, pesant quatre livres. Ai-je été long-temps ?

LYCONIDE.
« O dieux immortels ! que vois-je ? quel trésor ! plus de trois et quatre fois six cents Philippes d'or. Appelons vite Euclion. Euclion ! Euclion !

MÉGADORE.
« Euclion ! Euclion !

EUCLION.
« Qu'y a-t-il ?

LYCONIDE.
« Descends. Les dieux te protègent : nous avons la marmite.

EUCLIO.

Habetisne, an me deluditis?

LYCONIDES.

« Habemus, inquam : modo, si potes, huc advola.

EUCLIO.

« O magne Juppiter, o Lar familiaris, et
« Regina Juno, et noster thesaurarie
« Alcide, tandem miserati miserum senem !
« Oh, oh, quam lætis, aula, tibi amicus senex
« Complector ulnis, et te dulci capio osculo !
« Expleri nequeo mille vel complexibus.
« O spes, o cor! luctum depulverans meum.

LYCONIDES.

« Auro carere semper duxi pessumum
« Et pueris, et viris, et senibus omnibus.
« Pueros prostare cogit indigentia,
« Viros furari, mendicarier ipsos senes.
« At multo pejus est, ut video nunc, supra
« Quam quod necesse est nobis auro opulescere.
« Heu quantas passus est ærumnas Euclio,
« Ob aulam paulo ante a se deperditam!

EUCLIO.

« Quoi meritas referam grates? an diis, qui bonos
« Respectant homines? an amicis, rectis viris?
« An utrisque? utrisque potius. Et primum tibi,
« Lyconide, principium et auctor tanti boni,
« Hac ego te aula auri condono; accipias libens :
« Tuam hanc esse volo, et filiam meam simul,
« Præsente Megadoro, et sorore ejus, proba
« Eunomia.

EUCLION.

« Est-il vrai? n'est-ce point un jeu?

LYCONIDE.

« Nous l'avons, te dis-je. Accours, vole.

EUCLION.

« O grand Jupiter! ô dieux de mon foyer! ô Junon! et toi, Alcide, qui trouves les trésors! enfin vous avez pris pitié d'un pauvre vieillard. O ma chère marmite! que ton vieil ami a de joie à te presser contre son sein! Qu'il te baise avec délice! Non, je ne puis me rassasier de ces embrassemens. O mon espoir! ô ma vie! enfin mon deuil se dissipe.

LYCONIDE.

« J'ai toujours pensé que le manque d'argent était un grand malheur pour tout le monde, enfans, hommes, et vieillards. L'indigence réduit les enfans à la prostitution, les hommes au vol, les vieillards à la mendicité. Mais, à ce que je vois, c'est pis encore, d'avoir plus d'or qu'il n'en faut. Que de chagrin a causé tout-à-l'heure à Euclion la perte de son or!

EUCLION.

« A qui rendrai-je de dignes actions de grâces? aux dieux, qui n'abandonnent pas les gens de bien? ou à mes braves amis? ou aux uns et aux autres à la fois? Oui, à tous. Et toi d'abord, Lyconide, premier auteur d'un si grand bienfait, je te donne ce trésor; n'hésite pas à le recevoir: je veux qu'il t'appartienne, ainsi que ma fille; je le déclare en présence de Mégadore et de sa sœur, l'estimable Eunomie.

LYCONIDES.

Et habetur, et refertur gratia,
« Ut meritus es, socer exoptatus mihi, Euclio.

EUCLIO.

« Relatam mihi satis putabo gratiam,
« Si donum nostrum, et me ipsum, accipias nunc libens.

LYCONIDES.

« Accipio, et Euclionis volo mea sit domus.

STROBILUS.

« Quod restat, here, nunc memento, ut sim liber.

LYCONIDES.

« Recte monuisti : Esto merito liber tuo,
« O Strobile, et turbatam jam intus cœnam para.

STROBILUS.

« Spectatores, naturam avarus Euclio
« Mutavit : liberalis subito factus est.
« Sic liberalitate utimini vos quoque :
« Et, si fabula perplacuit, clare plaudite. »

LYCONIDE.

« Compte sur ma juste reconnaissance, mon cher beau-père.

EUCLION.

« Tu me la témoigneras suffisamment, si tu veux recevoir de bonne grâce mon présent et moi en même temps.

LYCONIDE.

« Je reçois l'un et l'autre, et je veux que ma maison soit la tienne.

STROBILE.

« Tout n'est pas fini, mon maître. Souviens-toi de m'affranchir.

LYCONIDE.

« C'est juste. Sois libre, Strobile, tu l'as mérité. Va maintenant renouveler les apprêts interrompus du souper.

STROBILE, au public.

« Spectateurs, l'avare Euclion a changé son naturel. Le voilà devenu tout à coup généreux. Usez aussi de générosité; et si la comédie vous a plu, applaudissez bien fort. »

LES DEUX BACCHIS.

AVANT-PROPOS DES BACCHIS.

Un jeune homme appelé Mnésiloque, forcé par son père Nicobule d'aller à Éphèse pour recouvrer une somme d'argent que le vieillard y avait laissée entre les mains d'un de ses amis, est absent d'Athènes depuis deux ans. Inquiet de sa maîtresse, dont ce voyage l'a séparé, il a chargé son ami Pistoclère de s'informer en quel lieu elle peut être : car des navigateurs lui ont appris qu'elle était partie aussi d'Athènes après lui, et il n'a pas reçu de ses nouvelles. Bacchis, ainsi que les belles de cette condition, ne se piquaient pas plus d'être sédentaires que fidèles. Elles auraient pris assez volontiers pour devise la maxime de Pacuvius : La patrie est aux lieux où le bonheur se trouve, *Patria est ubicunque bene.*

Cette Bacchis a une sœur jumelle qui porte le même nom qu'elle, et qui exerce la même profession. Celle-ci est précisément habitante d'Athènes, et c'est chez elle que Pistoclère a rencontré la maîtresse de son ami; car Bacchis la voyageuse vient d'arriver à la suite d'un militaire, auquel elle s'était engagée pour un an, moyennant vingt mines (environ onze cents francs). Nous avons déjà vu le même tarif pour l'engagement pareil de Philématie, dans l'*Asinaire*. Et l'on avait la prétention d'acheter une fidélité inviolable à ce prix-là : c'eût été bien bon marché, en supposant que la fidélité pût se vendre.

Cette Bacchis n'aime point son militaire, et elle aime Mnésiloque autant qu'elle est aimée de lui, ou, du moins, autant qu'une âme comme la sienne est capable d'aimer. Mais, pour s'affranchir du joug qu'elle hait, il faut qu'elle rende vingt mines, autrement elle sera traînée captive à la suite de l'ennuyeux Cléomaque.

Tel est l'état des choses quand l'action commence.

Autre incident, nouvelle complication : pendant que Pistoclère soignait les intérêts de son ami auprès de Bacchis, le pauvre imprudent s'est perdu lui-même; l'autre sœur l'a pris dans ses filets

En vain se tenait-il sur ses gardes; en vain avait-il envisagé d'avance tous les dangers d'une telle incartade; il succombe à la séduction, et toutes ses résistances, non plus que ses épigrammes et ses bons mots, ne lui servent de rien. Il s'en va vaincu et triomphant.

Pistoclère n'est plus reconnaissable depuis qu'il s'est laissé mettre en tête d'aimer les courtisanes. Il avait montré jusque-là de la sagesse et de la douceur; il est maintenant évaporé, impertinent, et il se moque de toutes les remontrances. On le voit revenir tout parfumé, tout paré, comme pour un jour de fête. Dieu sait à quelle fête il veut courir. Mais son plaisir est troublé par un importun : le galant a encore son gouverneur, son pédagogue. Les scènes où le grondeur figure ne sont ni les moins divertissantes, ni les moins instructives. Il est grand partisan des anciennes méthodes; il ne cesse de déplorer la perversité du siècle et la corruption de la jeunesse. Il faut en convenir, si Plaute ne fait pas une peinture trop exagérée, les regrets du passé étaient justifiés par le présent.

Le censeur intraitable s'attache à son élève et veut absolument qu'il lui rende compte de ses apprêts. Que signifient cet habillement, cette escorte de cuisiniers et de marchands? Le jeune écervelé ne lui répond que par des railleries et des bravades, et tranche tout d'un coup une querelle qui le fatigue, par ces paroles foudroyantes pour un précepteur de la condition de ceux de Rome et d'Athènes : « Suis-je ton esclave, ou es-tu le mien ? »

Pistoclère est entré chez Bacchis, et il a bien fallu que Lydus l'y accompagnât. Plaisante visite pour un pédagogue! Mais il ne tardera pas à s'échapper, avec des hurlemens d'effroi et de courroux, de ce gouffre, de cet enfer, à la porte duquel il proclame l'arrêt que, vingt siècles plus tard, Dante lisait inscrit à l'entrée du sien :
« Il ne vient en ces lieux que des désespérés [1]. »

Cependant Mnésiloque est enfin de retour; il vient de débarquer. Voici venir Chrysale, qui a pris les devans pour sonder le ter-

---

[1] Pandite atque aperite januam Orci, obsecro,
  Nam equidem haud aliter duco; quippe quo nemo advenit,
  Nisi quem spes reliquere omneis, esse ut frugi possiet.

rain, Chrysale, esclave régent de son jeune maître, précepteur de fraude et de libertinage. Ils rapportent d'Éphèse l'argent de Nicobule. Mais cet argent ne rentrera pas en entier en la possession du vieillard; Chrysale l'a résolu.

Un conte adroit persuade à Nicobule que son ami l'Éphésien est un fripon, et que le dépôt est resté en grande partie à Éphèse. Ils peuvent donc puiser à pleines mains dans le trésor.

Mais tout le fruit de la ruse est détruit en un moment par la faute de l'étourdi. Mnésiloque se figure que sa maîtresse est perfide, et que Pistoclère l'a trahi : un quiproquo résultant de l'homonymie des deux Bacchis a causé son erreur. Combien il la maudit et se maudit lui-même quand il connaît la vérité! Mais il n'est plus temps, il a tout avoué à son père, et lui a restitué l'argent. Sa maîtresse est perdue pour lui, s'il ne trouve pas vingt mines sur-le-champ. Chrysale, au secours! L'indignation du maître fourbe fermerait son cœur à la pitié, mais le point d'honneur triomphe de la colère. Le vieillard a déclaré que Chrysale ne pourrait plus l'attraper désormais; il tiendra ses paroles pour autant de mensonges, assurât-il qu'il fait jour en plein midi. Aussitôt le génie du grand machinateur d'escroqueries s'échauffe, se féconde, il invente, il exécute, et tous les personnages qui l'entourent deviennent sous sa main des instrumens qu'il fait mouvoir à son gré. Pistoclère est son pourvoyeur de tablettes, Mnésiloque son secrétaire, les Bacchis et le militaire ses acteurs sans le savoir, et Nicobule sa dupe, qui lui fournit l'argent. Il fait si bien pour l'ensorceler, que le vieillard se repent de sa défiance, et le supplie d'être son négociateur et de se charger de l'argent qu'il croit payer pour tirer son fils d'un mauvais pas, où le jeune homme semble être en péril.

Chrysale a reconquis la rançon de l'amante de Mnésiloque; est-ce assez? non, il faut pourvoir encore à la dépense des amusemens et des festins. Une troisième batterie est dressée contre le coffre-fort de Nicobule, et Chrysale remporte une troisième victoire, toujours riant et goguenardant, tant il est sûr de son fait et tranquille au fort de la bataille.

Enfin Nicobule ne sort tout meurtri des pièges de l'esclave, que pour aller se prendre avec un vieux débauché, le père même de Pistoclère, dans les lacs des courtisanes qui ont séduit les deux fils.

M. Lemercier, dans son excellent cours de littérature dramatique, a dit seulement un mot de cet ouvrage : « La fable des Bacchides ne le cède point en audace aux dialogues les plus libres des courtisanes de Lucien. » Oui, cette comédie est impudique, mais elle est très-morale. Ainsi se comportaient les usages dramatiques et les habitudes sociales des anciens.

Quand on a lu Térence, Horace, Juvénal, Martial et les comiques latins et grecs, on demeure convaincu que les idées de pudeur et de bienséance, dans les manières et dans le langage, varient selon les degrés de civilisation, tandis que les principes fondamentaux de la morale ne changent point. Penserons-nous que Plaute eût ouvert une école de libertinage sur le théâtre, et que les Romains eussent toléré une doctrine lascive et corruptrice étalée aux yeux de leurs femmes et de leurs enfans? Ils jugeaient que le succès des ruses d'un esclave n'avait rien de contagieux pour l'esprit des citoyens. Les attribuer à un être de cette espèce [1], c'était les condamner par le fait et les vouer à l'opprobre. Ils voyaient dans les discours du précepteur Lydus, raisonneur de la pièce, d'importantes leçons, dans la turpitude des Bacchis et dans les folies des jeunes gens et des deux vieillards, d'utiles avertissemens pour les hommes de tout âge.

Supposez qu'un philosophe eût voulu moraliser sur des sujets pareils, dans son école, il aurait pu parler à peu près ainsi : Vieillards, si l'affaiblissement de vos organes et les glaces de l'âge ne vous ont pas dégoûtés des voluptés et de la débauche, craignez au moins le ridicule qui s'attache aux barbons amoureux, et l'infamie d'un père qui rougit devant son fils, ou, pis encore, qui cesse de rougir devant lui. Jeunes gens, redoutez les appâts de ces funestes enchanteresses, dont l'ardeur de vos sens est complice contre vous-mêmes. Leurs discours sont caressans, leurs manières engageantes; elles vous présentent en souriant la coupe du plaisir; elles vous enivreront quelque temps, pour ne vous laisser ensuite qu'une jeunesse flétrie, un corps languissant, une âme énervée, un nom sans honneur. Il n'y aurait plus de maturité pour

---

[1] Res est servus, non persona.

vous, et vous passeriez, en dormant, de l'adolescence à la vieillesse, et, à votre réveil, il ne resterait dans votre souvenir que vide et que regret, et, dans votre avenir, qu'impuissance, avilissement, désespoir. Voulez-vous ruiner votre fortune et désoler vos familles? ou voulez-vous endurcir votre corps par les exercices du Champ-de-Mars et éclairer votre esprit par l'étude des lois et de l'histoire? Vous pouvez être des citoyens romains; serez-vous des Sybarites? choisissez.

Plaute donne les mêmes avis sous une autre forme. Il amuse et il corrige.

Ici la leçon morale ne réfroidit pas la verve comique, seulement la verve comique anime et fortifie la leçon morale. Quel jeu de théâtre combiné habilement et animé de risibles passions! quelle énergique et naïve expression de caractères dramatiquement exposés! comme la plaisanterie sort d'une source vive et abondante, pour se répandre dans le dialogue et y répandre avec elle une chaleur et un éclat naturel! Il suffirait du rôle de Chrysale et de deux ou trois situations, avec quelques faciles changemens de détails que les mœurs demanderaient dans l'état, les relations, les discours des personnages, pour faire une pièce excellente sur tous les théâtres, fortement intriguée et pleine à la fois d'intérêt et de gaité. Plusieurs parties du moins sont dignes de servir de modèle même à des maîtres. Demandez à Molière.

DRAMATIS PERSONÆ.

BACCHIS, meretrix, Atheniensis inquilina.
BACCHIS, meretrix, advena.
PISTOCLERUS, adulescens.
LYDUS, pædagogus.
CHRYSALUS, servus.
NICOBULUS, senex.
MNESILOCHUS, adulescens.
PARASITUS.
PUER militis.
PHILOXENUS, senex.
CLEOMACHUS, miles.

PERSONNAGES.

BACCHIS L'ATHÉNIENNE, amante de Pistoclère.
BACCHIS L'ÉTRANGÈRE, amante de Mnésiloque.
PISTOCLÈRE, jeune homme, ami de Mnésiloque.
LYDUS, pédagogue de Pistoclère.
CHRYSALE, esclave de Nicobule, serviteur de Mnésiloque.
NICOBULE, vieillard athénien, père de Mnésiloque.
MNÉSILOQUE, amant de Bacchis l'étrangère.
UN PARASITE de Cléomaque.
UN ESCLAVE de Cléomaque.
PHILOXÈNE, père de Pistoclère.
CLÉOMAQUE, militaire.

ARGUMENTUM

(UT QUIBUSDAM VIDETUR)

PRISCIANI.

*B*ACCHIDIS amore Mnesilochus [juvenis] furit.
*A*urum ut redimat Ephesum fertur prosumia.
*C*retam [autem] Bacchis navigat, atque alteram
*C*onvenit Bacchidem; inde Athenas [hæc] redit.
*H*inc dat Mnesilochus ad Pistoclerum literas,
*I*llam conquirat; [ipse] redit; turbas movet,
*D*um putat amari suam; geminas at mutitant,
*E*ii dat aurum [Chrysalus]; pariter [ambo] amant.
*S*enes dum gnatis student, scortantur, potitant.

ARGUMENT ACROSTICHE

ATTRIBUÉ

A PRISCIEN LE GRAMMAIRIEN.

Mnésiloque est épris d'un amour violent pour Bacchis. Son père l'envoie à Éphèse recouvrer une somme d'argent. Bacchis s'en va en Crète, et rencontre sa sœur. Elle revient ensuite à Athènes. Mnésiloque, pendant son voyage, écrit à Pistoclère de chercher son amante; puis, à son retour, il brouille tout, croyant qu'elle est infidèle. Mais ils prennent chacun la leur. Ils se procurent de l'argent pour se livrer ensemble à leurs plaisirs. Les deux vieillards, en voulant retirer leurs fils de la débauche, y tombent eux-mêmes.

M. ACCII PLAUTI

SARSINATIS UMBRI

BACCHIDES.

PROLOGUS.

SILENUS.

« Mirum hodie 'st, ni spectatores in subselliis
« Ridiculo obstrepunt, tussiunt, ronchos cient,
« Consulcant frontem, et ore concrepario
« Frequenter fremunt, atque male mussitant.
« Vix in juventa locum obtineant
« Aut glabri histriones, aut pervolsi ludii.
« Quid veternosus prodit internuncius
« Senex, qui dorso fertur asinario?
« Attendite, quæso, atque animum advortite,
« Dum nomen hujus eloquor statariæ.
« Æquom 'st vos deo facere silentium.
« Officio oris non decet illos utier,
« Qui, non ut clament, sed ut spectent, veniunt.
« Aureis date otiosas, at non in manum;
« Has volo volans vox vacuas feriat.

LES BACCHIS

DE

PLAUTE.

PROLOGUE.

SILÈNE.

« Je serai bien étonné, si les spectateurs ne me font la mine au lieu de me trouver risible, et causant, toussant, ronflant sur leurs gradins, ne me troublent par leur murmure importun et leur brouhaha continuel. Des acteurs brillans d'élégance et de jeunesse, des mimes à la peau luisante, ont déjà tant de peine à se maintenir en scène! — Pourquoi vient-il porter la parole, ce vieux podagre, sur sa monture à longues oreilles? — Un moment de patience et d'attention, je vous prie, tandis que je vais vous apprendre le titre de cette pièce du genre calme. Est-ce que vous ne ferez pas silence, quand un dieu vous parle? Et puis, on doit tenir sa langue, si l'on est venu pour voir, et non pour crier. Prêtez-moi des oreilles tranquilles; je ne les prendrai pas. Je veux que ma voix vole jusqu'à elles et aille les frapper. Ne crai-

« Quid veremini? ictus an sint nimis noxii,
« Qui repetunt laxa, aut hiulca obstruunt?
« Estis benigni, merito vos amant cælites.
« Factum 'st silentium, tacent pueri.
« Novam ad rem jam novom spectate nuncium.
« Qui sim, cur ad vos veniam, paucis eloquar;
« Simul hujus nomen proferam Comœdiæ.
« Ecce fabor jam vobis, quod expetitis,
« Proinde vos mihi facite audientiam.
« Natura deus sum, Bromii altor maxumi,
« Fœmineo qui peperit rem exercitu;
« Quidquid hujusce gentes ferunt inclutæ,
« Nonnihil nostro gesta sunt consilio.
« Nunquam, quod mihi placet, illi displicet.
« Æquom 'st, si pater obsequitur patri.
« Asibidam Ionii me vocitant greges,
« Quod vecturio senex vehar asinario.
« Qui sim, tenetis : si tenetis, sinite,
« Ut nomen hujus eloquar statariæ,
« Simul sciatis, ad vos cur venerim.
« Philemon græcam olim dedit fabulam;
« Hanc, qui græcissant, Evantides nuncupant.
« Plotus, qui latinissat, vocat Bacchides.
« Quare non est mirum, si huc advenerim.
« Bacchus bacchanteis Bacchas mittit Bacchides :
« Ego ad vos porto. Quid dixi mendacium?
« Non decet mentiri deum. At vera fabulor :
« Non ego eas porto, verum salsus asinus
« Via defessus, treis, si rite memorem,
« Fert; unum videtis : ore quid feram, specite;

gnez rien ; ses coups ne vous feront pas de mal : ils glissent dans le vide, et remplissent des cavités. Que vous êtes bons, et que vous méritez bien la faveur des dieux ! Voilà le silence qui règne, les enfans se taisent. Écoutez le nouvel orateur d'un spectacle nouveau. Vous voulez savoir qui je suis, pourquoi je viens ? Je vais vous satisfaire en deux mots, et vous dire aussi le titre de la comédie ; donnez-moi donc audience. Je suis dieu de ma nature, père nourricier du grand Bromius, ce conquérant que suivaient des bataillons féminins ; à tous ses exploits vantés par des peuples fameux, mes conseils eurent grande part ; sa volonté est toujours conforme à la mienne : c'est juste, un dieu doit de la déférence à un dieu ? On m'appelle le vieux cavalier d'Aliboron parmi les troupes d'Ionie, parce que je chemine sur un coursier grisonnant. Vous savez qui je suis, retenez bien ; mais pas assez cependant pour m'empêcher de vous annoncer le titre de cette grande pièce, et d'expliquer le motif de ma venue.

« Philémon donna jadis une comédie. Les Grécisans la nomment *les deux Évantides,* mais Plaute le Latin l'intitule *les deux Bacchis.* Mon apparition ici n'a donc rien d'étonnant : c'est Bacchus qui vous envoie les Bacchis, bacchantes faisant leurs bacchanales ; et je vous les apporte. Ah ! je mens : c'est mal à un dieu. Pour dire le vrai, ce n'est pas moi qui les porte, c'est mon âne, un âne d'esprit. Mais il est fatigué, car, si je ne vous trompe pas, nous sommes trois sur son dos : il n'y a que moi de visible. Or çà, considérez ce que j'apporte en paroles ;

« Duas sorores debacchanteis samias,
« Meretrices lepidas, uno prognatas tempore,
« Iisdem parentibus, fœtu gemellitico,
« Non minus simileis, quam lacti lac, si conferas,
« Aut aquam aquæ : dimidiatas imputes.
« Has si videres, ita confundas oculos,
« Utra ut sit, non queas internoscere.
« Quod restat, expetitis : jam date silentium ;
« Hujus argumentum eloquar Comœdiæ.
« Samos quæ terra sit, nota est omnibus.
« Nam maria, terras, monteis, atque insulas
« Vostræ legiones reddidere pervias.
« Hac Pyrgotelis Sostrata Pyrocli viro
« Uno edidit gnatas nisu geminas.
« Placuitque initiatis Trieteride,
« Quas ederent, Bacchi vocitare nomine.
« Parentes, ut fit crebro, fata occupant.
« Alteram miles secum in Cretam vexerat,
« Altera geminis adnatat Cecropias.
« Hanc, ut Nicobuli inspicit Mnesilochus,
« Amare obcipit, itat ad eam frequentius.
« Interea juvenem pater mittit Ephesum,
« Ut inde referat aurum, quod posuerat
« Ipse jampridem apud Archidemidem,
« Veterem amicum, senem Phœnicarium.
« Is quom biennio desideret Ephesi,
« Bacchidem abiisse, durum adcepit nuncium :
« Nam nautæ noti navigasse nunciant.
« Ut fugitivam cura et corde quæreret,
« Ad Philoxeni Pistoclerum filium

ce sont deux sœurs, deux bacchantes samiennes, courtisanes accortes, nées en même jour, des mêmes parens, du même sein, jumelles qui se ressemblent comme deux gouttes d'eau, ou deux gouttes de lait. C'est à s'y méprendre : les yeux en les voyant sont confondus; on ne sait comment les distinguer l'une de l'autre ; on croirait que d'une seule on en a fait deux. — Eh bien, après? direz-vous. — Faites silence, je vais vous exposer le sujet de la comédie. Vous connaissez tous le pays de Samos. Il n'y a point de mers, de continens, d'îles, de montagnes où vos légions ne se soient ouvert une route. A Samos donc, Sostrate, fille de Pyrgotèle, femme de Pyroclès, mit au jour deux filles par un seul enfantement, et comme le mari et la femme étaient initiés aux mystères de Bacchus, ils voulurent nommer leurs filles du nom de ce dieu. Par un sort assez commun, les jumelles devinrent orphelines ; une d'elles fut emmenée en Crète par un riche militaire, l'autre vint dans la ville de Cécrops. Mnésiloque, fils de Nicobule, la vit, l'aima, et entretint avec elle un commerce assidu. Cependant le jeune homme est envoyé par son père à Éphèse, pour recouvrer un dépôt confié jadis au vieil Archidame, un ancien ami, de race phénicienne. Ce soin retient Mnésiloque à Éphèse pendant deux ans; là, il apprend par des voyageurs de sa connaissance, que sa maîtresse est partie d'Athènes. Aussitôt l'amant désolé écrit à Pistoclère, fils de Philoxène, camarade excellent, unique, de chercher la fugitive. Pistoclère en servant son ami devient amoureux lui-même. Les deux sœurs étaient de retour à Athènes; une d'elles prend le chercheur dans

« Sodalem unicum sulcat epistolium.
« Dum Pistoclerus amico impartit operam,
« Athenas dudum quæ redierant geminæ,
« Conquisitorem in amorem conciunt.
« Altera Pistoclerum ad sese adlicit :
« Altera venienti desidet Mnesilocho.
« Geminæ Bacchæ duos bacchanteis pullulos
« Quid mirum si ad sese traxerint blandulæ,
« Facetæ, polchræ? Incurvos libitinarios,
« Veterrumos senes, illorum traherent patres.
« Sed eccum Pistoclerum, qui ad Bacchides
« Nuper inventas redit, et secum insolens
« Novos amoris dispuit igniculos.
« Nunc prodeo, audite. »

ses filets; l'autre attend Mnésiloque. Est-ce merveille que deux jouvenceaux se laissent entraîner par deux bacchantes jolies, agaçantes, spirituelles? Elles seraient capables de séduire les deux pères, vieillards cacochymes. Mais voici Pistoclère qui vient rendre visite aux Bacchis, dont il a tout récemment découvert la demeure. Il se parle à lui-même, exhalant le feu nouveau de l'amour, auquel il n'est pas fait encore. Écoutez-le, je me retire. »

BACCHIDES.

BACCHIDES, PISTOCLERUS*.

BACCHIS I.
Quid si hoc potiu 'st, ut taceas, ego loquar?

BACCHIS II.
Lepide : licet.

BACCHIS I.
Ubi me fugiet memoria, ibi tu facito, ut subvenias, soror.

BACCHIS II.
Pol, magis metuo, mî in monendo ne defuerit oratio.

BACCHIS I.
Pol, ego quoque metuo, lusciniolæ ne defuerit cantio. Sequere hac.

PISTOCLERUS.
Quid agunt duæ germanæ meretrices congnomines? Quid in consilio consuluistis?

---

* Actus I, Scena 1.

LES BACCHIS.

LES DEUX BACCHIS, PISTOCLÈRE*.

BACCHIS L'ATHÉNIENNE.

Ne vaut-il pas mieux que tu ne dises rien, et que ce soit moi qui parle?

BACCHIS L'ÉTRANGÈRE.

Très-bien, volontiers.

BACCHIS L'ATHÉNIENNE.

Quand je n'aurai pas l'esprit assez présent, tu m'aideras, ma sœur.

BACCHIS L'ÉTRANGÈRE.

Ah! c'est plutôt à moi de craindre que la parole ne me manque pour te souffler.

BACCHIS L'ATHÉNIENNE.

Oui, comme on peut craindre que la voix ne manque au rossignol. Viens avec moi par ici.

(Elle va au devant de Pistoclère.)

PISTOCLÈRE.

Comment se portent les deux galantes sœurs entre lesquelles il y a communauté de nom? Qu'est-ce que vous complotez ensemble?

* Acte I, Scène I.

BACCHIS I.
Bene.

PISTOCLERUS.
Pol, haud meretricium 'st.

BACCHIS II.
Miserius nihil est, quam mulier.

PISTOCLERUS.
Quid esse dicis dignius?

BACCHIS I.
Hæc ita me orat, sibi qui caveat, aliquem ut hominem reperiam,
Ab istoc milite : ut, ubi emeritum sibi sit, se ut revehat domum.
Id. amabo te, huic caveas.

PISTOCLERUS.
Quid isti caveam?

BACCHIS I.
Ut revehatur domum,
Ubi ei dediderit operas, ne hanc ille habeat pro ancilla sibi.
Nam hæc si habeat aurum, quod illi renumeret, faciat lubens.

PISTOCLERUS.
Ubi nunc is homo 'st?

BACCHIS I.
Jam heic, credo, aderit. Sed hoc idem apud nos rectius
Poteris agere; atque is dum veniat, ibi sedens operibere.
Eadem biberis, eadem dedero tibi, ubi biberis, savium.

PISTOCLERUS.
Viscus merus vostra 'st blanditia.

BACCHIS L'ATHÉNIENNE.
Rien que de bien.
PISTOCLÈRE.
Vous n'êtes donc pas des courtisanes?
BACCHIS L'ÉTRANGÈRE.
Que le sort des femmes est malheureux!
PISTOCLÈRE.
Que les femmes sont dignes de leur sort!
BACCHIS L'ATHÉNIENNE.
Ma sœur me prie de lui trouver quelqu'un qui la protège contre ce militaire, afin d'être assurée qu'après qu'elle aura achevé son temps avec lui, il la ramènera chez nous. Je t'en prie, sois son protecteur.

PISTOCLÈRE.
Et pourquoi son protecteur?
BACCHIS L'ATHÉNIENNE.
Pour assurer son retour, quand elle aura satisfait à ses engagemens, et pour qu'il ne la retienne pas en servitude. Si elle avait de l'argent pour le rembourser, elle aimerait bien mieux cela.
PISTOCLÈRE.
Où est-il, ce militaire?
BACCHIS L'ATHÉNIENNE.
Je crois qu'il va venir. Il vaut mieux que cette affaire se traite chez nous. Repose-toi ici en l'attendant. Par la même occasion tu boiras avec nous, et après boire, je te donnerai un doux baiser.
PISTOCLÈRE.
C'est de la glu toute pure que vos caresses.

BACCHIS I.
Quid jam?
PISTOCLERUS.
Quia enim intellego,
Duæ unum expetitis palumbem. Perii, arundo alas verberat.
Non ego istuc facinus mihi, mulier, conducibile esse arbitror.
BACCHIS I.
Quî, amabo?
PISTOCLERUS.
Quia, Bacchis, Bacchas metuo et bacchanal tuum.

BACCHIS I.
Quid est, quod metuis? ne tibi lectus malitiam apud me suadeat?
PISTOCLERUS.
Magis inlectum tuum, quam lectum, metuo : mala tu es bestia.
Nam huic ætati non conducit, mulier, latebrosus locus.
BACCHIS I.
Egomet, apud me si quid stulte facere cupias, prohibeam.
Sed ego apud me te esse ob eam rem, Miles quom veniat, volo:
Quia, quom tu aderis, huic mihique haud faciet quisquam injuriam.
Tu prohibebis, et eadem opera tuo sodali operam dabis.
Et ille adveniens tuam me esse amicam subspicabitur.
Quid, amabo, obticuisti?

BACCHIS L'ATHÉNIENNE.

Comment ?

PISTOCLÈRE.

Oui, je le vois, vous voulez à vous deux attraper un tourtereau. Ah! je suis perdu! déjà les gluaux m'ont frappé les ailes. Non, ma belle, ce que tu me proposes ne vaut rien pour moi.

BACCHIS L'ATHÉNIENNE.

Eh! pourquoi, mon ami?

PISTOCLÈRE.

Pourquoi, Bacchis? je crains les bacchantes et tes bacchanales.

BACCHIS L'ATHÉNIENNE.

Que crains-tu donc? qu'un repas chez moi ne te pervertisse?

PISTOCLÈRE.

Je crains moins ton repas que tes appas, maligne femelle! A mon âge, la belle, on doit éviter le mystère et l'ombre.

BACCHIS L'ATHÉNIENNE.

Je serais la première à t'empêcher de faire des folies, s'il t'en prenait envie. Mais je désire que le militaire te trouve ici, quand il viendra. En ta présence on n'oserait pas nous insulter. Tu nous défendras; et en même temps tu rendras service à ton ami. Le militaire, en te voyant, te prendra pour mon amant. Eh bien, tu ne dis mot?

PISTOCLERUS.

Quia sunt lepida istæc memoratui.
Eadem in usu, atque ubi periculum facias, aculeata sunt,
Animum fodicant, bona destimulant, facta et famam
 sauciant.

BACCHIS II.

Ecquid ab hac metuis?

PISTOCLERUS.

Quid ego metuam, rogitas? adulescens homo
Penetrare hujusmodi in palæstram, ubi damnis desu-
 dascitur,
Ubi pro disco damnum capiam, pro cursura dedecus?

BACCHIS II.

Lepide memoras.

PISTOCLERUS.

Ubi ego capiam pro machæra turturem,
Ubique inponat in manum alius mihi pro cestu can-
 tharum;
Pro galea scaphium, pro insigni sit corolla plectilis,
Pro hasta talus; pro lorica malacum capiam pallium;
Ubi mihi pro equo lectus detur, scortum pro scuto ad-
 cubet.
Apage a me, apage.

BACCHIS I.

Ah, nimium ferus es.

PISTOCLERUS.

Mihi sum.

BACCHIS I.

Malacissandus es.
Equidem tibi do hanc operam.

PISTOCLÈRE.

Tous ces discours sont très-beaux; mais quand on en vient aux effets, à l'expérience, ce sont des traits acérés qui blessent les cœurs, qui abattent les fortunes, qui tuent les mœurs et la réputation.

BACCHIS L'ÉTRANGÈRE.

Qu'as-tu à craindre de sa part?

PISTOCLÈRE.

Ce que j'ai à craindre? tu le demandes! Un jeune homme entrer dans un gymnase, comme celui-ci, où l'on s'exerce à se ruiner, où je jetterais l'argent au lieu du disque, où je courrais après la honte!

BACCHIS L'ÉTRANGÈRE.

La plaisanterie est bonne.

PISTOCLÈRE.

Où l'on me donnerait en main au lieu d'épée un tourtereau, et au lieu de ceste l'anse d'un canthare; où je prendrais pour casque une coupe, pour aigrette une couronne de fleurs, pour javelot des dés, pour cuirasse une robe moelleuse; où mon cheval serait un lit, et mon bouclier une fille étendue près de moi. Va-t'en, va-t'en!

BACCHIS L'ATHÉNIENNE.

Ah! que tu es farouche!

PISTOCLÈRE.

Cela me regarde.

BACCHIS L'ATHÉNIENNE.

Tu as besoin qu'on t'assouplisse un peu. Je t'offre mes services.

PISTOCLERUS.
At nimium pretiosa es operaria.
BACCHIS I.
Simulato me amare.
PISTOCLERUS.
Utrum ego istuc jocon', an serio?
BACCHIS I.
Heia, hoc agere meliu'st : Miles quom huc adveniat, te volo
Me amplexari.
PISTOCLERUS.
Quid eo mihi opus?
BACCHIS I.
Ut ille te videat, volo.
Scio, quid ago.
PISTOCLERUS.
Et, pol, ego scio, quid metuo. Sed quid ais?
BACCHIS I.
Quid est?
PISTOCLERUS.
Quid? si apud te veniat desubito prandium, aut potatio
Forte, aut coena, ut solet in istis fieri conciliabulis,
Ubi ego tum adcubem?
BACCHIS I.
Apud me, mi anime; ut lepidus cum lepida adcubet.
Locus heic apud nos, quamvis subito venias, semper liber est.
Ubi tu lepide voles tibi esse, mea rosa, mihi dicito :
Dato, quî bene sit; ego, ubi bene sit, tibi locum lepidum dabo.

PISTOCLÈRE.

Tes services sont trop chers.

BACCHIS L'ATHÉNIENNE.

Fais semblant d'être bien avec moi.

PISTOCLÈRE, d'un air alarmé.

Est-ce un semblant pour rire? ou sera-ce tout de bon?

BACCHIS L'ATHÉNIENNE.

Allons, allons : les réalités valent mieux. Quand le militaire viendra, il faut que tu m'embrasses.

PISTOCLÈRE.

Est-ce nécessaire?

BACCHIS L'ATHÉNIENNE.

Il faut qu'il te voie ainsi. Je sais ce que je fais.

PISTOCLÈRE.

Et moi, je sais ce que j'ai à craindre. Dis-moi?

BACCHIS L'ATHÉNIENNE.

Quoi?

PISTOCLÈRE.

S'il t'arrivait tout-à-coup un festin, bon vin et mets friands, accompagnement ordinaire de vos réunions, où serais-je placé?

BACCHIS L'ATHÉNIENNE.

Près de moi, mon cœur. Nous ferions un couple d'aimables convives. Tu peux venir chez nous sans être attendu, la place pour toi est toujours libre. Quand tu voudras faire une partie de plaisir, ma rose, tu n'as qu'à parler; fais les frais de la table, et moi je te fournirai un lieu agréable, où le plaisir ne te manquera pas.

PISTOCLERUS.
Rapidus fluvius est heic; non hac temere transiri potest.

BACCHIS I.
Atque, ecastor, apud hunc fluvium aliquid perdundum
 'st tibi.
Manum da, et sequere.

PISTOCLERUS.
Aha, minume!

BACCHIS I.
Quid ita?

PISTOCLERUS.
Quia istoc inlecebrosius
Fieri nil potest, nox, mulier, vinum, homini adule-
 scentulo.

BACCHIS I.
Age igitur : equidem, pol, nihil facio, nisi causa tua.
Ille hanc quidem abducet : tu nullus adfueris, si non
 lubet.

PISTOCLERUS.
Sumne autem nihili, qui nequeam ingenio moderari
 meo!

BACCHIS I.
Quid est quod metuas?

PISTOCLERUS.
Nihil est; nunc ego, mulier, tibi me emancupo:
Tuos sum, tibi dedo operam.

BACCHIS I.
Lepidus. Nunc ego te facere hoc volo,
Ego sorori meæ cœnam hodie dare volo viaticam;

PISTOCLÈRE.

Il y a ici un torrent trop rapide ; on ne le traverse pas facilement.

BACCHIS L'ATHÉNIENNE.

Il faudra bien que tu laisses emporter quelque chose au courant. Donne-moi la main, et viens avec moi.

PISTOCLÈRE.

Non, non.

BACCHIS L'ATHÉNIENNE.

Pourquoi ?

PISTOCLÈRE.

C'est qu'il y a chez toi trop de séductions pour un jeune homme, la nuit, le vin, l'amour.

BACCHIS L'ATHÉNIENNE, en colère, feignant de le renvoyer.

Eh bien ! va-t'en. C'est pour toi ce que j'en fais. Le militaire emmènera ma sœur. Abandonne-la, si tu veux.

PISTOCLÈRE, à part.

Quelle lâcheté ! ne pas avoir plus d'empire sur moi-même !

BACCHIS L'ATHÉNIENNE.

Que crains-tu ?

PISTOCLÈRE.

Plus rien. Je me livre à toi, Bacchis ; je suis tout à toi : dispose de moi à ton gré.

BACCHIS L'ATHÉNIENNE.

Charmant ! Voici mes ordres : Je veux donner à ma sœur le repas d'adieu. Je vais te faire apporter de l'ar-

Ego tibi argentum jubebo jam intus ecferri foras;
Tu facito opsonatum nobis sit opulentum opsonium.

PISTOCLERUS.

Ego opsonabo; nam id flagitium sit meum, mea te gratia,
Et operam dare mihi, et ad eam operam facere sumtum de tuo.

BACCHIS I.

At ego nolo dare te quidquam.

PISTOCLERUS.

     Sine.

BACCHIS I.

        Sino equidem, si lubet.
Propera, amabo.

PISTOCLERUS.

   Prius heic adero, quam te amare desinam.

BACCHIS II.

Bene me adcipis advenientem, mea soror.

BACCHIS I.

        Quid ita, obsecro?

BACCHIS II.

Quia piscatus, meo quidem animo, hic tibi hodie evenit bonus.

BACCHIS I.

Meus ille quidem 'st: tibi nunc operam dabo de Mnesilocho, soror,
Ut heic adcipias potius aurum, quam hinc eas cum Milite.

gent; tu iras nous acheter des provisions pour un régal splendide.

PISTOCLÈRE.

Garde ton argent. J'aurais trop à rougir, si, en acceptant tes services, je souffrais encore que tu te misses en dépense pour m'obliger.

BACCHIS L'ATHÉNIENNE.

Je ne veux pas qu'il t'en coûte la moindre chose.

PISTOCLÈRE.

Si fait.

BACCHIS L'ATHÉNIENNE.

J'y consens, puisque tu l'exiges. Dépêche-toi, je t'en prie.

PISTOCLÈRE.

Je serai revenu, que tu n'auras pas senti l'absence de mes caresses.

(Il sort.)

BACCHIS L'ÉTRANGÈRE.

Sais-tu, ma sœur, que tu me régales bien pour mon arrivée?

BACCHIS L'ATHÉNIENNE.

Comment cela?

BACCHIS L'ÉTRANGÈRE.

Si je ne me trompe, tu viens de pêcher un beau poisson.

BACCHIS L'ATHÉNIENNE.

Il est à moi. A présent, ma sœur, songeons à toi et à ton amour. Il faut qu'on te procure ici de l'argent pour ne point partir avec le militaire.

BACCHIS II.

Cupio.

BACCHIS I.

Dabitur opera. Aqua calet; eamus hinc intro, ut laves.
Nam ut in navi vecta es, credo, timida es.

BACCHIS II.

Aliquantum, soror.
Simul hinc nescio qui turbat; quin hinc decedimus?

BACCHIS I.

Sequere hac igitur me intro in lectum, ut sedes lassitudinem.

LYDUS, PISTOCLERUS*.

LYDUS.

Jamdudùm, Pistoclere, tacitus te sequor,
Spectans, quas tute res hoc ornatu geras.
Nam, ita me dî ament, ut Lycurgus mihi quidem
Videtur posse heic ad nequitiam adducier.
Quo nunc capessis te hinc advorsa via,
Cum tanta pompa?

PISTOCLERUS.

Huc.

LYDUS.

Quid huc? Quis isteic habet?

PISTOCLERUS.

Amor, Voluptas, Venus, Venustas, Gaudium,
Jocus, Ludus, Sermo, Suavis-suaviatio.

* Actus I Scena II.

BACCHIS L'ÉTRANGÈRE.

Je le désire bien.

BACCHIS L'ATHÉNIENNE.

On y pourvoira. — Mais le bain est chaud, rentrons; car le vaisseau doit t'avoir laissé du malaise.

BACCHIS L'ÉTRANGÈRE.

Un peu, ma sœur. Et puis, voici quelqu'un qui vient de ce côté en criant beaucoup. Retirons-nous.

BACCHIS L'ATHÉNIENNE.

Viens, tu te coucheras pour te reposer de ta fatigue.

LYDUS, PISTOCLÈRE* en habit de fête et suivi d'esclaves qui portent des provisions de bouche.

LYDUS.

Il y a déjà long-temps que je te suis sans rien dire, Pistoclère, observant ce que tu veux faire en pareil équipage. Car, me protège le ciel! dans cette ville un Lycurgue serait entraîné au vice. Où vas-tu tout droit avec ce brillant cortège?

PISTOCLÈRE, montrant la maison de Bacchis.

Là.

LYDUS.

Comment? là? Qui est-ce qui demeure là?

PISTOCLÈRE.

L'Amour, la Volupté, Vénus, les Grâces, la Joie, les Ris, les Jeux, les Aimables Entretiens, le Doux-Baiser.

* Acte I, Scène II.

LYDUS.

Quid tibi conmerci 'st cum [diis] damnosissumis?

PISTOCLERUS.

Mali sunt homines, qui bonis dicunt male.
Tu dis nec recte dicis; non æquom facis.

LYDUS.

An deus est ullus Suavis-suaviatio?

PISTOCLERUS.

An non putasti esse? nimium quam, o Lyde, es bar-
 barus,
Quem ego sapere nimio censui plus, quam Thalem.
I, stultior es barbaro Potitio,
Qui tantus natu deorum nescis nomina.

LYDUS.

Non hic placet mî ornatus.

PISTOCLERUS.

Nemo ergo tibi
Hoc adparavit: mihi paratum 'st, quoi placet.

LYDUS.

Etiam me advorsus exordire argutias?
Qui si decem habeas linguas, mutum esse addecet.

PISTOCLERUS.

Non omnis ætas, Lyde, ludo convenit.
Magis unum in mente'st mihi nunc, satis ut conmode
Pro dignitate opsoni hæc concuret cocus.

LYDUS.

Jam perdidisti te, atque me, atque operam meam,
Qui tibi nequidquam sæpe monstravi bene.

LYDUS.

Et quels rapports as-tu avec cette maudite engeance?

PISTOCLÈRE.

C'est un crime d'insulter les honnêtes gens, et tu n'épargnes pas les dieux! Vois combien tu es coupable.

LYDUS.

Est-ce qu'il y a un dieu appelé le Doux-Baiser?

PISTOCLÈRE.

Comment? tu ne le savais pas? Fi! que tu es barbare, Lydus! et je te croyais plus savant que Thalès. Tu es plus bête que l'imbécile Potitius. A ton âge ne pas savoir les noms des dieux!

LYDUS.

Je n'aime pas cette parure.

PISTOCLÈRE.

Aussi n'est-ce pas pour toi qu'on l'a prise. Il suffit qu'elle me plaise, à moi.

LYDUS.

Mais je crois que tu fais le capable, avec ton gouverneur, quand tu ne devrais pas souffler en sa présence, eusses-tu dix langues.

PISTOCLÈRE.

Il vient un âge où l'on n'est plus sous la férule, mon cher Lydus. Aujourd'hui je n'ai qu'un souci, c'est que le cuisinier accommode bien tout cela : les morceaux en valent la peine.

LYDUS.

Tu te perds, tu me perds aussi, et tous mes soins sont perdus. Voilà donc le fruit de tant de bonnes leçons!

PISTOCLERUS.

Ibidem ego meam operam perdidi, ubi tu tuam :
Tua disciplina nec mihi prodest, nec tibi.

LYDUS.

O præligatum pectus!

PISTOCLERUS.

                Odiosus mihi es.
Tace, atque sequere, Lyde, me.

LYDUS.

                            Illuc, sis, vide;
Non pædagogum jam me, sed Lydum vocat.

PISTOCLERUS.

Non par videtur, neque sit consentaneum,
Quom herus heic intus sit, et cum amica adcubet,
Quomque osculetur, et convivæ alii adcubent,
Præsentibus illis pædagogus ut una siet.

LYDUS.

An hoc ad eas res opsonatum 'st, obsecro?

PISTOCLERUS.

Sperat quidem animus : quo eveniat, dîs in manu 'st.

LYDUS.

Tu amicam habebis?

PISTOCLERUS.

                Quom videbis, tum scies.

LYDUS.

Imo neque habebis, nec sinam : iturus sum domum.

PISTOCLERUS.

Omitte, Lyde, ac cave malo.

LES BACCHIS.

PISTOCLÈRE.

Ma foi! nous perdions tous deux notre temps. Tes préceptes ne m'ont servi de rien, non plus qu'à toi.

LYDUS.

O tête fascinée!

PISTOCLÈRE.

Tu m'ennuies. Tais-toi, Lydus, et suis-moi.

LYDUS.

Voyez un peu! il m'appelle par mon nom, au lieu de me dire : Mon gouverneur.

PISTOCLÈRE.

Cela ne conviendrait pas. Quand ton maître va se mettre à table dans cette maison, avec son amante, quand ils s'embrasseront, en présence des joyeux convives, siérait-il qu'un pédagogue fût de la partie?

LYDUS.

C'est donc pour une telle fête que tu as acheté ces provisions?

PISTOCLÈRE.

Je l'espère du moins. L'effet dépend des dieux.

LYDUS.

Et tu auras une maîtresse?

PISTOCLÈRE.

Quand tu le verras, tu le sauras.

LYDUS.

Non, tu n'en auras pas; je ne le souffrirai pas. Je vais à la maison.

PISTOCLÈRE.

Laisse-moi, Lydus, et prends garde à toi.

LYDUS.

Quid? cave malo?

PISTOCLERUS.

Jam excessit mî ætas ex magisterio tuo.

LYDUS.

O barathrum, ubi nunc es? ut ego te usurpem lubens!
Video nimio jam multo plus quam volueram.
Vixisse nimio satiu 'st jam, quam vivere.
Magistron' quemquam discipulum minitarier?
Nil moror discipulos esse mihi jam plenos sanguinis :
Valens adflictet me vacivom virium.

PISTOCLERUS.

Fiam, ut ego opinor, Hercules, tu autem Linus.

LYDUS.

Pol! metuo magis, ne Phoenix tuis factis fuam,
Teque ad patrem esse mortuum renuntiem.

PISTOCLERUS.

Satis historiarum 'st.

LYDUS.

Hic vereri perdidit.
Conpendium, edepol, haud ætati optabile
Fecisti, quom istanc nanctus inpudentiam.
Obcisus hic homo 'st. Ecquid in mentem 'st tibi,
Patrem tibi esse?

PISTOCLERUS.

Tibi ego, aut tu mihi servos es?

LYDUS.

Pejor magister te istæc docuit, non ego.
Nimio es tu ad istas res discipulus docilior,
Quam ad illa, quæ te docui, ubi operam perdidi.

LYDUS.

Comment? prends garde à toi?

PISTOCLÈRE.

Je ne suis plus d'âge à être régenté.

LYDUS.

Où est le gouffre où l'on se noie? je voudrais m'y jeter, pour n'être pas témoin de ce que je vois aujourd'hui. J'ai vécu trop long-temps! Un élève menacer son maître! Qu'on ne me donne donc pas de ces élèves pleins de sève et de force : moi, débile, il m'assommerait.

PISTOCLÈRE.

Je serai Hercule, et tu seras Linus.

LYDUS.

Je crains plutôt d'être Phœnix, et d'aller annoncer à ton père que tu es un homme mort.

PISTOCLÈRE.

Trève à tes contes!

LYDUS.

Il a dépouillé tout respect humain. Tu as, certes, fait une mauvaise acquisition en prenant tant d'effronterie. C'est un homme perdu! Ne te souvient-il plus que tu as un père?

PISTOCLÈRE.

Suis-je ton esclave? ou es-tu le mien?

LYDUS.

C'est un mauvais maître qui t'enseigne à parler de la sorte, ce n'est pas moi. Tu es plus docile à ses leçons qu'aux miennes. O soins superflus!

PISTOCLERUS.

Istactenus tibi, Lyde, libertas data 'st
Orationis; satis est : sequere me, ac tace.

LYDUS.

Edepol, fecisti furtum in ætatem malum,
Quom istæc flagitia me celavisti, et patrem.

CHRYSALUS*.

Herilis patria, salve; quam ego biennio,
Postquam hinc in Ephesum abivi, conspicio lubens.
Saluto te, vicine Apollo, qui ædibus
Propinquos nostris adcolis, veneroque te,
Ne Nicobulum me sinas, nostrum senem,
Prius convenire, quam sodalem viderim
Mnesilochi Pistoclerum, quem ad epistolam
Mnesilochus misit super amica Bacchide.

PISTOCLERUS, CHRYSALUS**.

PISTOCLERUS.

Mirum 'st, me, ut redeam, te opere tanto quæsere,
Qui abire hinc nullo pacto possim, si velim :
Ita me vadatum amore vinctumque adtines.

---

* Actus II, Scena i.
** Actus II, Scena ii.

PISTOCLÈRE.

J'ai souffert assez long-temps ton bavardage, Lydus. Que cette liberté cesse. Suis-moi, et ne dis mot.

LYDUS.

Jeune homme, jeune homme! tu nous dérobais un funeste secret, quand tu cachais ces vices à ton père et à moi.

(Ils entrent chez Bacchis.)

CHRYSALE*, seul.

Salut, patrie de mon maître! Après deux ans d'absence, nous voilà revenus d'Éphèse, et je te revois enfin! Salut, Apollon notre voisin! O dieu, qui demeures tout proche de ce logis, je t'en prie, fais que notre bon vieux Nicobule ne me rencontre pas avant que j'aie vu l'ami Pistoclère, auquel Mnésiloque a écrit pour lui recommander sa maîtresse Bacchis.

PISTOCLÈRE, CHRYSALE**.

PISTOCLÈRE, sortant de chez Bacchis et lui parlant encore.

Comment peux-tu me prier avec tant d'instance de revenir, moi, qui ne pourrais te quitter, quand je le voudrais? N'exerces-tu pas envers moi contrainte d'amour? ne suis-je pas ton captif?

---

* Acte II, Scène I.
** Acte II, Scène II.

CHRYSALUS.
Proh dî inmortaleis, Pistoclerum conspicor.
O Pistoclere, salve.

PISTOCLERUS.
Salve, Chrysale.

CHRYSALUS.
Conpendi verba multa jam faciam tibi.
Venire tu me gaudes, ego credo tibi.
Hospitium et cœnam pollicere, ut convenit,
Peregre advenienti; ego autem venturum adnuo.
Salutem tibi ab sodali solidam nuntio.
Rogabis me, ubi sit.

PISTOCLERUS.
Vivitne et recte valet?

CHRYSALUS.
Istuc volebam ego ex te percontarier.

PISTOCLERUS.
Quî scire possum?

CHRYSALUS.
Nullus plus.

PISTOCLERUS.
Quemnam ad modum?

CHRYSALUS.
Quia si inventa 'st, quam amat, vivit, recte et valet :
Si non inventa 'st, minus valet, moribundus est.
Anima 'st amica amanti : si abest, nullus est;
Si adest, res nulla 'st, ipsus est nequam et miser.
Sed tu quid factitasti mandatis super?

PISTOCLERUS.
Egon' ut, quod ab illo adtigisset nuntius,

CHRYSALE.

O dieux immortels! c'est Pistoclère que je vois! Pistoclère, salut!

PISTOCLÈRE.

Bonjour, Chrysale!

CHRYSALE.

Pour t'épargner beaucoup de paroles, tu es charmé de me revoir, et je te crois. Tu nous offres le repas de bienvenue, comme on l'offre aux nouveaux débarqués; j'accepte. Je t'apporte les complimens d'amitié sincère de ton camarade. Tu me demanderas ce qu'il fait.

PISTOCLÈRE.

Est-il en bonne santé?

CHRYSALE.

C'est ce dont je veux m'informer à toi-même.

PISTOCLÈRE.

Puis-je le savoir?

CHRYSALE.

Personne mieux que toi.

PISTOCLÈRE.

Comment cela?

CHRYSALE.

As-tu trouvé celle qu'il aime, sa santé est parfaite; sinon, il est malade, il est à l'agonie. Pour un amant, sa maîtresse est son âme. Séparé d'elle, il n'existe pas. Près d'elle, sa fortune meurt, mais il vit.... fort mal et très-malheureux. Mais toi, as-tu fait sa commission?

PISTOCLÈRE.

Moi! puisque j'ai reçu sa lettre, plutôt que de ne pas

Non inpetratum id advenienti redderem?
Regiones colere mavellem acherunticas.

CHRYSALUS.

Eho, an invenisti Bacchidem?

PISTOCLERUS.

Samiam quidem.

CHRYSALUS.

Vide, quæso, ne quis tractet illam indiligens.
Scis tu, ut confringi vas cito samium solet.

PISTOCLERUS.

Jamne, ut soles?

CHRYSALUS.

Dic ubi ea nunc est, obsecro.

PISTOCLERUS.

Heic, exeuntem me unde adspexisti modo.

CHRYSALUS.

Ut istuc est lepidum! proxumæ viciniæ
Habitat. Ecquidnam meminit Mnesilochi?

PISTOCLERUS.

Rogas?
Imo unice unum plurimi pendit.

CHRYSALUS.

Papæ!

PISTOCLERUS.

Imo ut eam credis? misera amans desiderat.

CHRYSALUS.

Scitum istuc.

lui donner satisfaction à son retour, j'aurais mieux aimé descendre aux sombres bords.

CHRYSALE.

Ah! ah! tu as donc retrouvé Bacchis?

PISTOCLÈRE.

Oui; la Samienne.

CHRYSALE.

Ah! ne la laisse pas toucher par des étourdis. Tu sais combien la vaisselle de Samos est fragile.

PISTOCLÈRE.

Tu es toujours le même.

CHRYSALE.

Où est-elle? dis-moi.

PISTOCLÈRE.

Là, d'où tu m'as vu sortir tout-à-l'heure.

CHRYSALE.

A merveille! C'est à deux pas de chez nous. Et elle n'a pas oublié Mnésiloque?

PISTOCLÈRE.

Tu le demandes! Elle n'aime que lui; elle l'adore.

CHRYSALE.

Très-bien.

PISTOCLÈRE.

Oh! mais, tu ne sais pas? elle languit d'amour et de regret.

CHRYSALE.

Excellent!

PISTOCLERUS.
Imo, Chrysale, hem non tantulum,
Unquam intermittit tempus, quin eum nominet.
CHRYSALUS.
Tanto, hercle, melior Bacchis.
PISTOCLERUS.
Imo....
CHRYSALUS.
Imo, hercle, abiero
Potius.
PISTOCLERUS.
Num invitus rem bene gestam audis heri?

CHRYSALUS.
Non herus, sed actor mihi cor odio sauciat.
Etiam Epidicum, quam ego fabulam æque, ac me ipsum, amo,
Nullam æque invitus specto, si agit Pellio.
Sed Bacchis etiam fortis tibi visa 'st?
PISTOCLERUS.
Rogas?
Ni nanctus Venerem essem, hanc Junonem dicerem.
CHRYSALUS.
Edepol, Mnesiloche, ut rem hanc gnatam esse intellego,
Quod ames, paratum 'st; quod des, invento 'st opus.
Nam istoc fortasse auro 'st opus.
PISTOCLERUS.
Philippeo quidem.
CHRYSALUS.
Atque eo fortasse jam opu 'st.

PISTOCLÈRE.

Oh! mais, Chrysale, vois-tu? il ne se passe pas un seul moment, qu'elle ne parle de lui.

CHRYSALE.

Par Hercule! vive Bacchis!

PISTOCLÈRE.

Oh! mais....

CHRYSALE.

Oh! mais, je vais m'en aller à la fin.

PISTOCLÈRE.

Est-ce qu'on te fâche, en te disant ce qui est un sujet de joie pour ton maître?

CHRYSALE.

Ce n'est pas le sujet, c'est l'acteur qui m'ennuie et qui m'assomme. J'aime la comédie d'Épidique, comme moi-même; mais il n'y en a pas qui me cause plus d'ennui, quand c'est Pollion qui la joue. Bacchis te semble-t-elle bien?

PISTOCLÈRE.

Peux-tu le demander? Si je n'avais ma Vénus, elle serait ma Junon.

CHRYSALE.

Par Pollux! à ce qu'il paraît, Mnésiloque, tu as de quoi faire l'amoureux : reste à trouver de quoi faire le généreux. Car il faut ici de l'or, sans doute.

PISTOCLÈRE.

En beaux et bons Philippes.

CHRYSALE.

Et comptant, je pense.

PISTOCLERUS.

Imo etiam prius.
Nam jam huc adveniet Miles.

CHRYSALUS.

Et miles quidem!

PISTOCLERUS.

Qui de amittunda Bacchide aurum heic exigit.

CHRYSALUS.

Veniat, quando volt, atque ita, ne mihi sit moræ.
Domi 'st; non metuo, nec quoiquam subplico,
Dum quidem hoc valebit pectus perfidia meum.
Abi intro, ego heic curabo : tu intus dicito
Mnesilochum adesse Bacchidi.

PISTOCLERUS.

Faciam, ut jubes.

CHRYSALUS.

Negotium hoc ad me adtinet aurarium.
Mille et ducentos Philippos adtulimus aureos
Epheso, quos hospes debuit nostro seni.
Inde ego hodie aliquam machinabor machinam,
Unde aurum ecficiam amanti herili filio.
Sed foris concrepuit nostra : quinam exit foras?

NICOBULUS, CHRYSALUS*.

NICOBULUS.

Ibo in Piræeum; visam, ecquæ advenerit
In portum ex Epheso navis mercatoria.

* Actus II, Scena III.

PISTOCLÈRE.

Nous devrions déjà le tenir; car le militaire viendra dans un instant.

CHRYSALE.

Et un militaire aussi!

PISTOCLÈRE.

Celui qui met un prix à la liberté de Bacchis.

CHRYSALE.

Qu'il vienne, quand il voudra; qu'il ne se fasse pas attendre. Nous sommes en fonds. Je ne crains rien, je ne demande grâce à personne, tant que ce cœur sera fécond en impostures. Rentre; moi, je veillerai aux affaires : annonce à Bacchis l'arrivée de Mnésiloque.

PISTOCLÈRE.

Je t'obéirai.
(Il sort.)

CHRYSALE, seul.

Cette expédition financière me regarde. Nous avons apporté douze cents Philippes d'or, que notre hôte d'Éphèse devait au vieillard. Je machinerai quelque ruse pour tirer de ce sac l'or nécessaire aux amours du fils. Mais j'entends le bruit de notre porte. Qui est-ce qui sort?

―――――

NICOBULE, CHRYSALE*.

NICOBULE, sans apercevoir Chrysale.

Je vais au Pirée m'informer s'il n'est pas venu d'Éphèse quelque vaisseau marchand. La peur trouble mon âme

* Acte II, Scène III.

Nam meus formidat animus, nostrum tam diu
Ibi desidere, neque redire filium.

CHRYSALUS.

Extexam ego illum polchre jam, si dî volunt.
Haud dormitandum 'st : est opus chryso Chrysalo.
Adibo hunc, quem quidem ego hodie faciam heic arietem
Phryxi, itaque tondebo auro usque ad vivam cutem.
Servos salutat Nicobulum Chrysalus.

NICOBULUS.

Proh dî inmortaleis! Chrysale, ubi mî 'st filius?

CHRYSALUS.

Quin tu primum salutem reddis, quam dedi?

NICOBULUS.

Salve : sed ubinam 'st Mnesilochus?

CHRYSALUS.

        Vivit, valet.

NICOBULUS.

Venitne?

CHRYSALUS.

  Venit.

NICOBULUS.

    Evax! adspersisti aquam.
Benene usque valuit?

CHRYSALUS.

    Pancratice atque athletice.

NICOBULUS.

Quid? hoc, qua causa eum hinc in Ephesum miseram,
Adcepitne aurum ab hospite Archidemide?

en voyant que mon fils reste si long-temps à Éphèse, et qu'il ne revient pas.

CHRYSALE, à part.

Je vais (les dieux me le permettent!) le travailler de la bonne manière. Pas de paresse! il faut de la matière chrysaline à Chrysale. Abordons le vieillard, et faisons de lui le bélier de Phryxus. Je vais lui raser son or et le tondre jusqu'au vif. (*Haut*) Salut à mon maître Nicobule!

NICOBULE.

O dieux immortels! Chrysale, que fait mon fils?

CHRYSALE.

Il faudrait d'abord répondre à mon salut.

NICOBULE.

Bonjour. Mais que fait Mnésiloque?

CHRYSALE.

Il est plein de vie et de santé.

NICOBULE.

Vient-il?

CHRYSALE.

Oui.

NICOBULE.

Ah! tu ranimes mes sens. S'est-il toujours bien porté?

CHRYSALE.

C'est une santé pancratique, athlétique.

NICOBULE.

Et la commission pour laquelle je l'avais envoyé à Éphèse, est-elle faite? mon ami Archidame a-t-il rendu l'argent?

CHRYSALUS.
Heu cor meum et cerebrum, Nicobule, finditur,
Istius hominis ubi fit quaque mentio.
Tun' hospitem illum nominas hostem tuum?

NICOBULUS.
Quid ita, obsecro, hercle?

CHRYSALUS.
Quia, edepol, certo scio,
Volcanus, Sol, Luna et Dies, dei quatuor,
Scelestiorem nullum inluxere alterum.

NICOBULUS.
Quamne Archidemidem?

CHRYSALUS.
Quam, inquam, Archidemidem.

NICOBULUS.
Quid fecit?

CHRYSALUS.
Quid non fecit? quin tu id me rogas?
Primumdum infitias ire coepit filio;
Negare se debere tibi triobulum.
Continuo antiquom hospitem nostrum sibi
Mnesilochus advocavit, Pelagonem senem;
Eo praesente, homini extemplo ostendit symbolum,
Quem tute dederas ad eum, ut ferret, filio.

NICOBULUS.
Quid, ubi ei ostendit symbolum?

CHRYSALUS.
Infit dicere:
Adulterinum, et non eum esse symbolum.

CHRYSALE.

Hélas! Nicobule, mon cœur saigne, ma tête se fend, quand on me parle de cet homme-là. Peux-tu appeler ton ami un tel ennemi?

NICOBULE.

Et pourquoi donc? dis-moi, je te prie.

CHRYSALE.

Pourquoi? Par Pollux! jamais Vulcain, le Soleil, la Lune, le Jour, non, jamais ces quatre divinités n'éclairèrent un plus grand scélérat.

NICOBULE.

Archidame?

CHRYSALE.

Oui, Archidame.

NICOBULE.

Qu'a-t-il fait?

CHRYSALE.

Demande plutôt ce qu'il n'a pas fait. D'abord il a nié la dette à ton fils, prétendant ne te devoir pas un triobole. Mnésiloque aussitôt invoque l'assistance de notre ancien hôte, le vieux Pélagon; et, devant lui, il montre la pièce de crédit que tu lui avais remise pour la représenter à l'imposteur.

NICOBULE.

Eh bien! quand il vit cette pièce?

CHRYSALE.

Il se met à dire qu'il ne la reconnaît pas, que c'est une pièce fausse. Ce bon jeune homme! combien il es-

Quotque innocenti ei dixit contumelias!
Adulterare eum aibat rebus cæteris.

NICOBULUS.

Habetin' aurum? Id mihi primum dici volo.

CHRYSALUS.

Postquam quidem prætor recuperatores dedit,
Damnatus, demum vi coactus reddidit
Mille et ducentos Philippum.

NICOBULUS.

     Tantum debuit.

CHRYSALUS.

Porro etiam ausculta pugnam, quam voluit dare.

NICOBULUS.

Etiamne est quid porro?

CHRYSALUS.

    Hem adcipe : trina hæc nunc erit.

NICOBULUS.

Deceptus sum. Autolyco hospiti aurum credidi.

CHRYSALUS.

Quin tu audi.

NICOBULUS.

 Imo ingenium avidi haud pergnoram hospitis.

CHRYSALUS.

Postquam aurum abstulimus, in navem conscendimus,
Domum cupienteis : forte ut adsedi in stega,
Dum circumspecto, atque ego lembum conspicor
Longum, strigorem, maleficum exornarier.

suya d'injures! S'entendre traiter de faussaire, de menteur!

NICOBULE.

Avez-vous l'or? voilà ce que je veux d'abord savoir.

CHRYSALE.

Le préteur nous donna des juges. Notre homme fut condamné et contraint à restituer douze cents Philippes.

NICOBULE.

C'est le montant de la dette.

CHRYSALE.

Tu n'es pas au bout. Il tenta encore un autre assaut.

NICOBULE.

Encore!

CHRYSALE.

Oui, tu vas voir; et de trois.

NICOBULE.

Que j'ai été dupe! C'était à un autre Autolycus que j'avais confié mon or.

CHRYSALE.

Écoute-moi donc.

NICOBULE.

Ah! je ne connaissais pas mon hôte et son humeur rapace.

CHRYSALE.

L'or une fois emporté, nous nous embarquons, impatiens de revenir. Je m'assieds sur le tillac, et je promène par distraction autour de nous mes regards. Qu'aperçois-je? un vaisseau long, un appareil formidable, sinistre.

NICOBULUS.
Perii, hercle : lembus ille mihi lædit latus.
CHRYSALUS.
Is erat conmunis cum hospite et prædonibus.

NICOBULUS.
Adeon' me fuisse fungum, ut quî illi crederem!
Quom mî ipsum nomen ejus Archidemidis
Clamaret, demturum esse, si quid crederem.
CHRYSALUS.
Is nostræ navi lembus insidias dabat.
Obcœpi ego observare eos, quam rem gerant.
Interea e portu nostra navis solvitur.
Ubi portu exiimus, homines remigio sequi;
Neque aveis, neque venti citius. Quoniam sentio
Quæ res gereretur, navem extemplo statuimus.
Quoniam vident nos stare, obcœperunt ratem
Turbare in portu.
NICOBULUS.
Edepol, mortaleis malos!
Quid denique agitis?
CHRYSALUS.
Rursum in portum recipimus.
NICOBULUS.
Sapienter factum a vobis : quid illi postea?
CHRYSALUS.
Revorsionem ad terram faciunt vesperi.
NICOBULUS.
Aurum, hercle, abferre voluere; ei rei operam dabant.

LES BACCHIS.

NICOBULE.

Aïe! aïe! je suis mort! L'appareil aigrit ma plaie.

CHRYSALE.

Le navire appartenait en commun à ton hôte et à des pirates.

NICOBULE.

Belître que j'étais, d'avoir eu confiance en lui, quand son nom même d'Archidame m'avertissait, que ce serait à mon dam qu'il aurait crédit de ma part.

CHRYSALE.

Leur navire en voulait à notre vaisseau. J'observe toutes leurs manœuvres. Cependant nous levons l'ancre et nous sortons du port. Eux aussitôt de nous suivre à force de rames; les oiseaux et les vents ne sont pas plus rapides. Je devine leur intention, notre vaisseau s'arrête en place. Quand ils nous voient arrêtés, ils se mettent à virer de ci de là dans le port.

NICOBULE.

Voyez les coquins! Et alors, que fîtes-vous?

CHRYSALE.

Nous rentrâmes dans le port.

NICOBULE.

C'était le plus sage. Et nos gens?

CHRYSALE.

Ils revinrent à terre le soir.

NICOBULE.

Il n'y a pas de doute. Ils voulaient ravir mon or : c'est où tendaient leurs menées.

CHRYSALUS.
Non me fefellit, sensi.
NICOBULUS.
          Exanimatus fui.
CHRYSALUS.
Quoniam videmus auro insidias fieri,
Capimus consilium continuo; postridie
Abferimus inde aurum omne, illis præsentibus,
Palam atque aperte, ut illi id factum sciscerent.
NICOBULUS.
Scite, hercle. Cedo, quid illi?
CHRYSALUS.
                    Tristeis inlico,
Quom extemplo a portu ire nos cum auro vident,
Subducunt lembum capitibus quassantibus.
Nos apud Theotimum omne aurum deposivimus.
NICOBULUS.
Qui istic Theotimu 'st?
CHRYSALUS.
             Megalobuli filius,
Qui illeic sacerdos est Dianæ Ephesiæ;
Qui nunc in Epheso est Ephesiis carissumus.
NICOBULUS.
Næ ille, hercle, mihi sit multo tanto carior,
Si me illoc auro tanto circumduxerit.
CHRYSALUS.
Quin ipsa Dianæ in æde conditum 'st.
Ibidem poblicitus servant.
NICOBULUS.
           Obcidisti' me.

CHRYSALE.

Du premier coup je m'en aperçus.

NICOBULE.

Je n'avais plus de sang dans les veines.

CHRYSALE.

Voyant qu'on en veut à notre or, nous prenons notre parti sans balancer. Le lendemain, l'or est enlevé du vaisseau, devant eux, sans mystère, ostensiblement, de manière qu'ils le voyent bien.

NICOBULE.

Parfaitement avisé! Et ensuite eux? dis-moi.

CHRYSALE.

Ils furent très-marris, quand ils nous virent rentrer tout droit en ville avec notre or, et ils retirèrent sur le rivage leur navire, en hochant la tête. Nous allâmes mettre l'or en dépôt chez Théotime.

NICOBULE.

Qui est ce Théotime?

CHRYSALE.

Le fils de Mégalobule, prêtre de Diane Éphésienne, et extrêmement cher à tous les Éphésiens.

NICOBULE.

Par Hercule! il serait bien plus cher encore pour moi, s'il me soufflait mon or.

CHRYSALE.

Oh! que non; l'or est déposé dans le temple de Diane, sous la surveillance de l'autorité publique.

NICOBULE.

Mort de ma vie! j'aimerais bien mieux qu'il fût ici

Nimio heic privatim servaretur rectius.
Sed vos nilne adtulistis inde auri domum?

CHRYSALUS.

Imo etiam : verum, quantum adtulerit, nescio.

NICOBULUS.

Quid, nescis?

CHRYSALUS.

   Quia Mnesilochus noctu clanculum
Devenit ad Theotimum, nec mihi credere,
Nec quoiquam in navi voluit; eo ego nescio
Quantulum adtulerit; verum haud permultum adtulit.

NICOBULUS.

Etiam dimidium censes?

CHRYSALUS.

    Non, edepol, scio.
Verum haud opinor.

NICOBULUS.

   Fertne partem tertiam?

CHRYSALUS.

Non, hercle, opinor : verum.... verum nescio.
Profecto de auro nil scio, nisi nescio.
Nunc tibimet illuc navi capiundum 'st iter,
Ut illud reportes aurum ab Theotimo domum.
Atque heus tu.

NICOBULUS.

Quid vis?

CHRYSALUS.

    Anulum gnati tui
Facito ut memineris ferre.

sous ma surveillance particulière. Est-ce que vous n'avez rien rapporté?

CHRYSALE.

Si, mais je ne sais pas combien.

NICOBULE.

Tu ne sais pas?

CHRYSALE.

Non; Mnésiloque se rendit de nuit secrètement chez Théotime, et il ne voulut se fier ni à moi, ni à personne de l'équipage. Je ne sais pas ce qu'il a pris; mais ce n'est pas beaucoup.

NICOBULE.

La moitié? crois-tu?

CHRYSALE.

Je l'ignore, sur ma foi; mais je ne crois pas.

NICOBULE.

Le tiers?

CHRYSALE.

Oh! non, à ce que je crois. Au juste.... Je ne sais pas au juste. Assurément tout ce que je sais, c'est que je ne sais rien. Il faudra maintenant t'embarquer et te mettre en route pour aller à Éphèse retirer l'or des mains de Théotime. Ah çà!

NICOBULE.

Quoi?

CHRYSALE.

N'oublie pas de prendre l'anneau de ton fils.

NICOBULUS.

     Quid opu 'st anulo?

CHRYSALUS.

Quia id signum 'st cum Theotimo, qui eum illi adferet,
Ei aurum ut reddat.

NICOBULUS.

    Meminero, et recte mones.
Sed divesne est istic Theotimus?

CHRYSALUS.

      Etiam rogas?
Qui auro habeat soccis subpactum solum.

NICOBULUS.

Cur ita fastidit?

CHRYSALUS.

   Tantas divitias habet:
Nescit quid faciat auro.

NICOBULUS.

    Mihi dederit velim.
Sed, quî præsente, id aurum Theotimo datum 'st?

CHRYSALUS.

Populo præsente: nullu 'st Ephesi, quin sciat.

NICOBULUS.

Istuc sapienter saltem fecit filius,
Quom diviti homini id aurum servandum dedit:
Ab eo licebit quamvis subito sumere.

CHRYSALUS.

Imo enim tantisper nunquam te morabitur,
Quin habeas illud quo die illuc veneris.

NICOBULE.

A quoi bon cet anneau?

CHRYSALE.

C'est le signe convenu. Théotime remettra l'or au porteur.

NICOBULE.

Tu as raison de m'avertir ; je m'en souviendrai. Ce Théotime est-il riche?

CHRYSALE.

Demande-le-moi. C'est un homme qui garnit d'or les semelles de ses souliers.

NICOBULE.

Pourquoi donc ce mépris?

CHRYSALE.

Sa richesse est si grande! Il ne sait que faire de son or.

NICOBULE.

Eh bien! qu'il me le donne. En présence de quels témoins le mien lui a-t-il été donné?

CHRYSALE.

Le peuple en fut témoin. Tout le monde à Éphèse sait cela.

NICOBULE.

Du moins mon fils a-t-il fait preuve de prudence, en choisissant un homme riche pour dépositaire. On pourra reprendre l'or, quand on voudra.

CHRYSALE.

Oh! tu n'attendras pas le moins du monde. Il te le comptera le jour même de ton arrivée.

NICOBULUS.

Censebam me ecfugisse a vita marituma,
Ne navigarem tandem hoc ætatis senex :
Id mi haud, utrum velim, licere intellego;
Ita bellus hospes fecit Archidemides.
Ubi nunc est ergo meus Mnesilochus filius?

CHRYSALUS.

Deos atque amicos it salutatum ad forum.

NICOBULUS.

At ego hinc ad illum, ut conveniam, quantum pote'st.

CHRYSALUS.

Ille est oneratus recte, et plus justo vehit.
Exorsa hæc tela non male omnino mihi 'st,
Ut amantem herilem copem facerem filium ;
Ita feci, ut, auri quantum vellet, sumeret,
Quantum autem lubeat reddere, ut reddat patri.
Senex in Ephesum ibit aurum arcessere :
Heic nostra agetur ætas in malacum modum;
Siquidem heic relinquet, nec secum abducet senex
Me et Mnesilochum. Quas ego heic turbas dabo!
Sed quid futurum 'st, quom hoc senex resciverit?
Quom se excucurrisse illuc frustra sciverit,
Nosque aurum abusos? quid mihi fiet postea?
Credo, hercle, adveniens nomen mutabit mihi,
Facietque extemplo Crucisalum me ex Chrysalo.
Abfugero, hercle, si magis usus venerit.
Si ero reprehensus, macto ego illum infortunio :
Si illi sunt virgæ ruri, at mihi tergum domi 'st.

LES BACCHIS.

NICOBULE.

Je croyais à mon âge, si vieux, être quitte des courses maritimes et des fatigues de la navigation. Il faudra bon gré mal gré en tâter encore. J'en suis redevable à mon aimable hôte Archidame. Que fait Mnésiloque en ce moment ?

CHRYSALE.

Il est allé saluer les dieux, et puis ses amis sur la grande place.

NICOBULE.

Il me tarde de le voir. J'y vais de ce pas. (Il sort.)

CHRYSALE, seul.

Le vieillard en a sa charge, et plus qu'il n'en peut porter. Pour commencer, ma trame n'est pas mal ourdie. Voilà notre amoureux à son aise, grâce à moi; permis à lui de prendre tout l'or qu'il voudra, il n'a qu'à puiser. Il pourra ne rendre à son père qu'autant qu'il lui plaira. Le vieillard ira chercher son or à Éphèse, et nous mènerons ici une vie fort douce. Car j'espère bien que nous resterons, et qu'il n'emmènera point avec lui Mnésiloque ni moi. Que je vais causer de remue-ménage !.... Mais qu'arrivera-t-il, quand le vieillard apprendra tout ? quand il saura que nous l'avons fait courir pour rien, et que nous avons converti son or à notre usage ? A quoi dois-je m'attendre ? Je suis sûr, ma foi, que tout en arrivant il me fera changer de nom, et que je deviendrai Crucisaltor au lieu de Chrysale. Eh ! mais, je prendrai la fuite au besoin.... Oui; et au cas qu'on me rattrape ?..... Nargue du vieillard, et la peste pour lui. S'il a du bouleau sur ses terres,

Nunc ibo, herili filio hanc fabricam dabo
Super auro, amicaque ejus inventa Bacchide.

LYDUS*.

Pandite atque aperite propere januam hanc Orci, obsecro :
Nam equidem haud aliter esse duco; quippe quo nemo advenit,
Nisi quem spes reliquere omneis, esse ut frugi possiet.
Bacchides, non Bacchides, sed Bacchæ sunt acerrumæ.
Apage istas a me sorores, quæ hominum sorbent sanguinem.
Omnis ad perniciem instructa domus opime atque opipare.
Quæ ut adspexi, me continuo contuli protinam in pedes.
Egon' ut hæc conclusa gestem clanculum? ut celem patrem,
Pistoclere, tua flagitia, aut damna, aut desidiabula?
Quibus patrem, et me, teque, amicosque omneis adfectas tuos
Ad probrum, damnum, flagitium adpellere una et perdere.
Neque mei, neque tui intus puditum 'st factis, quæ facis,
Quibus tuum patrem, meque una, amicos, adfineis tuos,
Tua infamia fecisti gerulifigulos flagiti!

* Actus III. Scena I.

moi, j'ai un bon dos à ma disposition. Allons instruire Mnésiloque de tout ce que j'ai machiné pour notre or et pour ses amours qu'on a retrouvés.

LYDUS*, seul, sortant de chez Bacchis.

Ouvrez! ouvrez vite, de grâce! que je sorte de cet enfer. Oui, c'est un enfer; car on n'y peut entrer, que quand on est abandonné de tout espoir et perverti sans retour. Ce ne sont pas de simples bacchantes, que ces Bacchis, mais bien des Ménades forcenées. Qu'on me délivre de ces femelles maudites qui sucent jusqu'à la dernière goutte le sang de leurs victimes. Quel antre de perdition! quel appareil de luxe et de goinfrerie! A cette vue j'ai pris la fuite à toutes jambes.... Et je garderais le secret sur cette équipée, Pistoclère? Et je n'instruirais pas ton père de tes déportemens, de tes profusions, de ce bel emploi de ton temps, qui ne va rien moins qu'à entraîner, avec toi, ton père, et moi, et tes amis, et tous tes proches dans ta ruine et dans un abîme de déshonneur et d'opprobre? Tu n'as pas eu de honte, en ma présence, des excès auxquels tu te livres en ce lieu! et ton père, et ta famille, et tes amis, et moi, tu nous mets sur le dos le poids de ces dérèglemens et d'une telle infamie! Tu n'achèveras pas ce dernier exploit. Oui, je cours avertir ton père. Je ne laisserai pas peser sur moi un tel reproche. Allons tout révéler au vieillard, pour

* Acte III, Scène 1.

Nunc priusquam malum istoc addis, certum 'st jam dicam patri.
De me hanc culpam demolibor jam, et seni faciam palam,
Ut eum ex lutulento coeno propere hinc eliciat foras.

MNESILOCHUS*.

Multimodis meditatus egomet mecum sum, et ita esse arbitror :
Homini amico, qui est amicus ita, uti nomen possidet,
Nisi deos, ei nihil praestare : id opera expertus sum esse ita.
Nam ut in Ephesum hinc abii (hoc factum 'st ferme abhinc biennium),
Ex Epheso huc ad Pistoclerum meum sodalem literas
Misi, amicam ut mi inveniret Bacchidem ; illum intellego
Invenisse, ut servos meus mihi nuntiavit Chrysalus.
Condigne is quam technam de auro advorsum meum fecit patrem,
Ut mi amanti copia esset ! Aequom ideo id reddere.
Nam, pol, quidem, meo animo, ingrato homine nihil inpensiu 'st ;
Malefactorem amitti satius, quam relinqui beneficum.
Nimio praestat inpendiosum te, quam ingratum dicier.
Illum laudabunt boni ; hunc etiam ipsi culpabunt mali.
Qua me causa magis cum cura esse ac obvigilato est opus.
Nunc, Mnesiloche, specimen specitur, nunc certamen cernitur :

* Actus III. Scena II.

qu'il vienne retirer l'étourdi de ce bourbier, de cette fange.

(Il sort.)

MNÉSILOQUE*, seul.

Plus je médite, et plus je suis convaincu que l'ami véritable, ami dans toute la force du terme, ne le cède qu'aux dieux : j'en fais moi-même l'épreuve. Pendant mon voyage à Éphèse, où je suis resté près de deux ans, j'écrivis à mon ami Pistoclère de se mettre à la recherche de Bacchis, et il l'a retrouvée ; Chrysale vient de me l'apprendre. Et celui-ci, le bon tour qu'il a joué à mon père, pour me procurer de l'or et pour servir mes plaisirs ! Il en aura le prix ; c'est bien juste. Par Pollux ! il n'y a rien de plus misérable, à mon sens, qu'un ingrat. Mieux vaut laisser l'offense impunie que le bon office sans récompense. Qu'on me donne le nom de généreux, jamais celui d'ingrat. L'un attire les louanges des gens de bien, l'autre la haine même des méchans. Attention donc, Mnésiloque ; observe-toi. La lice est ouverte, on te regarde, il faut te faire connaître. Tu vas montrer si tu fais ton devoir. Seras-tu bon ou mauvais ? équitable ou injuste ? avare ou libéral ? aimable ou odieux ? Choisis. Dans ce combat de bons procédés ne te laisse point surpasser par ton esclave. Quelle que soit ta conduite,

* Acte III, Scène II.

Sisne, necne, ut esse oportet; malus, bonus? quojus-
modi?
Justus, injustus? malignus, largus? conmodus, incon-
modus?
Cave, sîs, te superare servom siris faciundo bene.
Utut eris, moneo, haud celabis. Sed eccos video incedere
Sodalis patrem et magistrum : hinc auscultabo, quam
rem agant.

LYDUS, PHILOXENUS, MNESILOCHUS*.

LYDUS.

Nunc experiar, sitne acetum tibi cor acre in pectore.
Sequere.

PHILOXENUS.

Quo sequar? quo ducis nunc me?

LYDUS.

Ad illam, quæ tuum
Perdidit, pessumdedit tibi filium unice unicum.

PHILOXENUS.

Eia, Lyde : leniter qui sæviunt, sapiunt magis.
Minus mirandum 'st, illæc ætas si quid illorum facit,
Quam si non faciat : feci ego istæc itidem in adulescentia.

LYDUS.

Hei mihi, hei mihi! istæc illum perdidit adsentatio.

* Actus III, Scena III.

je t'en avertis, on ne l'ignorera pas. Mais voici venir le gouverneur et le père de mon ami. Que disent-ils ? Écoutons.

LYDUS, PHILOXÈNE, MNÉSILOQUE[*].

LYDUS.

Nous allons voir si tu as dans l'âme une pointe de raison et de bon sens. Suis-moi.

PHILOXÈNE.

Où faut-il te suivre ? où me conduis-tu ?

LYDUS.

Chez celle qui a perdu, empoisonné ton fils chéri, ton idole.

PHILOXÈNE.

Doucement, Lydus ; soyons modérés dans la sévérité, c'est le plus sage. Est-il extraordinaire qu'à son âge mon fils ait quelque faiblesse ? on devrait plutôt s'étonner du contraire. J'en faisais tout autant dans ma jeunesse.

LYDUS.

O ciel ! ô ciel ! voilà les molles complaisances qui l'ont

[*] Acte III, Scène III.

Nam absque te esset, ego illum haberem rectum ad ingenium bonum :
Nunc propter te tuamque pravos factus est fiduciam Pistoclerus.

MNESILOCHUS.

Di inmortaleis, meum sodalem hic nominat.
Quid hoc negoti 'st, Pistoclerum Lydus quod herum tam ciet?

PHILOXENUS.

Paulisper, Lyde, est lubido homini suo animo obsequi :
Jam aderit tempus, quom sese etiam ipse oderit. Morem geras;
Dum caveatur, præter æquom ne quid delinquat; sine.

LYDUS.

Non sino, neque equidem illum me vivo conrumpi sinam.
Sed tu, qui tam pro conrupto dicis causam filio,
Eademne erat hæc disciplina tibi, quom tu adulescens eras?
Nego tibi hoc annis viginti fuisse primis copiæ,
Digitum longe a pædagogo pedem ut ecferres ædibus.
Ante solem exorientem ni in palæstram veneras,
Gymnasi præfecto haud mediocreis pœnas penderes.
Id quoi obtigerat, hoc etiam ad malum arcessebatur malum :
Et discipulus et magister perhibebantur inprobi.
Ibi cursu, luctando, hasta, disco, pugillatu, pila,
Saliendo sese exercebant magi', quam scorto, aut saviis;
Ibi suam ætatem extendebant, non in latebrosis locis.
Inde de hippodromo et palæstra ubi revenisses domum,

gâté. Car, sans toi, je saurais le maintenir dans de bons sentimens. Mais il compte sur ton appui, et cette confiance fait de ton Pistoclère un libertin.

MNÉSILOQUE.

O dieux immortels! il nomme Pistoclère. Pourquoi donc est-il si fâché contre son jeune maître?

PHILOXÈNE.

Caprice de jeune homme, mon cher Lydus; il veut s'amuser un peu. Bientôt viendra l'âge des dégoûts, des ennuis. Un peu d'indulgence. Surveillons-le seulement pour qu'il ne commette point de faute grave; du reste, laisse-le faire.

LYDUS.

Non, je ne veux pas; je ne souffrirai pas, tant que je vivrai, qu'il se pervertisse. Mais toi, apologiste empressé d'un fils corrompu, est-ce ainsi qu'on t'éleva dans ta jeunesse? Je suis sûr qu'à vingt ans tu n'avais pas encore eu la permission de sortir sans ton gouverneur, dont tu ne t'éloignais pas d'un travers de doigt. Si tu n'étais pas arrivé à la palestre avant le point du jour, le préfet du gymnase ne t'infligeait pas une légère correction. Cette peine était suivie d'une autre; l'élève et le pédagogue avec lui encouraient le blâme général. Dans cette école on s'exerçait à lutter, à lancer le javelot, le disque, la paume, à sauter, à combattre au pugilat; et non à faire l'amour avec des prostituées. C'était là qu'on passait son temps, et non dans l'ombre des mauvais lieux. Au retour de l'hippodrome et de la palestre, tu prenais la

Cincticulo præcinctus apud magistrum in sella adsi-
deres :
Quom librum legeres, si unam peccavisses sullabam,
Fieret corium tam maculosum, quam est nutricis pallium.

MNESILOCHUS.
Propter me hæc nunc meo sodali dici discrucior miser.
Innocens subspicionem hanc sustinet causa mea.

PHILOXENUS.
Alii, Lyde, nunc sunt mores.

LYDUS.
Id equidem ego certo scio.
Nam olim populi prius honorem capiebat subfragio,
Quam magistro desinebat esse dicto obediens.
At nunc, priusquam septuenni 'st, si adtigas eum manu,
Extemplo puer pædagogo tabula disrumpit caput.
Quom patrem adeas postulatum, puero sic dicit pater:
Noster esto, dum te poteris defensare injuria.
Provocatur pædagogus : eho senex minumi preti,
Ne adtigas puerum istac causa, quando fecit strenue.
It magister, quasi lucerna, uncto expletus linteo.
Itur illinc jure dicto. Hoccine heic pacto potest
Inhibere inperium magister, si ipsus primus vapulet?

MNESILOCHUS.
Acris postulatio hæc est, quom hujus dicta intellego.
Mira sunt, ni Pistoclerus Lydum pugnis contudit.

tunique de travail, et, assis sur un escabeau à côté de ton précepteur, tu lisais ta leçon. Et si tu manquais une syllabe, ta peau devenait plus tachetée que le manteau d'une nourrice.

MNÉSILOQUE.

C'est à cause de moi qu'on dit tant de mal de mon ami ; j'en suis désolé. Son obligeance pour moi lui attire des reproches qu'il ne mérite pas.

PHILOXÈNE.

Les mœurs ont changé, Lydus.

LYDUS.

Je ne le sais que trop. Car autrefois on commençait déjà de briguer les suffrages du peuple et les dignités, qu'on obéissait encore à son précepteur. Mais aujourd'hui, voyez un marmot à peine âgé de sept ans ; si l'on a le malheur de le toucher, il casse la tête de son maître avec sa tablette. Va-t-on se plaindre aux parens? Tel est le langage que le père tient à son fils : « Bien! je reconnais mon sang ; c'est ainsi que tu dois repousser l'injure. » On fait venir le précepteur : « Ah çà! vieil imbécile, lui dit-on, garde-toi de frapper mon fils, parce qu'il a montré du cœur. » Et le précepteur s'en va, la tête enveloppée d'un linge huilé, comme une lanterne. Voilà comment on lui fait justice. De cette manière peut-il avoir quelque autorité? c'est l'écolier qui commence à battre son précepteur.

MNÉSILOQUE, à part.

La plainte est véhémente, à ce que je puis comprendre. Il faut que Pistoclère ait donné des coups à Lydus.

PHILOXENUS.
Sed quis hic est, quem adstantem video ante ostium?
LYDUS.
O Philoxene.
MNESILOCHUS.
Deos propitios me videre, quam illum, mavellem mihi.

PHILOXENUS.
Quis illic est?
LYDUS.
Mnesilochus, gnati tui sodalis Pistocleri,
Haud consimili ingenio, atque ille est, qui in lupanari
adcubat.
Fortunatum Nicobulum, qui illum produxit sibi!
PHILOXENUS.
Salvos sis, Mnesiloche; salvom te advenire gaudeo.

MNESILOCHUS.
Di te ament, Philoxene.
LYDUS.
Hic enim rite productu 'st patri;
In mare it, rem familiarem curat, custodit domum:
Obsequens obediensque est mori atque inperiis patris.
Hic sodalis Pistoclero jam puer puero fuit;
Triduum non interest aetatis, uter major siet:
Verum ingenium plus triginta est annis majus, quam
alteri.
PHILOXENUS.
Cave malum, et conpesce in illum dicere injuste.

PHILOXÈNE, apercevant Mnésiloque.

Qui aperçois-je là devant la porte?

LYDUS, regardant Mnésiloque.

Ah! Philoxène!

MNÉSILOQUE, à part.

J'aurais mieux aimé attirer les regards des dieux propices que ceux du vieillard.

PHILOXÈNE.

Qui est-ce?

LYDUS.

C'est Mnésiloque, le camarade de ton fils. Il ne lui ressemble guère; il n'est pas à table maintenant dans un mauvais lieu. Que Nicobule est heureux, d'avoir formé un tel garçon!

PHILOXÈNE.

Bonjour, Mnésiloque; je suis charmé de te voir revenu en bonne santé.

MNÉSILOQUE.

Les dieux te soient en aide, Philoxène.

LYDUS.

C'est un jeune homme bien élevé, celui-là. Il traverse les mers pour soigner les intérêts de la maison; il conserve le patrimoine; il est soumis aux volontés, à l'autorité de son père. Pistoclère et lui sont camarades d'enfance; il n'y a pas trois ans de différence entre eux pour l'âge; mais pour la raison, Mnésiloque est l'aîné de plus de trente ans.

PHILOXÈNE.

Prends garde à toi; ne te permets pas d'injurier mon fils.

LYDUS.

Tace :
Stultus es, qui illi male ægre patere dici, qui facit.
Nam illum meum malum promptare malim, quam peculium.

PHILOXENUS.

Quî dum?

LYDUS.

Quia, malum si promptet, in dies faciat minus.

MNESILOCHUS.

Quid sodalem meum castigas, Lyde, discipulum tuum?

LYDUS.

Periit tibi sodalis.

MNESILOCHUS.

Ne di sirint.

LYDUS.

Sic est, ut loquor.
Quin ego, quom peribat, vidi, non ex audito arguo.

MNESILOCHUS.

Quid factum 'st?

LYDUS.

Meretricem indigne deperit.

MNESILOCHUS.

Non tu taces?

LYDUS.

At quæ acerrume atque æstuose absorbet, ubi quemque adtigit.

LYDUS.

Tais-toi plutôt. C'est folie d'être fâché qu'on dise du mal d'un homme qui agit mal. Je confierais à son administration mes maux plutôt que mon pécule.

PHILOXÈNE.

Pourquoi?

LYDUS.

Parce qu'il les ferait aller vite, et qu'il n'y en aurait bientôt plus.

MNÉSILOQUE.

Quels reproches as-tu donc à faire à ton élève, à mon ami, Lydus?

LYDUS.

Tu n'as plus d'ami.

MNÉSILOQUE.

Que les dieux démentent ces paroles!

LYDUS.

Il est perdu, te dis-je. Je l'ai vu de mes yeux, quand il se perdait. Ce n'est pas sur des ouï-dire que je l'accuse.

MNÉSILOQUE.

Qu'est-il arrivé?

LYDUS.

Il a l'indignité d'être éperdûment amoureux d'une courtisane.

MNÉSILOQUE.

Veux-tu te taire?

LYDUS.

Une Charybde, une Scylla, qui dévore tous ceux qu'elle atteint.

MNESILOCHUS.
Ubi ea mulier habitat?

LYDUS.
Heic.

MNESILOCHUS.
Unde eam esse aiunt?

LYDUS.
Ex Samo.

MNESILOCHUS.
Quæ vocatur?

LYDUS.
Bacchis.

MNESILOCHUS.
Erras, Lyde; ego omnem rem scio,
Quemadmodum 'st : tu Pistoclerum falso atque inson-
 tem arguis.
Nam ille amico et benevolenti suo sodali sedulo
Rem mandatam exsequitur : ipsus nec amat, nec tu
 creduas.

LYDUS.
Itane oportet rem mandatam gerere amici sedulo,
Ipsus ut in gremio osculantem mulierem teneat sedens?
Nullon' pacto res mandata potest agi, nisi identidem
Manus ferat ad papillas, labra a labris nusquam abferat?
Nam alia memorare, quæ illum facere vidi, dispudet :
Quom manum sub vestimenta ad corpus tetulit Bac-
 chidi,
Me præsente, neque pudere quidquam! Quid verbis
 opu 'st?
Mihi discipulus, tibi sodalis periit, huic filius.

MNÉSILOQUE.

Où demeure-t-elle?

LYDUS, montrant la maison de Bacchis.

Là.

MNÉSILOQUE.

Son pays?

LYDUS.

Samos.

MNÉSILOQUE.

On l'appelle?

LYDUS.

Bacchis.

MNÉSILOQUE.

Tu es dans l'erreur. Je sais tout, avec toutes les circonstances. Pistoclère est innocent; tu l'accuses à tort. Il ne fait que s'acquitter d'une commission et servir avec zèle un de ses amis. Ce n'est pas lui qui est amoureux; ne t'y trompe pas.

LYDUS.

Est-ce que, pour s'acquitter avec zèle de la commission de son ami, il est nécessaire qu'il soit sur un même lit auprès de la courtisane penchée sur lui contre son sein et prodiguant les baisers? Est-ce par obligeance qu'il doit à chaque instant lui caresser la gorge, et ne pas détacher ses lèvres des lèvres de la belle? Car, pour les autres détails, la bienséance ne permet pas de les rapporter ici, non plus que les attouchemens dont j'ai été témoin, lorsqu'il glissait sa main sous la robe de Bacchis, devant moi, sans nulle vergogne! Enfin, je n'ai plus

Nam ego illum periisse duco, quoi quidem periit pudor.
Quid opu 'st verbis? si obperiri vellem paulisper modo,
Ut opinor, inspectandi mihi esset major copia:
Plus vidissem, quam deceret, quam me atque illo æquom
  foret.

MNESILOCHUS.

Perdidisti me, sodalis. Egone illam mulierem
Capitis non perdam? perire me malis malim modis.
Satin' ut quem tu habeas fidelem tibi, aut quoi credas,
  nescias?

LYDUS.

Viden', ut ægre patitur gnatum esse conruptum tuum,
Suom sodalem! ut ipsus sese cruciat ægritudine!

PHILOXENUS.

Mnesiloche, hoc tecum oro, ut illius animum atque ingenium regas.
Serva tibi sodalem, et mihi filium.

MNESILOCHUS.

        Factum volo.

PHILOXENUS.

In te ergo hoc onus omne inpono. Lyde, sequere hac me.

LYDUS.

           Sequor.
Melius esset, me quoque una si cum illo relinqueres.

PHILOXENUS.

Adfatim 'st. Mnesiloche, cura, et concastiga hominem
  probe,
Qui dedecorat me, te, amicos alios flagitiis suis.

d'élève, Philoxène plus de fils, et toi plus d'ami; car on peut regarder comme perdu, celui qui a perdu toute pudeur. Ajouterai-je que je n'avais qu'à attendre un peu pour avoir un plus beau spectacle? J'en aurais vu, je pense, plus que je ne devais en voir et pour lui et pour moi.

MNÉSILOQUE, à part.

Mon ami m'assassine! Et cette perfide, je ne la poursuivrai pas, je ne la perdrai pas? J'aimerais mieux mourir mille fois. Il n'y a donc plus de bonne-foi parmi les hommes! On ne peut donc plus se fier à personne!

LYDUS, à Philoxène.

Vois comme il est affligé de l'inconduite de ton fils. Quel ami! que son chagrin est vif et profond!

PHILOXÈNE.

Mnésiloque, je t'en conjure! donne-lui de bons conseils pour calmer ses passions. Conserve à toi un ami, à moi un fils.

MNÉSILOQUE.

Je ferai tout ce que tu voudras.

PHILOXÈNE.

Charge-toi entièrement de ce soin. Lydus, suis-moi.

LYDUS.

Je te suis. Mais il vaudrait mieux me laisser ici avec lui pour l'appuyer.

PHILOXÈNE.

C'est assez de lui seul. Mnésiloque, je me recommande à toi; morigène comme il faut l'étourdi qui déshonore et toi, et moi, et tous ses amis, par son libertinage.

MNESILOCHUS*.

Inmitiorem nunc utrum credam magis,
Sodalemne esse, an Bacchidem, incertum admodum 'st.
Illum exoptavit potius? habeat; optume 'st.
Næ illa illud, hercle, cum malo fecit.... meo.
Nam mihi divini nunquam quisquam creduat,
Ni ego illam exemplis plurimis planeque.... amo.
Ego faxo haud dicet nanctam, quem derideat.
Nam jam domum ibo.... atque aliquid subripiam patri.
Id isti dabo.... Ego istanc multis ulciscar modis :
Adeo ego illam cogam usque.... ut mendicet meus pater.
Sed satin' ego animum mente sincera gero,
Qui ad hunc modum hæc heic, quæ futura, fabulor?
Amo, hercle, opinor, utpote quod pro certo sciam.
Verum, quam illa unquam de meis opulentiis
Ramenta fiat plumea propensior,
Mendicum malim mendicando vincere.
Nunquam, edepol, viva me inridebit : nam mihi
Decretum 'st renumerare jam omne aurum patri.
Igitur mihi inani atque inopi subblandibitur,
Tum, quom mea illud nihilo pluris referet,
Quam si ad sepolcrum mortuo dicat jocum.
Mori me mavelim excruciatum inopia.
Profecto stabile 'st me patri aurum reddere.
Eadem exorabo, Chrysalo causa mea

---

* Actus III, Scena iv.

MNÉSILOQUE*, seul, parlant avec une extrême agitation.
(Il est accompagné de plusieurs esclaves qui portent son bagage.)

Un ami ! une maîtresse !.... Qu'on me dise lequel des deux est mon plus cruel bourreau ?.... Elle le préfère ; qu'elle le garde. J'en suis ravi.... Elle en agir ainsi ! Ah ! par Hercule ! malheur.... à moi. Je veux qu'on ne me croie désormais ni sur parole ni sur serment, si je ne suis animé pour l'infâme.... de l'amour le plus ardent. Non, elle n'aura pas trouvé sa dupe. Je cours chez mon père,.... et je lui déroberai tout ce que je pourrai pour le donner à Bacchis.... Il faut une vengeance terrible. Il faut la persécuter au point.... que mon père soit réduit à la mendicité. Mais suis-je maître de mes sens ? ai-je ma raison, de former de tels projets, et de tenir ces discours ? J'aime, ah ! oui, j'aime ; voilà ce qui est certain pour moi. Mais plutôt que de contribuer par mes dons à l'enrichir de la valeur d'un fétu, j'aimerais mieux surpasser en misère les plus misérables mendians. Non, par tous les dieux ! je ne lui apprêterai pas à rire. Ma résolution est prise ; je vais restituer tout l'or à mon père. Quand j'aurai les mains nettes, et que je ne possèderai plus rien, elle viendra me cajoler ; et ses cajoleries ne feront pas plus auprès de moi, que si elle chantait auprès du tombeau d'un mort des chansons. J'aimerais mieux périr de misère à la peine. C'est bien arrêté : je rends l'or à mon père ; et en même temps j'obtiendrai comme une

* Acte III, Scène IV.

Pater ne noceat, neu quid ei subcenseat,
Mea causa de auro quod eum ludificatus est.
Nam illi æquom 'st me consulere, qui causa mea
Mendacium nunc dixit. Vos me sequimini.

PISTOCLERUS*.

Rebus aliis antevortar, Bacchis, quæ mandas mihi,
Mnesilochum ut requiram, atque ut eum mecum ad te
  adducam simul.
Nam illud animus meus miratur, si a me tetigit nuntius,
Quid remoratur. Ibo, et visam huc ad eum, si forte 'st
  domi.

MNESILOCHUS, PISTOCLERUS**.

MNESILOCHUS.

Reddidi patri omne aurum : nunc ego illam me velim
Convenire, postquam inanis sum, contemtricem meam.
Sed veniam mihi quam gravate pater dedit de Chrysalo !
Verum postremo inpetravi, ut ne quid ei subcenseat.

---

* Actus III, Scena v.
** Actus III, Scena vi.

grâce pour moi qu'il ne fasse point de mal à Chrysale, et qu'il ne lui garde pas rancune d'avoir été dupé à cause de moi au sujet de cet or. Il est juste aussi que je défende ce pauvre garçon, qui n'a menti que pour m'être utile. (*A sa suite*) Suivez-moi.

(Il sort.)

PISTOCLÈRE*, sortant de chez Bacchis.

Je n'aurai rien de plus pressé que de faire ce que tu me recommandes, Bacchis. Je vais de ce pas chercher Mnésiloque, et je l'amène tout de suite. (*En s'avançant sur le proscenium*) Je ne puis comprendre pourquoi, s'il a reçu de mes nouvelles, il tarde à venir. Allons voir chez lui, s'il n'y est pas.

MNÉSILOQUE, PISTOCLÈRE**.

MNÉSILOQUE, sans apercevoir son ami.

J'ai rendu tout l'or à mon père. Je voudrais qu'elle vînt, à présent que je suis à sec, la trompeuse! Que mon père a eu de peine à m'accorder la grâce de Chrysale! mais à la fin je l'ai obtenue; rémission entière.

* Acte III, Scène v.
** Acte III, Scène vi.

PISTOCLERUS.
Estne hic meus sodalis?
MNESILOCHUS.
Estne hic hostis, quem adspicio, meus?
PISTOCLERUS.
Certe is est.
MNESILOCHUS.
Is est.
PISTOCLERUS.
Adibo contra.
MNESILOCHUS.
Contollam gradum.
PISTOCLERUS.
Salvos sis, Mnesiloche.
MNESILOCHUS.
Salve.
PISTOCLERUS.
Salvos quom peregre advenis,
Cœna detur.
MNESILOCHUS.
Non placet mihi cœna, quæ bilem movet.
PISTOCLERUS.
Num quæ advenienti ægritudo objecta 'st?

MNESILOCHUS.
Atque acerruma.
PISTOCLERUS.
Unde?
MNESILOCHUS.
Ab homine, quem mihi amicum esse arbitratus sum
antidhac.

PISTOCLÈRE, regardant Mnésiloque.

N'est-ce pas mon ami?

MNÉSILOQUE.

N'est-ce pas mon ennemi que j'aperçois?

PISTOCLÈRE.

C'est lui-même.

MNÉSILOQUE.

C'est lui.

PISTOCLÈRE.

Allons à sa rencontre.

MNÉSILOQUE.

Il faut l'aborder.

PISTOCLÈRE.

Bonjour, mon cher Mnésiloque.

MNÉSILOQUE.

Bonjour.

PISTOCLÈRE.

Pour ton heureuse arrivée, tu souperas avec moi.

MNÉSILOQUE.

Je ne veux pas d'un souper qui m'échaufferait la bile.

PISTOCLÈRE.

Est-ce qu'on t'a fait quelque chagrin depuis ton retour?

MNÉSILOQUE.

Oui, un chagrin bien sensible.

PISTOCLÈRE.

Qui?

MNÉSILOQUE.

Un homme que j'avais cru jusqu'à présent mon ami.

PISTOCLERUS.

Multi more isto atque exemplo vivont, quos quom censeas
Esse amicos, reperiuntur falsi falsimoniis,
Lingua factiosi, inerteis opera, sublesta fide.
Nullus est, quoi non invideant rem secundam obtingere.
Sibi ne invideatur, ipsi ingnavi recte cavent.

MNESILOCHUS.

Edepol, næ tu illorum mores perquam meditate tenes.
Sed etiam unum hoc ex ingenio malo malum inveniunt
  suo :
Nulli amici sunt, inimicos ipsi in sese omneis habent.
Atque ii se quom frustrant, frustrari alios stolidi exi-
  stumant.
Sicut est hic, quem esse amicum ratus sum, atque ip-
  sus sum mihi.
Ille, quod in se fuit, adcuratum habuit, quod posset mali
Facere, et in me inconciliare copias omneis meas.

PISTOCLERUS.

Inprobum istunc esse oportet hominem.

MNESILOCHUS.

        Ego ita esse arbitror.

PISTOCLERUS.

Obsecro, hercle, loquere, qui is est?

MNESILOCHUS.

        Benevolens vivit tibi.
Nam ni ita esset, tecum orarem, ut ei, quod posses mali
Facere, faceres.

PISTOCLERUS.

Dic modo hominem, qui sit : si non fecero

PISTOCLÈRE.

On ne voit que trop de gens de cette espèce, qu'on prend pour ses amis, et que l'expérience montre faux et trompeurs ; officieux en paroles, incapables de rendre le moindre service, leurs promesses ne sont que fumée. Toujours envieux des succès d'autrui, ils savent très-bien se mettre à l'abri de l'envie, par leur caractère méprisable.

MNÉSILOQUE.

Certes, tu fais leur portrait en homme qui s'y connaît bien. Mais ajoute qu'ils recueillent le digne fruit de leurs indignes procédés : personne n'a d'amitié pour eux, ils sont en haine à tout le monde. Et ils s'attrappent eux-mêmes, les sots, en croyant attraper les autres. Tel est celui sur qui je comptais comme sur moi-même. Il n'a rien négligé de ce qui était en son pouvoir pour me nuire et pour m'arracher le bonheur de ma vie.

PISTOCLÈRE.

C'est un grand scélérat.

MNÉSILOQUE.

Tu l'as dit ; je n'en rabats rien.

PISTOCLÈRE.

Nomme-le-moi, je t'en supplie.

MNÉSILOQUE.

Il est de tes amis. Autrement je te demanderais de faire tous tes efforts pour me venger de lui.

PISTOCLÈRE.

Nomme-le-moi seulement ; si je ne trouve pas le moyen

Ei male aliquo pacto, me esse dicto ingnavissumum.

MNESILOCHUS.
Nequam homo 'st; verum, hercle, amicus est tibi.
PISTOCLERUS.
           Tanto magis.
Dic, quis est? Nequam hominis ego parvi pendo gratiam.
MNESILOCHUS.
Video non' potesse, quin tibi ejus nomen eloquar:
Pistoclere, perdidisti me sodalem funditus.
PISTOCLERUS.
Quid istuc est?
MNESILOCHUS.
  Quid est? misine ego ad te ex Epheso epistulam
Super amica, ut mî invenires?
PISTOCLERUS.
        Fateor factum, et reperi.
MNESILOCHUS.
Quid? Tibi non erat meretricum aliarum Athenis copia,
Quibuscum haberes rem, nisi cum illa, quam ego mandassem tibi?
Obciperes tute amare, et me ires consultum male?
PISTOCLERUS.
Sanun' es?
MNESILOCHUS.
  Rem reperi omnem ex tuo magistro; ne nega.
Perdidisti me.
PISTOCLERUS.
    Etiamne ultro tuis me prolectas probris?

de te venger, je veux que tu me tiennes pour le plus lâche des hommes.

MNÉSILOQUE.

C'est un infâme. Mais cependant il t'est cher.

PISTOCLÈRE.

Et j'insiste d'autant plus pour le connaître. Je fais peu de cas d'une telle amitié.

MNÉSILOQUE.

Eh bien! il faut te satisfaire. Apprends son nom. Pistoclère, c'est toi qui me tues.

PISTOCLÈRE.

Que veux-tu dire?

MNÉSILOQUE.

Dis-moi; ne t'avais-je pas écrit d'Éphèse de me retrouver ma maîtresse?

PISTOCLÈRE.

Oui; et c'est ce que j'ai fait.

MNÉSILOQUE.

Eh bien! Athènes ne t'offrait-elle pas assez d'autres courtisanes, avec qui tu pouvais te lier, sans prendre celle que je t'avais recommandée pour moi? Ne pouvais-tu être amoureux sans me trahir?

PISTOCLÈRE.

Tu es fou.

MNÉSILOQUE.

Ton précepteur m'a tout révélé; tu le nierais vainement. Tu es mon bourreau.

PISTOCLÈRE.

Que d'injures gratuites! En est-ce assez?

MNESILOCHUS.

Quid, amas Bacchidem?

PISTOCLERUS.

Duas ergo heic intus eccas Bacchides.

MNESILOCHUS.

Quid duæ?

PISTOCLERUS.

Atque ambas sorores.

MNESILOCHUS.

Loqueris nunc nugas sciens.

PISTOCLERUS.

Postremo, si pergis parum mihi fidem arbitrarier,
Tollam ego te in collum, atque intro hinc adferam.

MNESILOCHUS.

Imo ibo; mane.

PISTOCLERUS.

Non maneo, neque tu me habebis falso subspectum.

MNESILOCHUS.

Sequor.

PARASITUS, PUER*.

Parasitus ego sum nequam hominis atque inprobi,
Militis, qui amicam secum avexit ex Samo.
Nunc me ire jussit ad eam, et percontarier,

* Actus IV, Scena 1.

LES BACCHIS

MNÉSILOQUE.

Tu n'aimes pas Bacchis? n'est-ce pas?

PISTOCLÈRE.

Elles sont deux. Entre, tu le verras.

MNÉSILOQUE.

Elles sont deux?

PISTOCLÈRE.

Oui, deux sœurs.

MNÉSILOQUE.

Tu veux me conter des sornettes.

PISTOCLÈRE.

A la fin, si tu persistes dans ton incrédulité, je te prendrai sur mon dos, et je te porterai chez elles.

MNÉSILOQUE.

Non, j'irai bien tout seul. Un moment.

PISTOCLÈRE, l'entraînant.

Point de retard; il faut te défaire de tes injustes soupçons.

MNÉSILOQUE.

Je te suis.

(Ils sortent.)

LE PARASITE* de Cléomaque, UN ESCLAVE.

Je suis le parasite d'un fat, d'un vaurien, ce militaire qui a amené ici sa maîtresse de Samos. Il m'envoie maintenant lui proposer le choix ou de restituer l'or qu'elle

* Acte IV, Scène 1.

Utrum aurum reddat, anne eat secum simul.
Tu dudum, Puere, qui cum illa usque isti simul,
Quæ harum sunt ædeis, pulta; adi actutum ad foreis.
Recede hinc, dierecte. Ut pulsat propudium!
Comesse panem treispedes latum potes,
Foreis pultare nescis! Ecquis in ædibu'st?
Heus, ecquis heic est? ecquis hoc aperit ostium?
Ecquis exit?

PISTOCLERUS, PARASITUS*.

PISTOCLERUS.

Quid istuc? quæ istæc est pulsatio?
Quæ te mala crux agitat? ad istunc qui modum
Alieno vireis tuas extentes ostio?
Foreis pæne ecfregisti : quid nunc vis tibi?

PARASITUS.

Adulescens, salve.

PISTOCLERUS.

Salve : sed quem quæritas?

PARASITUS.

Bacchidem.

PISTOCLERUS.

Utram ergo?

PARASITUS.

Nil scio, nisi Bacchidem.

* Actus IV, Scena II.

a reçu, ou de partir avec lui. Toi, qui l'as toujours accompagnée, tu connais sa demeure; frappe. Va donc. (*L'esclave va frapper.*) Retire-toi, coquin. Comme il frappe, ce drôle-là! Ça mangerait un pain long de trois pieds, et ça n'a pas la force de frapper à une porte. (*Il frappe.*) Y a-t-il quelqu'un ici? Holà! quelqu'un. Ouvrira-t-on? Veut-on venir?

PISTOCLÈRE, LE PARASITE*.

PISTOCLÈRE.

Qu'est-ce que c'est que cela? quel est ce vacarme? quel démon te tourmente, de venir exercer ainsi tes forces aux dépens de notre maison? Il a presque brisé la porte. Que veux-tu?

LE PARASITE.

Bonjour, jeune homme.

PISTOCLÈRE.

Bonjour. Mais qui demandes-tu?

LE PARASITE.

Bacchis.

PISTOCLÈRE.

Laquelle?

LE PARASITE.

Je ne sais pas, je demande Bacchis. Cléomaque le mi-

* Acte IV, Scène II.

Paucis me misit miles ad eam Cleomachus,
Vel ut ducentos Philippos reddat aureos,
Vel ut hinc in Elatiam hodie eat secum simul.

PISTOCLERUS.

Non it : negato esse ituram : abi, et renuntia.
Alium illa amat, non illum. Duc te ab ædibus.

PARASITUS.

Nimis iracunde.

PISTOCLERUS.

At scin' quam iracundus siem?
Næ tibi, hercle, haud longe est os ab infortunio,
Ita dentifrangibula hæc meis manibus gestiunt.

PARASITUS.

Quom ego hujus verba interpretor, mihi cautio 'st,
Ne nucifrangibula excussit ex malis meis.
Tuo ego istæc igitur dicam illi periculo.

PISTOCLERUS.

Quid ais tu?

PARASITUS.

Ego istuc illi dicam.

PISTOCLERUS.

Dic mihi,
Quis tu es?

PARASITUS.

Illius sum integumentum corporis.

PISTOCLERUS.

⁴ Nequam esse oportet, quoi tu integumentum inprobum es.

litaire m'a donné commission de lui dire en deux mots qu'elle eût à lui rendre deux cents Philippes d'or, ou à partir aujourd'hui même avec lui pour Élatie.

PISTOCLÈRE.

Elle ne part point; dis-lui qu'elle ne partira point : elle en aime un autre que lui. Va-t'en lui porter cette réponse, et laisse-nous.

LE PARASITE.

Pas tant de colère!

PISTOCLÈRE.

Sais-tu que si je m'y mets..... Par Hercule! un orage est prêt à fondre sur ta figure. Je porte en mes mains des brise-mâchoires, et elles me démangent.

LE PARASITE, à part.

Autant que je puis l'entendre, si je n'y prends garde, il me fera sauter mes brise-noix de la bouche. (*A Pistoclère*) Je vais faire ton message, et je ne te réponds pas des suites.

PISTOCLÈRE.

Ah ça! donc?

LE PARASITE.

Je lui dirai ta réponse.

PISTOCLÈRE.

Qui es-tu?

LE PARASITE.

Je suis la cuirasse de ce guerrier.

PISTOCLÈRE.

Triste guerrier, qui a une si méchante cuirasse.

PARASITUS.

Subflatus ille huc veniet.

PISTOCLERUS.

Disruptum velim.

PARASITUS.

Num quid vis?

PISTOCLERUS.

Abeas celeriter; facto 'st opus.

PARASITUS.

Vale, dentifrangibule.

PISTOCLERUS.

Et tu, integumentum, vale.

PISTOCLERUS.

In eum nunc hæc revenit res locum, ut quid consili
Dem meo sodali super amica, nesciam,
Qui iratus renumeravit omne aurum patri,
Neque numus ullu 'st, qui reddatur militi.
Sed huc concedam : nam concrepuerunt forcis.
Mnesilochus, eccum, mœstus progreditur foras.

MNESILOCHUS, PISTOCLERUS.

MNESILOCHUS.

Petulans, protervo, iracundo animo, indomito, incogitato,
Sine modo et modestia sum, sine bono jure atque honore,

---

* Actus IV, Scena III.

LE PARASITE.

Il viendra tout gonflé de courroux.

PISTOCLÈRE.

Eh bien ! qu'il en crève.

LE PARASITE.

Tu n'as plus rien à me dire ?

PISTOCLÈRE.

Sinon que tu t'en ailles promptement. Je te le conseille.

LE PARASITE.

Adieu, brise-mâchoire.

PISTOCLÈRE.

Adieu, la cuirasse. (Le parasite sort.)

PISTOCLÈRE.

Au train que prennent les choses, je ne sais trop ce que pourra faire mon ami pour sa maîtresse, à présent qu'il a rendu à son père tout cet or dans sa colère. Il n'a pas un denier pour rembourser le militaire. Mais retirons-nous de ce côté; j'entends le bruit de la porte. C'est Mnésiloque; il sort bien affligé.

MNÉSILOQUE, PISTOCLÈRE*.

MNÉSILOQUE, sans voir Pistoclère.

Étourdi ! brutal ! furieux ! fou ! écervelé ! oui, je suis tout cela. Je ne sais ce que c'est que mesure et convenance, que justice et honneur; homme sans consistance,

* Acte IV, Scène III.

Incredibilis, inposque animi, inamabilis, inlepidus vivo,
Malevolente ingenio gnatus; postremo id mihi est, quod nolo
Ego esse aliis. Credibile hoc est; nequior nemo est, neque indignior,
Quoi di benefaciant, neque quem quisquam homo aut amet, aut adeat.
Inimicos, quam amicos, æquiu 'st me habere; malos, quam bonos,
Par magis me juvare : omnibus probris, quæ inprobis viris
Digna sunt, dignior nullu 'st homo : qui patri reddidi
Omne aurum amans, quod fuit præ manu. Sumne ego homo miser?
Perdidi me, atque operam Chrysali.

PISTOCLERUS.

Consolandus hic mî est; ibo ad eum. Mnesiloche, quid fit?

MNESILOCHUS.

  Perii!

PISTOCLERUS.

Di melius faciant.

MNESILOCHUS.

  Perii!

PISTOCLERUS.

    Non taces, insipiens?

MNESILOCHUS.

        Taceam?

PISTOCLERUS.

Sanus satis non es.

sans caractère, sot, insupportable, esprit fâcheux. Enfin je suis tout ce que je ne peux souffrir dans les autres. Non, il n'y a pas de mortel plus impertinent, plus indigne de la faveur des dieux et de l'affection des hommes. On doit me fuir. Je ne dois avoir que des ennemis, et pas un ami. Je n'ai maintenant qu'à chercher des méchans, et non d'honnêtes gens, pour m'assister. Tous les noms odieux que les plus odieux des hommes peuvent mériter, ils ne les méritent pas autant que moi. Aller rendre tout cet or à mon père! et j'aimais; et l'or était en ma puissance! Malheureux que je suis! j'ai détruit mon bonheur et l'ouvrage de Chrysale!

PISTOCLÈRE, à part.

Il faut le consoler; approchons. Comment cela va-t-il, Mnésiloque?

MNÉSILOQUE.

Je suis perdu!

PISTOCLÈRE.

Les dieux nous en préservent!

MNÉSILOQUE.

Je suis perdu!

PISTOCLÈRE.

Veux-tu te taire? insensé!

MNÉSILOQUE.

Non, c'est la vérité.

PISTOCLÈRE.

Tu n'as pas ta raison.

MNESILOCHUS.
Perii! nunc multa mala mihi in pectore
Acria atque acerba eveniunt: criminin' me habuisse fidem?
Inmerito tibi iratus fui.
PISTOCLERUS.
Eia bonum habe animum.
MNESILOCHUS.
Unde habeam? mortuus pluris preti 'st, quam ego sum.

PISTOCLERUS.
Militis Parasitus modo venerat
Aurum hinc petere; eum ego meis dictis malis
His foribus rejeci atque repuli hominem.
MNESILOCHUS.
Quid mihi id prodest? quid faciam? nihil habeo miser :
    ille quidem
Hanc abducet, scio.
PISTOCLERUS.
Si mihi sit, non pollicear.

MNESILOCHUS.
Scio, dares;
Gnovi. Sed nisi ames, non habeam tibi fidem tantam.
Nunc agitas sat tute tuarum rerum : egone ut opem
    mihi
Ferre putem posse inopem te?
PISTOCLERUS.
Tace modo : deus respiciet nos aliquis.
MNESILOCHUS.
Nugæ.

MNÉSILOQUE.

Je suis perdu! A quels remords, à quels regrets amers mon âme est en proie! Ai-je bien pu ajouter foi à de fausses imputations? Que ma colère envers toi était injuste!

PISTOCLÈRE.

Prends courage.

MNÉSILOQUE.

Et comment? Il y aurait plus de ressource en un mort qu'en moi.

PISTOCLÈRE.

Le parasite du militaire était venu réclamer l'or; je l'ai si mal reçu, qu'il s'est dépêché de quitter la place et de s'éloigner.

MNÉSILOQUE.

A quoi cela me sert-il? Que ferai-je? misérable! je n'ai plus rien. Il va l'emmener, je dois m'y attendre.

PISTOCLÈRE.

Si j'avais quelque argent, tu n'aurais pas de moi des promesses.

MNÉSILOQUE.

Non, mais aide et assistance, je n'en doute pas. Ton cœur m'est connu. D'ailleurs tu as une maîtresse, et je puis t'en croire. Tu es dans l'embarras pour ton propre compte; comment, toi-même dans la détresse, viendrais-tu à mon secours?

PISTOCLÈRE.

Plus de courage! Un dieu daignera nous regarder.

MNÉSILOQUE.

Chansons!

PISTOCLERUS.

Mane.

MNESILOCHUS.

Quid est?

PISTOCLERUS.

Tuam copiam eccam Chrysalum video.

CHRYSALUS, MNESILOCHUS, PISTOCLERUS*.

CHRYSALUS.

Hunc hominem decet auro expendi, huic decet statuam
 statui ex auro.
Nam duplex hodie facinus feci, duplicibus spoliis sum
 adfectus.
Herum majorem meum ut ego hodie lusi lepide! ut ludificatus est!
Callidum senem callidis dolis conpuli, et perpuli, mihi
 omnia ut crederet.
Nunc amanti hero, filio senis, quicum ego bibo, quicum edo et amo,
Regias copias aureasque obtuli, ut domo sumeret, neu
 foris quaereret.
Non mihi isti placent Parmenones, Syri, qui duas aut
 treis minas
Adferunt heris. Nequius nihil est, quam egens consili
 servos, nisi habet

---

* Actus IV, Scena iv.

PISTOCLÈRE.

Attends.

MNÉSILOQUE.

Qu'est-ce?

PISTOCLÈRE.

Voici ta fortune qui vient : c'est Chrysale.

CHRYSALE, MNÉSILOQUE, PISTOCLÈRE*.

CHRYSALE, ne voyant pas les deux jeunes gens.

Chrysale vaut son pesant d'or. On devrait ériger une statue d'or à Chrysale. J'ai remporté aujourd'hui deux victoires, l'ennemi m'a deux fois abandonné ses dépouilles. Comme j'ai abusé joliment mon vieux maître! comme il a été joué! Le vieillard est fin, je suis plus fin que lui, et mes ruses l'ont amené au point de m'accorder une croyance entière. Notre amant, qui m'associe à sa bombance et à ses fêtes amoureuses, me doit sa richesse, une richesse de roi, et il n'a pas eu loin à la chercher; je l'ai mise sous sa main. Qu'on ne me parle pas des Parménons, des Syrus, qui procurent à leurs maîtres deux ou trois mines! Rien de plus misérable qu'un esclave qui n'a point de cela *(se frappant sur le front)*. Il lui faut un esprit fertile, qui fournisse à tout besoin des ressources. Un homme n'a de valeur qu'autant qu'il sait faire le bien ou le mal; fourbe avec les fourbes,

* Acte IV, Scène IV.

Multipotens pectus ; ubicunque usus siet, pectore expromat suo.
Nullus frugi esse potest homo, nisi qui et bene et male facere tenet :
. Inprobis cum inprobus sit, harpaget; furibus furetur, quod queat :
Vorsipellem frugi convenit esse hominem, pectus quoi sapit.
Bonus sit bonis, malus sit malis : utcunque res sit, ita animum habeat.
Sed lubet scire, quantum aurum herus sibi demsit, et quid suo reddidit patri.
Si frugi 'st, Herculem fecit ex patre : decumam partem ei
Dedit, sibi novem abstulit. Sed quem quaero, optume ecce obviam
Mihi est. Num qui numi exciderunt, here, tibi, quod sic terram
Obtuere? quid vos moestos tam tristeisque esse conspicor?
Non placet, nec est temere etiam. Quin mihi respondetis?

MNESILOCHUS.
Chrysale, obcidi.

CHRYSALUS.
Fortassis tu auri demsisti parum?

MNESILOCHUS.
Quî, malum, parum? imo vero nimio minus multo parum.

CHRYSALUS.
Quid igitur, stulte? quoniam obcasio ad eam rem fuit
Mea virtute parta, ut, quantum velles, tantum sumeres,

voleur avec les voleurs, qu'il rapine alors tant qu'il pourra. Il faut savoir prendre toutes sortes de faces, pour peu qu'on ait de sens et d'esprit; bien agir avec les bons, mal avec les méchans; s'accommoder aux circonstances. Mais je suis curieux d'apprendre ce que mon maître a prélevé pour lui, ce qu'il a rendu à son père. S'il sait se conduire, il aura fait du vieillard un Hercule; il lui aura donné la dîme, et aura gardé pour lui le reste. Voici justement mon homme *(Mnésiloque a les yeux baissés)*. Mon maître, est-ce qu'il t'est tombé des mains quelques pièces, que tu as les yeux attachés à la terre? Vous avez tous deux un air triste et chagrin. Qu'est-ce que cela veut dire? Mauvais signe. Il y a quelque chose là dessous. Vous ne répondez pas?

MNÉSILOQUE.

Chrysale, je suis mort!

CHRYSALE.

Est-ce que par hasard tu aurais pris trop peu?

MNÉSILOQUE.

O ciel! trop peu! Hélas! bien moins que peu.

CHRYSALE.

Comment, nigaud? Quand ma prouesse t'a ménagé l'occasion de prendre tout ce que tu voulais, pourquoi

Sic hoc digitulis duobus sumebas primoribus?
An nesciebas, quam ejusmodi homini raro tempus se
   daret?

MNESILOCHUS.

Erras.

CHRYSALUS.

At quidem tute errasti, quom parum inmersti ampliter.

MNESILOCHUS.

Pol, tu quam nunc me adcuses magis, si magis rem
   gnoveris!
Obcidi!

CHRYSALUS.

Animus jam istoc dicto plus præsagitur mali.

MNESILOCHUS.

Perii!

CHRYSALUS.

Quid ita?

MNESILOCHUS.

Quia patri omne cum ramento reddidi.

CHRYSALUS.

Reddidisti?

MNESILOCHUS.

Reddidi.

CHRYSALUS.

Omnene?

MNESILOCHUS.

Oppido.

prenais-tu à petites pincées du bout des doigts? Ignorais-tu combien sont rares de pareilles occasions dans la vie?

MNÉSILOQUE.

Quelle est ton erreur!

CHRYSALE.

Quelle est la tienne plutôt, de n'avoir pas puisé à pleines mains!

MNÉSILOQUE.

Ah! que tu me ferais encore d'autres reproches, si tu savais tout! Je suis mort!

CHRYSALE.

Ces paroles me présagent quelque chose de sinistre.

MNÉSILOQUE.

Je suis perdu!

CHRYSALE.

Comment donc?

MNÉSILOQUE.

J'ai rendu tout l'or à mon père, jusqu'à la dernière obole.

CHRYSALE.

Tu l'as rendu?

MNÉSILOQUE.

Oui.

CHRYSALE.

Tout?

MNÉSILOQUE.

Entièrement.

CHRYSALUS.

Obcisi sumus!
Quî in mentem venit tibi istuc facinus facere tam malum?

MNESILOCHUS.

Bacchidem atque hunc subspicabar propter crimen, Chrysale,
Mî male consuluisse : ob eam rem omne aurum iratus reddidi
Meo patri.

CHRYSALUS.

Quid, ubi reddebas aurum, dixisti patri?

MNESILOCHUS.

Aurum id adcepisse extemplo ab hospite Archidemide.

CHRYSALUS.

Hem
Istoc dicto dedisti hodie in cruciatum Chrysalum :
Nam ubi me adspiciet, ad carnuficem rapiet continuo senex.

MNESILOCHUS.

Ego patrem exoravi.

CHRYSALUS.

Nempe ergo hoc ut faceret, quod loquor?

MNESILOCHUS.

Imo tibi ne noceat, neu quid ob eam rem subcenseat;
Atque ægre inpetravi. Nunc hoc tibi curandum 'st, Chrysale.

CHRYSALUS.

Quid vis curem?

MNESILOCHUS.

Ut ad senem etiam alteram facias viam :

CHRYSALE.

Nous sommes égorgés! As-tu bien eu la pensée de commettre une si méchante action?

MNÉSILOQUE.

Sur de faux discours je me suis cru trahi par lui *(Montrant Pistoclère)* et par Bacchis. Dans ma colère j'ai tout rendu à mon père.

CHRYSALE.

Et qu'est-ce que tu lui as dit en lui rendant cet or?

MNÉSILOQUE.

Que je l'avais reçu d'Archidame à ma première demande.

CHRYSALE.

Eh bien! par cette déclaration tu envoies Chrysale droit au gibet. Ton père ne m'aura pas plus tôt vu, qu'il me livrera au bourreau.

MNÉSILOQUE.

Non, j'ai obtenu de lui....

CHRYSALE.

Qu'il ferait ce que je dis, n'est-ce pas?

MNÉSILOQUE.

Point du tout. Il ne te fera point de mal et ne te gardera point rancune. J'ai eu de la peine à le vaincre. A présent il faut que tu me rendes un service, Chrysale.

CHRYSALE.

Lequel?

MNÉSILOQUE.

C'est de lui tendre un autre piège. Arrange, invente,

Conpara, fabricare, finge quodlubet, conglutina,
Ut senem hodie doctum docte fallas, aurumque abferas.

CHRYSALUS.
Vix videtur fieri posse.

MNESILOCHUS.
Perge, ac facile ecfeceris.

CHRYSALUS.
Quam, malum, facile, quem mendaci prehendit manifesto modo?
Quem si orem, ut mihi nil credat, id non ausit credere.

MNESILOCHUS.
Imo si audias, quæ dicta dixit me advorsum tibi.

CHRYSALUS.
Quid dixit?

MNESILOCHUS.
Si tu illum solem sibi solem esse dixeris,
Se illum lunam credere esse, et noctem, qui nunc est dies.

CHRYSALUS.
Emungam, hercle, hominem probe hodie : ne id nequidquam dixerit.

MNESILOCHUS.
Nunc quid nos vis facere?

CHRYSALUS.
Enim nihil, nisi ut ametis, inpero.
Cæterum, quantum lubet, me poscitote aurum, ego dabo.

concerte quelque chose, dresse tes batteries. Il faut absolument tromper sa prudence par un tour d'adresse, et lui dérober son or.

CHRYSALE.

C'est impossible.

MNÉSILOQUE.

Essaie, tu réussiras. Cela t'est si aisé!

CHRYSALE.

La peste! Aisé à moi! Ne suis-je pas atteint et convaincu de l'avoir attrapé? Maintenant, si je lui disais de ne pas me croire, à peine m'en croirait-il.

MNÉSILOQUE.

En effet, si tu avais entendu tout ce qu'il a dit contre toi en ma présence....

CHRYSALE.

Que disait-il?

MNÉSILOQUE.

Que si tu lui affirmais qu'il fait jour en plein midi, il n'en croirait rien; que si tu lui montrais le soleil, il dirait que c'est la lune.

CHRYSALE.

Oui-dà? Nous allons lui en donner à garder. Il me paira ses propos.

MNÉSILOQUE.

Tu n'as rien à nous ordonner?

CHRYSALE.

Rien, si non que vous vous amusiez bien : telle est ma volonté. Demandez-moi tout l'or que vous voudrez, vous l'aurez. A quoi bon porter le nom de Chrysale, si

Quid mihi refert Chrysalo esse nomen, nisi factis
  probo?
Sed nunc quantulum usu 'st auri tibi, Mnesiloche? dic
  mihi.

MNESILOCHUS.
Militi numis ducentis jam usus est pro Bacchide.
CHRYSALUS.
Ego dabo.
MNESILOCHUS.
Tum nobis opus est sumtu.
CHRYSALUS.
Ah placide volo
Unumquidque agamus : hoc ubi egero, tum istuc agam.
De ducentis numis primum intendam balistam in senem.
Ea balista si pervortam turrim et propugnacula,
Recta porta invadam extemplo in oppidum antiquom et
  vetus :
Si id capso, geritote amicis nostris aurum corbibus,
Si quoi animus sperat.
PISTOCLERUS.
Apud te est animus noster, Chrysale.
CHRYSALUS.
Nunc tu abi intro, Pistoclere, ad Bacchidem, atque
  ecfer cito....
PISTOCLERUS.
Quid?
CHRYSALUS.
Stilum, ceram, et tabellas, et linum.
PISTOCLERUS.
Jam faxo heic erunt.

mes actions n'y répondent pas? Voyons; quelle somme te faut-il, Mnésiloque?

MNÉSILOQUE.

Deux cents Philippes pour délivrer Bacchis.

CHRYSALE.

Tu les auras.

MNÉSILOQUE.

Il faut encore pour nos dépenses....

CHRYSALE.

Ah! doucement, s'il te plaît. Procédons par ordre. Quand j'aurai pourvu au premier article, nous passerons à l'autre. Je vais dresser d'abord mes batteries contre le vieillard pour enlever les deux cents Philippes. Si ma baliste enfonce les tours et les remparts, j'entre de vive force, et je prends ce vieux fort délabré. Après cette prise, vous porterez l'or à pleines corbeilles à vos amis, à qui en voudra.

MNÉSILOQUE.

Notre espoir, notre confiance est en toi, Chrysale.

CHRYSALE.

Toi, Pistoclère, entre chez Bacchis, et apporte-moi promptement.....

PISTOCLÈRE.

Quoi?

CHRYSALE.

Poinçon, cire, tablettes, fil.

PISTOCLÈRE.

Tu vas avoir tout cela.

MNESILOCHUS.

Quid nunc es facturus? id mihi dice. Coctum 'st prandium.

CHRYSALUS.

Vos duo eritis, atque amica tua erit tecum tertia.

MNESILOCHUS.

Sicut dicis.

CHRYSALUS.

Pistoclero nulla amica est?

MNESILOCHUS.

Imo adest.
Alteram ille amat sororem, ego alteram, ambas Bacchides.

CHRYSALUS.

Quid tu loqueris?

MNESILOCHUS.

Hoc, ut futuri sumus.

CHRYSALUS.

Ubi est biclinium
Vobis stratum?

MNESILOCHUS.

Quid id exquiris?

CHRYSALUS.

Res ita est: dici volo.
Nescis quid ego acturus sim, neque facinus quantum exordiar.

MNESILOCHUS.

Cedo manum, ac subsequere propius me ad foreis; intro inspice.

CHRYSALUS.

Evax nimis bellus, atque ut esse maxume optabam, locus.

LES BACCHIS.

MNÉSILOQUE.

Quel est ton dessein? dis-moi. Le dîner est prêt.

CHRYSALE.

Vous êtes deux, et Bacchis fait la troisième?

MNÉSILOQUE.

Comme tu dis.

CHRYSALE.

Et Pistoclère n'a point de maîtresse?

MNÉSILOQUE.

Si; elle est ici. C'est la sœur de celle que j'aime; nous avons deux Bacchis.

CHRYSALE.

Qu'est-ce que tu dis là?

MNÉSILOQUE.

La chose, comme elle se passera.

CHRYSALE.

Et votre table à deux lits, où est-elle dressée?

MNÉSILOQUE.

Pourquoi veux-tu le savoir?

CHRYSALE.

J'ai mes raisons; dis-le-moi, je le veux. Tu ne sais pas ce que je vais faire, et quel grand coup je prépare.

MNÉSILOQUE.

Donne-moi la main, suis-moi proche de cette porte, et regarde là dedans (Montrant l'intérieur de la maison de Bacchis).

CHRYSALE.

A merveille! excellente disposition! Je ne pouvais pas souhaiter mieux.

PISTOCLERUS.

Quæ inperasti, inperatum bene bonis, factum inlico est.

CHRYSALUS.

Quid parasti?

PISTOCLERUS.

Quæ parari tu jussisti omnia.

CHRYSALUS.

Cape stilum propere et tabellas tu has tibi.

MNESILOCHUS.

Quid postea?

CHRYSALUS.

Quod jubebo, scribito isteic : nam propterea te volo
Scribere, ut pater congnoscat literas, quando legat.
Scribe.

MNESILOCHUS.

Quid scribam?

CHRYSALUS.

Salutem tuo patri verbis tuis.

PISTOCLERUS.

Quid si potius morbum et mortem scribat? id erit rectius.

MNESILOCHUS.

Ne interturba. Jam inperatum in cera inest.

CHRYSALUS.

Dic quemadmodum?

MNESILOCHUS.

« Mnesilochus salutem dicit suo patri. »

CHRYSALUS.

Adscribe hoc cito :

LES BACCHIS.

PISTOCLÈRE, apportant des tablettes.

Tes ordres habilement donnés à des habiles ont été sur-le-champ exécutés.

CHRYSALE.

Qu'est-ce que tu apportes?

PISTOCLÈRE.

Tout ce que tu as demandé.

CHRYSALE, à Mnésiloque.

Toi, vite, prends ce poinçon et ces tablettes.

MNÉSILOQUE.

Pourquoi faire?

CHRYSALE.

Écris ce que je vais te dicter. Je veux que ce soit toi-même qui écrives, et que ton père reconnaisse ta main. Écris.

MNÉSILOQUE.

Je suis prêt.

CHRYSALE.

D'abord le salut accoutumé à ton père.

PISTOCLÈRE.

S'il lui souhaitait plutôt quelque bonne maladie mortelle? cela ne vaudrait-il pas mieux?

MNÉSILOQUE.

Ne nous trouble pas. J'ai mis ce que tu m'as dit.

CHRYSALE.

Voyons; comment?

MNÉSILOQUE.

« Mnésiloque à son père, salut. »

CHRYSALE.

Allons, tôt, ajoute : « Mon père, Chrysale ne cesse

« Chrysalus mihi usque quaque loquitur nec recte, pater,
« Quia tibi aurum reddidi, et quia non te defrudaverim. »

PISTOCLERUS.

Mane, dum scribit.

CHRYSALUS.

Celerem oportet esse amatoris manum.

PISTOCLERUS.

Atque idem, hercle, est ad perdundum magis, quam
ad scribundum citus.

MNESILOCHUS.

Loquere; hoc scribtum 'st.

CHRYSALUS.

« Nunc, pater mi, proin' tu ab eo ut caveas tibi,
« Sycophantias conponit, aurum ut abs te abferat;
« Et profecto se ablaturum dixit. » Plane adscribito.

MNESILOCHUS.

Dic modo.

CHRYSALUS.

« Atque id pollicetur se daturum aurum mihi,
« Quod dem scortis, quodque in lustris comedim, et
congræcem, pater.
« Sed, pater, vide ne tibi hodie verba det; quæso, cave. »

MNESILOCHUS.

Loquere porro.

CHRYSALUS.

Adscribedum.

MNESILOCHUS.

Etiam loquere, quid scribam, modo.

de me gronder, parce que je t'ai rendu ton argent, et que je ne t'ai rien dérobé. »

PISTOCLÈRE.

Donne-lui le temps d'écrire.

CHRYSALE.

Il faut qu'un amoureux ait la main prompte.

PISTOCLÈRE.

Oh! sans doute il l'a prompte, mais à semer l'argent plutôt qu'à écrire.

MNÉSILOQUE.

Poursuis : c'est écrit.

CHRYSALE.

« Maintenant, mon cher père, tiens-toi sur tes gardes. Il prépare quelque fourberie, pour voler ton argent, et il se vante d'y parvenir. » — (*Mnésiloque paraît étonné.*) Qu'est-ce qui t'arrête? continue.

MNÉSILOQUE.

Tu n'as qu'à dicter.

CHRYSALE.

« Il m'offre de me donner cet argent, pour que je le donne aux courtisanes, et que je le mange dans des parties de débauches, et que je fasse la vie des Grecs. Prends donc garde, mon père, qu'il ne t'abuse. Défic-toi de lui. »

MNÉSILOQUE.

Après.

CHRYSALE.

Ajoute.

MNÉSILOQUE.

Parle; j'écris.

CHRYSALUS.

« Sed, pater, quod promisisti mihi, te quæso ut memineris,
« Ne illum verberes, verum apud te vinctum adservato
  domi. »
Cedo tu ceram ac linum actutum. Age, obliga, obsigna
  cito.

MNESILOCHUS.

Obsecro, quid istis ad istunc usu'st conscribtis modum?
Ut tibi ne quid credat, atque ut vinctum te adservet
  domi?

CHRYSALUS.

Quia mihi ita lubet. Potin' ut cures te, atque ne parcas
  mihi?
Mea fiducia opus conduxi, et meo periculo rem gero.

MNESILOCHUS.

Æquom dicis.

CHRYSALUS.

Cedo tabellas.

MNESILOCHUS.

Adcipe.

CHRYSALUS.

Animum advortite.
Mnesiloche, et tu, Pistoclere. Jam facite in biclinio
Cum amica sua uterque adcubitum eatis; ita negotium 'st.
Atque ibidem, ubi nunc sunt lecti strati, potetis cito.

PISTOCLERUS.

Numquid aliud?

CHRYSALUS.

Hoc; atque etiam ubi erit adcubitum semel,
Ne quoquam exsurgatis, donec a me erit signum datum.

CHRYSALE.

« Mais, mon père, souviens-toi de tes promesses, je te prie. Ne le bats pas; il suffira de le tenir à la maison enchaîné. » — (*A Pistoclère*) Donne-moi la cire et le fil. (*A Mnésiloque*) Vite, lie, et cachète.

MNÉSILOQUE.

Explique-moi, je t'en supplie, quel usage tu feras d'une pareille lettre. Tu veux qu'il se défie de toi, et qu'on te tienne enchaîné à la maison !

CHRYSALE.

Il me plaît ainsi. De grâce, mêle-toi de ce qui touche ta personne, et ne t'inquiète pas de moi. Je sais ce que je fais, et je mène l'entreprise à mes risques et périls.

MNÉSILOQUE.

Tu as raison.

CHRYSALE.

Donne-moi ces tablettes.

MNÉSILOQUE.

Tiens.

CHRYSALE.

Maintenant, attention. Pistoclère et Mnésiloque, allez vite vous mettre à table, chacun avec votre chacune. C'est là votre affaire. Ne tardez pas, le festin vous attend. Force rasades !

PISTOCLÈRE.

Tu n'as plus rien à nous ordonner ?

CHRYSALE.

Si fait : quand vous serez à table, n'en sortez plus qu'à mon commandement.

PISTOCLERUS.
O inperatorem probum!
CHRYSALUS.
Jam bis bibisse oportuit.
MNESILOCHUS.
Fugiamus.
CHRYSALUS.
Vos vostrum curate opficium, ego ecficiam meum.

CHRYSALUS*.

Insanum magnum molior negotium,
Metuoque, ut hodie possiem emolirier.
Sed nunc truculento mî atque sævo usus sene 'st.
Nam non conducit huic sycophantiæ
Senem tranquillum esse, ubi me adspexerit.
Vorsabo ego illunc hodie, si vivo, probe.
Tam frictum ego illum reddam, quam frictum 'st cicer:
Adambulabo ad ostium, ut, quando exeat,
Extemplo advenienti ei tabellas dem in manum.

NICOBULUS, CHRYSALUS**.

NICOBULUS.
Nimio illæc res est magnæ dividiæ mihi,
Subterfugisse sic mihi hodie Chrysalum.

* Actus IV, Scena v.
** Actus IV, Scena vi.

PISTOCLÈRE.

O l'excellent commandant!

CHRYSALE.

Allons, vous devriez avoir déjà bu deux coups.

MNÉSILOQUE.

Fuyons.

CHRYSALE.

Faites votre devoir, laissez-moi faire le mien.

CHRYSALE*, seul.

C'est une affaire terriblement difficile que j'entreprends là, et je crains de ne pouvoir pas la mener à fin. Mais j'ai besoin que le vieillard soit en colère, furibond. Mes machines iraient mal, s'il était calme, quand il me verra. Sur ma vie! je vais le tourner et le retourner comme il faut, comme un pois frit dans la poële à frire. Promenons-nous devant la porte, pour le prendre au passage, et lui remettre les tablettes en main propre.

NICOBULE, CHRYSALE**.

NICOBULE.

J'ai grand dépit au cœur, de voir que Chrysale m'ait ainsi échappé.

---

* Acte IV, Scène v.
** Acte IV, Scène vi.

CHRYSALUS.
Salvos sum, iratus est senex; nunc est mihi
Adeundi ad hominem tempus.

NICOBULUS.
Quis loquitur prope?
Atque hic quidem, opinor, Chrysalu 'st.

CHRYSALUS.
Adcessero.

NICOBULUS.
Bone serve, salve. Quid fit? quam mox navigo
In Ephesum, ut aurum repetam ab Theotimo domum?
Taces? per omneis deos adjuro, ut ni meum
Gnatum tam amem, atque ei facta cupiam, quæ is velit,
Ut tua jam virgis latera lacerentur probe,
Ferratusque in pistrino ætatem conteras.
Omnia rescivi scelera ex Mnesilocho tua.

CHRYSALUS.
Men' criminatu 'st? optume 'st; ego sum malus,
Ego sum sacer, scelestus: specta rem modo.
Ego [verum] verbum faciam.

NICOBULUS.
Etiam, carnufex,
Minitare?

CHRYSALUS.
Gnosces tu illum actutum, quali' sit.
Nunc hasce tabellas ferre me jussit tibi.
Orabat, ut, quod isteic esset scribtum, ut fieret.

NICOBULUS.
Cedo.

LES BACCHIS. 277

CHRYSALE, à part.

Vivat! il est fâché. Voici le moment favorable pour l'aborder.

NICOBULE.

Qui est-ce que j'entends là? Eh! oui, ma foi, c'est lui, c'est Chrysale.

CHRYSALE.

Approchons.

NICOBULE.

Bonjour, honnête serviteur. Où en sommes-nous? Quand est-ce que je m'embarque pour aller à Éphèse redemander mon or à Théotime? Tu es muet. Par tous les dieux! je jure que, si je n'aimais pas tant mon fils, et si ce n'était pour lui complaire, ton dos serait déjà déchiré de la belle manière à coups de fouet, et tu irais, bien garni de fer, suer au moulin jusqu'à la fin de tes jours. Mnésiloque m'a instruit de toutes tes scélératesses.

CHRYSALE.

C'est lui qui m'accuse? Très-bien! je suis un fripon, un homme abominable, un criminel. Attends-moi aux effets, ils justifieront tes paroles.

NICOBULE.

Tu menaces, bourreau!

CHRYSALE.

Tu apprendras bientôt à le connaître. Maintenant voici les tablettes qu'il m'a chargé de te remettre. Il te prie de faire ce qu'il t'écrit.

NICOBULE.

Donne.

CHRYSALUS.

Gnosce signum.

NICOBULUS.

Gnovi. Ubi ipse est?

CHRYSALUS.

Nescio.
Nihil jam me oportet scire; oblitus sum omnia.
Scio me esse servom; nescio etiam id, quod scio.
Nunc ab transenna hic turdus lumbricum petit;
Pendebit hodie polchre; ita intendi tenus.

NICOBULUS.

Mane dum parumper, jam ad te exeo, Chrysale.

CHRYSALUS.

Ut verba mihi dat! ut nescio quam rem gerat!
Servos arcessit intus, qui me vinciant.
Bene navis agitatur, polchre hæc confertur ratis.
Sed conticiscam; nam audio aperiri foreis.

NICOBULUS, CHRYSALUS*.

NICOBULUS.

Constringe tu illi, Artamo, actutum manus.

CHRYSALUS.

Quid feci?

NICOBULUS.

Inpinge pugnum, si mutiverit.
Quid hæ loquontur literæ?

* Actus IV, Scena vii.

CHRYSALE.

Tu reconnais son cachet?

NICOBULE.

Oui. Que fait-il?

CHRYSALE, avec un air affecté.

Je l'ignore. Je ne dois rien savoir, je n'ai souvenir de rien. Je sais seulement que je suis un esclave. J'ignore ce que je sais. *(A part, pendant que Nicobule lit)* Voilà le merle qui donne dans le filet et qui mord à l'appât. Il sera pris joliment; mon piège est bien tendu.

NICOBULE.

Attends un moment, Chrysale, je reviens. (Il sort.)

CHRYSALE, seul.

Comme il m'attrape! comme il va me surprendre! Il amènera des esclaves pour me faire enchaîner. Bonne manœuvre! mon brigantin prend son vaisseau à l'abordage. Silence! la porte s'ouvre.

NICOBULE, CHRYSALE, ESCLAVES*.

NICOBULE, à un esclave.

Serre-lui les mains; dépêche, Artamon.

CHRYSALE.

Qu'est-ce que j'ai fait? (On lui lie les mains.)

NICOBULE, à l'esclave.

Un bon coup de poing, s'il lui arrive de souffler. *(A Chrysale)* Que dit cette lettre?

* Acte IV, Scène VII.

CHRYSALUS.

                    Quid me rogas?
Ut ab illo adcepi, ad te obsignatas adtuli.

NICOBULUS.

Eho tu, loquitatusne es gnato meo male
Per sermonem, quia mihi id aurum reddidit?
Et te dixisti id aurum ablaturum tamen
Per sycophantias?

CHRYSALUS.

            Egone istuc dixi?

NICOBULUS.

                          Ita.

CHRYSALUS.

Quis homo 'st, qui dicat me dixisse istuc?

NICOBULUS.

                            Tace.
Nullus homo dicit; hæ tabellæ te arguunt,
Quas tu adtulisti. Hem, hæ te vinciri jubent.

CHRYSALUS.

Ah! Bellerophontem tuos me fecit filius.
Egomet tabellas tetuli, ut vincirer?.... sine!

NICOBULUS.

Propterea hoc facio, ut suadeas gnato meo,
Ut pergræcetur tecum, tervenefice.

CHRYSALUS.

O stulte, stulte, nescis nunc venire te;
Atque in eo ipso adstas lapide, ubi præco prædicat.

NICOBULUS.

Responde : quis me vendit?

CHRYSALE.

C'est à moi que tu le demandes? Comme je l'ai reçue, ainsi je te l'ai remise, bien cachetée.

NICOBULE.

Tu as donc beaucoup grondé mon fils, de m'avoir rendu l'or? Et tu t'es vanté de me le dérober encore malgré cela par tes fourberies?

CHRYSALE.

Moi? je m'en suis vanté?

NICOBULE.

Oui, toi.

CHRYSALE.

Et qui est-ce qui dit que j'ai tenu ce discours?

NICOBULE.

Tais-toi; personne ne me l'a dit. Mais voilà tes accusatrices, ces tablettes que tu as apportées toi-même. Oui, ce sont elles qui te font charger de liens.

CHRYSALE.

Ah ciel! ton fils a fait de moi un Bellérophon. Je suis porteur du message qui est cause qu'on m'enchaîne. Laisse faire.

NICOBULE.

Ce que j'en fais, est pour que tu conseilles à mon fils de vivre en Sybarite, triple empoisonneur!

CHRYSALE.

Imbécile, imbécile que tu es! On te vend à beaux deniers comptans, et tu ne t'en doutes pas, et tu es dans ce moment même sur la pierre du crieur.

NICOBULE.

Réponds; qui est-ce qui me vend?

CHRYSALUS.

      Quem di diligunt,
Adulescens moritur, dum valet, sentit, sapit.
Hunc si ullus deus amaret, plus annis decem,
Plus jam viginti mortuum esse oportuit;
Qui terræ odium ambulat; jam nil sapit,
Nec sentit; tanti 'st, quanti 'st fungus putidus.

NICOBULUS.

Tun' terræ me odium esse autumas? abducite hunc
Intro, atque adstringite ad columnam fortiter.
Nunquam abferes hinc aurum.

CHRYSALUS.

      Atqui jam dabis.

NICOBULUS.

Dabo?

CHRYSALUS.

 Atque orabis me quidem ultro, ut abferam,
Quom illum rescisces criminatorem meum
Quanto in periclo et quanta in pernicie siet;
Tum libertatem Chrysalo largibere :
Ego adeo nunquam adcipiam.

NICOBULUS.

      Dic, scelerum caput,
Dic, quo in periclo 'st meus Mnesilochus filius.

CHRYSALUS.

Sequere hac me; faxo, jam scies.

NICOBULUS.

      Quo gentium?

CHRYSALE, avec un attendrissement hypocrite.

Que favorisé des dieux est le mortel qui meurt dans la force de l'âge, avant d'avoir perdu le sens et l'esprit! Pour peu que Nicobule eût été protégé du ciel, ne devrait-il pas être mort, il y a déjà plus de dix ans, plus de vingt ans? Que fait-il sur la terre? fardeau incommode, il n'a ni sens ni raison. Il ne vaut ni plus ni moins qu'un champignon pourri.

NICOBULE.

Ah! je suis un fardeau incommode sur la terre? Qu'on l'emmène à la maison, et qu'on l'attache fortement à la colonne. Tu ne me voleras pas mon or.

CHRYSALE.

Non, car tu me le donneras toi-même.

NICOBULE.

Je te le donnerai!

CHRYSALE.

Et tu me prieras de le prendre, quand tu sauras en quel péril, en quel gouffre de perdition s'est plongé mon calomniateur. Tu m'offriras généreusement la liberté; je n'accepterai pas tes présens.

NICOBULE.

Dis-moi, architraître, quel péril court mon fils Mnésiloque?

CHRYSALE.

Suis-moi, tu le verras.

NICOBULE.

Où veux-tu me mener?

CHRYSALUS.
Treis unos passus.

NICOBULUS.
Vel decem.

CHRYSALUS.
Agedum tu, Artamo,
Forem hanc pauxillum aperi; placide, ne crepa :
Sat est. Adcede huc tu : viden' convivium?

NICOBULUS.
Video exadvorsum Pistoclerum et Bacchidem.

CHRYSALUS.
Qui sunt in lecto illo altero?

NICOBULUS.
Interii miser!

CHRYSALUS.
Gnovistine hominem?

NICOBULUS.
Gnovi.

CHRYSALUS.
Dic, sodes, mihi,
Bellan' videtur specie mulier?

NICOBULUS.
Admodum.

CHRYSALUS.
Quid? illam meretricemne esse censes?

NICOBULUS.
Quippini?

CHRYSALUS.
Frustra es.

CHRYSALE.

A trois pas d'ici.

NICOBULE.

Dix, si tu veux.

CHRYSALE.

Hé! Artamon, entr'ouvre cette porte (*Il désigne la maison de Bacchis*); doucement, pour ne pas faire de bruit. Assez. (*A Nicobule*) Approche. Vois-tu des convives à table?

NICOBULE.

Oui; en face, Pistoclère et Bacchis.

CHRYSALE.

Et sur l'autre lit, quels sont les convives?

NICOBULE.

Malheureux! je suis mort!

CHRYSALE.

Tu le reconnais?

NICOBULE.

Oui.

CHRYSALE.

Et sa compagne? est-ce un joli minois?

NICOBULE.

Que trop joli.

CHRYSALE.

Ah! çà, tu la prends pour une courtisane?

NICOBULE.

Et pour qui donc?

CHRYSALE.

Erreur.

NICOBULUS.

Quis igitur, obsecro, est?

CHRYSALUS.

Inveneris.
Ex me quidem hodie nunquam fies certior.

CLEOMACHUS, NICOBULUS, CHRYSALUS*.

CLEOMACHUS.

Meamne hic Mnesilochus, Nicobuli filius,
Per vim ut retineat mulierem? quæ hæc factio 'st?

NICOBULUS.

Quis ille est?

CHRYSALUS.

Per tempus hic venit miles mihi.

CLEOMACHUS.

Non me arbitratur militem, sed mulierem,
Qui me meosque non queam defendere.
Nam neque Bellona mihi unquam, neque Mars creduat,
Ni illum exanimalem faxo, si convenero,
Nive exhæredem fecero vitæ suæ.

NICOBULUS.

Chrysale, quis ille 'st, qui minitatur filio?

CHRYSALUS.

Vir hic est illius mulieris, quacum adcubat.

NICOBULUS.

Quid, vir?

* Actus IV, Scena VIII.

NICOBULE.

Et qui est-ce donc, je te prie?

CHRYSALE.

Devine. Je ne te le dirai pas.

CLÉOMAQUE, NICOBULE, CHRYSALE*.

CLÉOMAQUE, sans voir les autres personnages.

Mnésiloque, fils de Nicobule, retenir de force la femme qui m'appartient! Qu'est-ce que ces façons d'agir?

NICOBULE, bas à Chrysale.

Quel est cet homme?

CHRYSALE, à part.

Le militaire vient à propos.

CLÉOMAQUE.

Il me prend donc, non pas pour un guerrier, mais pour une femme, incapable de défendre et soi-même et les siens? Je veux que Bellone et Mars n'aient plus jamais foi à ma parole, si, dès que je le rencontrerai, je n'en fais un corps sans âme et ne le déshérite de la vie.

NICOBULE, bas à Chrysale.

Chrysale, qui est cet homme qui menace mon fils?

CHRYSALE.

C'est le mari de celle qui est couchée à côté de lui.

NICOBULE.

Son mari?

* Acte IV, Scène VIII.

CHRYSALUS.
Vir, inquam.
NICOBULUS.
Nubta 'st illan', obsecro?
CHRYSALUS.
Scies haud multo post.
NICOBULUS.
Oppido interii miser!
CHRYSALUS.
Quid? nunc scelestus tibi videtur Chrysalus?
Age nunc, vincito me, auscultato filio.
Dixin' tibi ego illum inventurum te, quali' sit?
NICOBULUS.
Quid ego nunc faciam?
CHRYSALUS.
Jube, sis, me exsolvi cito;
Nam nisi ego exsolvor, jam manifesto hominem obprimet.
CLEOMACHUS.
Nihil est lucri, quod me hodie facere mavelim,
Quam illum cubantem cum illa obprimere, ambo ut necem.
CHRYSALUS.
Audin' quæ loquitur? quin tu me exsolvi jubes?
NICOBULUS.
Exsolvite istum. Perii, pertimui miser!

CLEOMACHUS.
Tum illam, quæ corpus publicat volgo suum,
Faxo, se haud dicat nanctam, quem derideat.

CHRYSALE.

Oui, son mari.

NICOBULE.

C'est donc une femme mariée?

CHRYSALE.

Tu vas le voir tout-à-l'heure.

NICOBULE.

Je suis perdu, perdu sans ressource!

CHRYSALE.

Eh bien! Chrysale est-il un scélérat, à présent? Poursuis, charge-moi de liens; écoute ton fils. Ne te disais-je pas que tu apprendrais à juger l'homme?

NICOBULE.

Que faire?

CHRYSALE.

Ordonne qu'on me débarrasse au plus tôt de mes liens. Si je ne puis agir, il le prendra en flagrant délit.

CLÉOMAQUE, se croyant toujours seul.

Je donnerais tous les trésors du monde pour le surprendre couché avec elle. Quel plaisir de les exterminer tous deux!

CHRYSALE, à Nicobule.

Tu l'entends. Fais-moi donc mettre en liberté.

NICOBULE, aux esclaves.

Détachez ses liens. Affreux malheur! je n'ai plus de sang dans les veines.

CLÉOMAQUE.

Et l'indigne qui se prostitue, elle ne se moquera pas de moi impunément.

CHRYSALUS.
Pacisci cum illo paulula pecunia
Potes.

NICOBULUS.
Paciscere ergo, obsecro, quid tibi lubet;
Dum ne manifesto hominem obprimat, neve enicet.

CLEOMACHUS.
Nunc nisi ducenti Philippi redduntur mihi,
Jam illorum ego animam amborum exsorbebo oppido.

NICOBULUS.
Hem, illoc paciscere, si potes; perge, obsecro;
Paciscere quidvis.

CHRYSALUS.
Ibo, et faciam sedolo.
Quid clamas?

CLEOMACHUS.
Ubi herus tuus est?

CHRYSALUS.
Nusquam, nescio.
Vis tibi ducentos numos jam promittier,
Ut ne clamorem heic facias, neu convicium?

CLEOMACHUS.
Nihil est, quod malim.

CHRYSALUS.
Atque ut tibi mala multa ingeram?

CLEOMACHUS.
Tuo arbitratu.

CHRYSALUS.
Ut subblanditur carnufex!

LES BACCHIS.

CHRYSALE, à Nicobule.

Tu peux transiger pour quelque argent.

NICOBULE.

Eh bien, négocie; je te donne plein pouvoir, pourvu qu'il ne le surprenne pas, et que je sauve mon fils.

CLÉOMAQUE, toujours sans voir les autres personnages.

S'ils ne me paient deux cents Philippes, je leur arracherai l'âme des entrailles à tous les deux.

NICOBULE.

Tâche de transiger, si tu peux; hâte-toi, de grâce; à quelque prix que ce soit.

CHRYSALE.

J'y mettrai tout mon zèle. (*Au militaire*) Qu'as-tu à crier?

CLÉOMAQUE.

Que fait ton maître?

CHRYSALE.

Je n'en sais rien. (*Pour ce qui suit, il parle de manière à n'être pas entendu de Nicobule.*) Veux-tu, moyennant deux cents Philippes qu'on s'engage à te payer, nous épargner ta clameur et tout ce scandale?

CLÉOMAQUE.

J'y consens de grand cœur.

CHRYSALE.

Souffriras-tu que je te dise beaucoup d'injures?

CLÉOMAQUE.

Tant que tu voudras.

CHRYSALE.

Le bourreau! comme il est complaisant! Voici le père

Pater hic Mnesilochi 'st; sequere; is promittet tibi.
Tu aurum rogato : cæterum verbum sat est.

NICOBULUS.

Quid fit?

CHRYSALUS.

Ducentis Philippis rem pepigi.

NICOBULUS.

Ah, salus
Mea, servavisti me. Quam mox dico : Dabo?

CHRYSALUS.

Roga hunc tu; tu promitte huic.

NICOBULUS.

Promitto; roga.

CLEOMACHUS.

Ducentos numos aureos Philippos probos
Dabin'?

CHRYSALUS.

Dabuntur, inque : responde.

NICOBULUS.

Dabo.

CHRYSALUS.

Quid nunc, inpure, numquid debetur tibi?
Quid illi molestus? quid illum morte territas?
Et ego te et ille mactamus infortunio.
Si tibi 'st machæra, et nobis veruina 'st domi :
Qua quidem te faciam, si tu me inritaveris,
Confossiorem soricina nenia.
Jamdudum, hercle, equidem sentio, subspicio
Quæ te solicitet : eum esse cum illa muliere.

de Mnésiloque. Viens; il s'engagera. Tu n'as qu'à faire ta demande. C'est assez de paroles.

NICOBULE, bas à Chrysale.

Où en sommes-nous?

CHRYSALE.

J'ai conclu pour deux cents Philippes.

NICOBULE.

Ah! mon sauveur, je te dois la vie. Il me tarde de prononcer le grand mot : « Je consens ».

CHRYSALE, au militaire.

Demande; (*à Nicobule*) et toi, souscris.

NICOBULE, au militaire.

Je suis prêt à souscrire. Demande.

CLÉOMAQUE.

Veux-tu me donner deux cents Philippes d'or bien sonnans?

CHRYSALE, à Nicobule.

A toi. Réponds que tu consens.

NICOBULE.

Je consens.

CHRYSALE, au militaire.

Est-ce que tu n'es pas satisfait à présent, infâme? N'ennuie pas mon maître. Crois-tu nous effrayer par tes menaces? Nous te faisons une offrande de malédictions. Si tu as une épée, n'avons-nous pas la broche à la cuisine? et si tu m'échauffes les oreilles, je te criblerai comme le ventre d'une souris. Je vois ce que c'est; par Hercule! Je devine quel soupçon t'inquiète. Tu crois qu'il est avec elle.

CLEOMACHUS.

Imo est quoque.

CHRYSALUS.

Ita me Jupiter, Juno, Ceres,
Minerva, Latona, Spes, Opis, Virtus, Venus,
Castor, Polluces, Mars, Mercurius, Hercules,
Summanus, Sol, Saturnus, dîque omneis ament,
Ut ille cum illa neque cubat, neque ambulat,
Neque osculatur, neque illud, quod dici solet.

NICOBULUS.

Ut jurat! servat me ille suis perjuriis.

CLEOMACHUS.

Ubi nunc Mnesilochus ergo est?

CHRYSALUS.

Rus misit pater.
Illa autem in arcem abivit ædem visere
Minervæ. Nunc aperta 'st : i, vise, estne ibi.

CLEOMACHUS.

Abeo ad forum igitur.

CHRYSALUS.

Vel, hercle, in malam crucem.

CLEOMACHUS.

Hodie exigam aurum hoc?

CHRYSALUS.

Exige, ac subspende te :
Ne subplicare censeas, nihili homo.
Ille est amotus : sine me, per te, here, obsecro,
Deos inmortaleis, ire huc intro ad filium.

NICOBULUS.

Quid eo introibis?

CLÉOMAQUE.

Oui, il y est.

CHRYSALE.

Jamais ne me soient propices Jupiter, Junon, Cérès, Minerve, Latone, l'Espérance, Ops, la Vertu, Vénus, Castor, Pollux, Mars, Mercure, Hercule, le dieu des Mânes, le Soleil, Saturne, et tous les dieux, s'il est en ce moment avec elle, debout ou couché, s'il l'embrasse, ou si.... tu m'entends.

NICOBULE.

Quel serment il fait! Ses parjures nous sauvent.

CLÉOMAQUE.

Que fait donc Mnésiloque à présent?

CHRYSALE.

Son père l'a envoyé aux champs; et elle, elle a été à l'Acropole visiter le temple de Minerve. Il est ouvert; tu peux aller voir si elle y est.

CLÉOMAQUE.

Je vais de ce pas au forum.

CHRYSALE.

Au gibet qui t'étrangle.

CLÉOMAQUE.

Pourrai-je toucher l'or aujourd'hui?

CHRYSALE.

Oui, et va te faire pendre. Ne crois pas nous intimider, misérable! (*Le militaire sort.*) Au nom des dieux, je t'en prie, mon maître, laisse-moi, que j'aille dans cette maison trouver ton fils.

NICOBULE.

Pourquoi faire?

CHRYSALUS.

Ut eum dictis plurimis
Castigem, quom hæc sic facta ad hunc faciat modum.

NICOBULUS.

Imo oro, ut facias, Chrysale, et te obsecro,
Cave parsis in eum dicere.

CHRYSALUS.

Etiam me mones?
Satin' est, si plura ex me audiet hodie mala,
Quam audivit unquam Clinia ex Demetrio?

NICOBULUS.

Lippi illic oculi servos est simillumus :
Si non est, nolis esse, neque desideres ;
Si est, abstinere, quin adtingas, non queas.
Nam ni illic hodie forte fortuna heic foret,
Miles Mnesilochum cum uxore obprimeret sua,
Atque obtruncaret mœchum manifestarium.
Nunc quasi ducentis Philippis emi filium,
Quos dare promisi militi; quos non dabo
Temere etiam, priusquam filium convenero.
Nunquam, edepol, quidquam temere credam Chrysalo.
Verum lubet etiam mihi has perlegere denuo;
Æquom 'st tabellis consignatis credere.

CHRYSALUS, NICOBULUS*.

CHRYSALUS.

Atridæ duo fratres cluent fecisse facinus maxumum :

* Actus IV, Scena ix.

CHRYSALE.

Pour l'accabler de reproches, de se conduire de la sorte.

NICOBULE.

Oui, je t'en prie, Chrysale, gronde-le bien. Ne le ménage pas.

CHRYSALE.

Qu'est-il besoin de me le recommander? Seras-tu content, si je le gourmande plus longuement que jamais Demetrius ne gourmanda Clinias? (Il sort.)

NICOBULE, seul.

Cet esclave est comme un mal aux yeux. Si on ne l'a pas, on s'en passe très-bien, on n'en veut pas du tout. S'il vous vient, vous ne pouvez vous retenir d'y toucher. Si Chrysale ne s'était trouvé là par bonheur, le militaire surprenait sa femme en flagrant délit et Mnésiloque avec elle, et il le tuait. Ces deux cents Philippes que j'ai promis sont comme la rançon de mon fils; cependant je ne les donnerai qu'à bonnes enseignes, et après avoir vu Mnésiloque. Je ne veux pas me fier à la légère à Chrysale. Mais relisons encore ces tablettes avec attention ; un écrit sous cachet mérite créance.

(Il sort.)

NICOBULE, CHRYSALE*.

CHRYSALE, sortant de chez Bacchis avec des tablettes.

On vante les fameux exploits des Atrides contre la

* Acte IV, Scène IX.

Quom Priami patriam Pergamum, divina moenitum manu,
Armis, equis, exercitu, atque eximiis bellatoribus,
Millenum numero navium, decumo anno post, subegerunt.
Non Pelides termento fuit, præut ego herum expugnabo meum,
Sine classe, sineque exercitu, et tanto numero militum.
Cepi, expugnavi amanti herili filio aurum ab suo patre.
Nunc priusquam huc senex venit, lubet lamentari, dum exeat :
O Troja! o patria! o Pergamum! o Priame! periisti, senex,
Qui misere male mulcabere quadringentis Philippis aureis.
Nam ego has tabellas obsignatas, consignatas, quas fero,
Non sunt tabellæ, sed equos, quem misere Achivi ligneum.
Epius est Pistoclerus; ab eo hæc sumta. Mnesilochu 'st Sinon
Relictus. Ellum, non in busto Achili, sed in lecto adcubat;
Bacchidem habet secum. Ille olim habuit ignem, quî signum daret;
Hæc ipsum exurit. Ego sum Ulysses, quojus consilio hæc geruntur.
Tum quæ heic sunt scribtæ literæ, hoc in equo insunt milites
Armati atque animati probe : ita res subcessit, meliusque adhuc.

patrie de Priam, cette Pergame bâtie par une main divine : encore leur fallut-il des armes, des bataillons, de braves guerriers, mille vaisseaux, et dix années pour en venir à bout. Qu'était-ce que les ravages d'Achille? Voyez, moi, comme je vais prendre d'assaut mon vieux maître, sans flotte, sans armée, sans tout cet attirail de soldats. Nous avons déjà une capture : ma victoire enlève au père son or pour les amours du fils. N'est-ce pas le moment d'entonner la complainte, en attendant que le vieillard paraisse. (*Il chante :*) « O Pergame! ô patrie! ô Troie! ô Priam! » Pauvre barbon, ton heure est venue. Tu seras dépouillé de quatre cents Philippes d'or. Ces tablettes que j'ai là bien scellées et cachetées, ce n'est pas une simple missive, c'est le cheval de bois, stratagème des Grecs. Pistoclère, qui nous a tout fourni, est notre Epius. Mnésiloque est Sinon, qu'on laisse en arrière. Le voyez-vous d'ici en ce moment couché, non sur le tombeau d'Achille, mais sur un bon lit, et Bacchis à ses côtés? L'autre Sinon alluma des feux pour signal, celui-ci brûle lui-même pour sa maîtresse. Et moi, je suis Ulysse qui mène toute l'entreprise. Les caractères tracés là-dedans sont les soldats enfermés dans le cheval de bois, bien armés, bien animés. La ruse nous réussit de même, et mieux encore jusqu'à présent. Notre cheval, au lieu d'une forteresse, attaquera le coffre-fort. Il porte en ses flancs la déconfiture, la ruine du vieillard; il va lui arracher son or. Notre vieux benêt, je l'appelle Ilion; le militaire est Ménélas; et moi, Agamemnon et Ulysse tout ensemble. Mnésiloque est Pâris. Ne doit-il pas causer la ruine de

Atque hic equos non in arcem, verum in arcam faciet
    inpetum.
Excidium, exitium, exlecebra fiet hic equos hodie auro
    senis.
Nostro seni huic stolido, ei profecto nomen facio ego Ilio.
Miles Menelau'st, ego Agamemnon, idem Ulysses Laer-
    tius,
Mnesilochus Alexander, qui erit exitium rei patriae suae:
Is Helenam abduxit, quoja causa nunc facio obsidium
    Ilio.
Nam illeic audivi Ulyssem, ut ego sum, fuisse et auda-
    cem et malum.
Dolis ego deprensus sum; ille mendicans pene inventus
    interît,
Dum sibi exquirit fata Iliorum. Adsimiliter mihi hodie
    obtigit.
Vinctus sum, sed dolis me exemi; item se ille servavit
    dolis.
Ilio tria fuisse audivi fata, quae illi forent exitio:
Signum ex arce si perisset; alterum etiam est Troili mors;
Tertium, quom portae Scaeae limen superum scinderetur.
Paria item tria eis tribus sunt fata nostro huic Ilio:
Nam dudum primo, ut dixeram nostro seni mendacium
Et de hospite, et de auro, et de lembo, ibi signum ex
    arce jam abstuli.
Jam duo restabant fata tum, nec magis id ceperam op-
    pidum.
Post ubi tabellas ad senem detuli, ibi obcidi Troilum.
Quom censuit Mnesilochum cum uxore esse dudum
    militis,

son père et de leur maison? C'est lui qui a ravi la belle Hélène, pour laquelle j'assiège Pergame. On dit qu'Ulysse était hardi et rusé comme moi. J'ai été pris comme lui un moment. Tandis que, sous les habits d'un mendiant, il cherchait à dérober la destinée d'Ilion, il manqua d'être découvert et de périr. Moi, j'ai couru aujourd'hui même chance. On m'a lié, garrotté. Mon adresse m'a tiré d'embarras, comme il se sauva grâce à la sienne. Par un arrêt du ciel, trois choses devaient être fatales à Pergame : l'enlèvement du Palladium, la mort de Troïle, la démolition de la muraille au dessus de la porte Scée. Il y a aussi trois fatalités pour notre vieil Ilion. D'abord, par un mensonge au sujet de son hôte, et de l'argent et du vaisseau, je lui ai ravi le Palladium. Restaient encore deux conditions fatales, pour prendre la place. En remettant les tablettes au vieillard, j'ai tué Troïle. Lorsque je lui ai fait accroire que Mnésiloque était avec la femme du militaire, je me suis tiré, non sans peine, d'un mauvais pas. J'étais en grand péril, comme Ulysse, quand Hélène le reconnut et le mit en la puissance d'Hécube. Mais le matois sut emmieller si bien ses paroles, que la reine se laissa persuader, et qu'il eut sa liberté. Et moi aussi, j'ai su par finesse me délivrer du danger et duper le vieillard. Ensuite, il a fallu livrer bataille au terrible militaire, qui prend les villes en paroles sans dégaîner ; il a été repoussé. Puis, j'attaque le vieillard, mensonge en avant ; d'un seul coup j'abats l'ennemi et j'emporte des dépouilles opimes. Il donnera au militaire les deux cents Philippes qu'il a promis. Mais, en réjouissance de la prise

Ibi vix me exsolvi; atque id periclum adsimulo, Ulyssem ut praedicant
Cognitum ab Helena, esse proditum Hecubae : sed ut olim ille se
Blanditiis exemit, et persuasit, se ut amitteret;
Item ego dolis me illo expuli periclo, et decepi senem.
Postea cum magnifico milite, urbeis verbis qui inermus capit,
Conflixi, atque hominem repuli. Dein pugnam conserui seni;
Ego eum adeo uno mendacio devici, uno ictu extemplo
Cepi spolia : is nunc ducentos numos Philippos militi,
Quos dare se promisit, dabit.
Nunc alteris etiam ducentis usu'st, capto Ilio
Qui dispensentur, ut sit mulsum, quî triumphent milites.
Sed Priamus hic multo illi praestat : non quinquaginta modo,
Quadringentos filios habet; atque equidem omneis lectos, sine probro :
Eos ego hodie omneis contruncabo duobus solis ictibus.
Nunc, Priamo nostro si est quis emtor, coemtionalem senem
Vendam ego, venalem quem habeo, extemplo ubi oppidum expugnavero.
Sed Priamum adstantem eccum ante portam video : adibo, atque adloquar.

NICOBULUS.
Quojanam vox prope me sonat?

CHRYSALUS.
Eho, Nicobule!

d'Ilion, l'armée doit triompher et boire ; ce sont deux cents Philippes qu'il nous faut encore. Ah! que notre Priam vaut mieux que l'ancien ! il n'a pas seulement cinquante fils, mais bien quatre cents, tous de bon aloi, d'espèce excellente. Aujourd'hui, en deux coups, je les lui aurai tous massacrés. Y a-t-il quelqu'un qui veuille acheter notre Priam ? il sera mis en vente, bon marché, comme un vieux rebut, une fois que j'aurai pris la ville d'assaut. Mais le voici devant la porte ; allons à sa rencontre, et commençons.

NICOBULE.

Quelle voix se fait entendre ici près ?

CHRYSALE.

Nicobule!

NICOBULUS.

Quid fit?
Quid? quod te misi, ecquid egisti?

CHRYSALUS.

Rogas? congredere.

NICOBULUS.

Congredior.

CHRYSALUS.

Optumus sum orator : ad lacrumas coegi hominem castigando,
Maleque dictis, quæ quidem quivi conminisci.

NICOBULUS.

Quid ait?

CHRYSALUS.

Verbum
Nullum fecit; lacrumans tacitus auscultabat, quæ ego loquebar :
Tacitus conscribsit tabellas; obsignatas has mihi dedit,
Tibi me jussit dare : sed metuo, ne idem cantent, quod priores.
Gnosce signum; estne ejus?

NICOBULUS.

Gnovi : lubet perlegere has.

CHRYSALUS.

Perlege.
Nunc superum limen scinditur, nunc adest exitium Ilio.
Turbat equos lepide ligneus.

NICOBULUS.

Chrysale, ades, dum ego has perlego.

LES BACCHIS.

NICOBULE.

Eh bien ! qu'est-ce ? As-tu fait ma commission ?

CHRYSALE.

Si je l'ai faite ! Approche.

NICOBULE.

Me voici.

CHRYSALE.

Vraiment, j'ai de l'éloquence. Mes reproches, mes réprimandes ont arraché des larmes au jeune homme. Oh ! je lui en ai dit !

NICOBULE.

Et lui ?

CHRYSALE.

Pas un mot. Il écoutait, en pleurant, mes discours sans rien dire ; et sans rien dire aussi, il a écrit cette épître, l'a cachetée, et m'a chargé de te la remettre. Mais je crains quelque chanson pareille à celle de tantôt. Vois le cachet. C'est bien le sien ?

NICOBULE.

Oui. Je suis curieux de lire sa lettre.

CHRYSALE.

Lis. (*A part*) Voici qu'on démolit le mur au dessus de la porte Scée. La ruine d'Ilion approche. Le cheval de bois se démène à merveille.

NICOBULE.

Chrysale, reste pendant cette lecture.

CHRYSALUS.

Quid me tibi adesse opus est?

NICOBULUS.

Volo, ut, quod jubebo, facias,
Ut scias, quæ heic scribta sient.

CHRYSALUS.

Nihil moror, neque scire volo.

NICOBULUS.

Tamen ades.

CHRYSALUS.

Quid opus est?

NICOBULUS.

Taceas; quod jubeo, id facias.

CHRYSALUS.

Adero.

NICOBULUS.

Euge, literas minutas!

CHRYSALUS.

Qui quidem videat parum :
Verum, qui satis videat, grandeis satis sunt.

NICOBULUS.

Animum advortito.

CHRYSALUS.

Igitur nolo, inquam.

NICOBULUS.

At volo, inquam.

CHRYSALUS.

Quid opu 'st?

NICOBULUS.

At enim id, quod te jubeo,
Facias.

CHRYSALE.

A quoi te sert ma présence ?

NICOBULE.

Si fait. J'aurai peut-être des ordres à te donner. Il faut que tu saches ce que contient cette lettre.

CHRYSALE.

Cela ne m'intéresse guère, je ne suis pas curieux de le savoir.

NICOBULE.

Reste cependant.

CHRYSALE.

Quelle nécessité ?

NICOBULE.

Point de raisons. Fais ce que je te dis.

CHRYSALE.

J'obéis.

NICOBULE, avec impatience.

Allons ! Quelle écriture fine !

CHRYSALE, avec ironie.

Oui, pour quelqu'un qui n'y voit pas bien ; mais assez grosse pour qui aurait de bons yeux.

NICOBULE.

Écoute, et sois attentif.

CHRYSALE.

Non, je ne veux pas.

NICOBULE.

Moi, je le veux.

CHRYSALE.

Pourquoi cela ?

NICOBULE.

Encore une fois, fais ce qu'on t'ordonne.

CHRYSALUS.

Justum est, tuos tibi servos tuo arbitratu serviat.

NICOBULUS.

Hoc age, sîs, jam nunc.

CHRYSALUS.

Ubi lubet, recita; aurium operam tibi dico.

NICOBULUS.

Ceræ quidem haud parsit, neque stilo; sed quidquid est,
Perlegere certum 'st. « Pater ducentos Philippos quæso,
    Chrysalo
« Da, si esse salvom vis me, aut vitalem tibi. »

CHRYSALUS.

Malum quidem, hercle, magnum tibi dico.

NICOBULUS.

Quid est?

CHRYSALUS.

Non prius salutem scribsit?

NICOBULUS.

Nusquam sentio.

CHRYSALUS.

Non dabis, si sapies; verum si das maxume,
Næ ille alium gerulum quærat, si sapiet, sibi :
Nam ego non laturus sum, si jubeas maxume.
Sat sic subspectus sum, quom careo noxia.

NICOBULUS.

Ausculta porro, dum hoc, quod scribtum 'st, perlego.

CHRYSALE.

C'est juste. Ton esclave doit se soumettre à tes volontés.

NICOBULE.

Écoute donc, à la fin.

CHRYSALE.

Commence, quand tu voudras. Mes oreilles sont à ton service.

NICOBULE.

Il n'a pas ménagé le poinçon ni la cire. Quelle longueur ! Mais je veux tout lire : « Mon père, donne, je t'en prie, deux cents Philippes à Chrysale, si tu veux conserver ton fils et le rendre à la vie. »

CHRYSALE.

Mal ; par Hercule ! très-mal ; (*achevant la phrase de manière que Nicobule ne l'entende pas*) pour toi, s'entend.

NICOBULE.

Qu'est-ce ?

CHRYSALE.

A-t-il commencé seulement par te saluer ?

NICOBULE.

Je ne vois pas.

CHRYSALE.

Si tu m'en crois, il n'aura pas ce qu'il demande. Mais, au surplus, si tu le lui donnes, qu'il choisisse un autre messager ; il fera bien : car je ne veux pas l'être ; quand tu me le commanderais expressément. Mon innocence a déjà été assez en butte aux soupçons.

NICOBULE.

Écoute donc la lecture et ne m'interromps pas.

CHRYSALUS.
Inde a principio jam inpudens epistola 'st.

NICOBULUS.
« Pudet prodire me ad te in conspectum, pater.
« Tantum flagitium te scire audivi meum,
« Quod cum peregrini cubui uxore militis. »
Pol, haud derides : nam ducentis aureis
Philippis redemi vitam ex flagitio tuam.

CHRYSALUS.
Nihil est illorum, quin ego illi dixerim.

NICOBULUS.
« Stulte fecisse fateor; sed quæso, pater,
« Ne me in stultitia, si deliqui, deseras.
« Ego animo cupido atque oculis indomitis fui :
« Persuasum 'st facere, quojus nunc me facti pudet. »
Prius te cavisse ergo, quam pudere, æquom fuit.

CHRYSALUS.
Eadem istæc verba dudum illi dixi omnia.

NICOBULUS.
« Quæso, ut sat habeas id, pater, quod Chrysalus
« Me objurgavit plurimis verbis malis,
« Et me meliorem fecit præceptis suis,
« Ut te ei habere gratiam æquom sit bonam. »

CHRYSALUS.
Estne istuc isteic scribtum?

NICOBULUS.
                Hem, specta, tum scies.

CHRYSALE.

Le commencement de la lettre est déjà bien peu respectueux.

NICOBULE.

« Je n'ose me montrer devant toi, mon père. Je sais qu'on t'a instruit de mes déportemens avec la femme du militaire étranger. » Je le crois. Cela n'est pas plaisant. Tes déportemens me coûtent deux cents Philippes d'or, qu'il a fallu payer pour te sauver de là.

CHRYSALE.

Tu ne dis rien, que je ne lui aie déjà dit.

NICOBULE.

« Je confesse ma faute, mon étourderie. Mais, mon père, si je suis coupable, ne m'abandonne pas. Ma passion a été sans frein, mes yeux sans retenue. J'ai succombé à la séduction. Combien je me repens ! » Il aurait mieux valu ne pas faillir d'abord, que de te repentir à présent.

CHRYSALE.

Je lui ai tenu tout-à-fait les mêmes discours il n'y a qu'un moment.

NICOBULE.

« Je t'en supplie, mon père, qu'il te suffise de tous les reproches que j'ai essuyés de la part de Chrysale. Ses remontrances m'ont fait rentrer en moi-même. Tu dois lui en savoir gré. »

CHRYSALE.

Comment ! il t'écrit cela ?

NICOBULE.

Tiens, lis toi-même, tu le verras.

CHRYSALUS.
Ut qui deliquit, subplex est ultro omnibus!
NICOBULUS.
« Nunc si me fas est obsecrare abs te, pater,
« Da r·· centos numos Philippos, te obsecro. »

CHRYSALUS.
Ne unum quidem, hercle, si sapis.
NICOBULUS.
Sine perlegam.
« Ego jusjurandum verbis conceptis dedi,
« Daturum id me hodie mulieri ante vesperum,
« Priusquam a me abiret : nunc, pater, ne pejerem,
« Cura, atque abduce me hinc ab hac, quantum pote'st,
« Quam propter tantum damni feci et flagiti.
« Cave tibi ducenti numi dividiæ fuant.
« Sexcenta tanta reddam, si vivo, tibi.
« Vale, atque hæc cura. » Quid nunc censes, Chrysale?
CHRYSALUS.
Nihil ego tibi hodie consili quidquam dabo,
Neque ego haud conmittam, ut, si quid peccatum siet,
Fecisse dicas de mea sententia.
Verum, ut ego opinor, si ego in istoc siem loco,
Dem potius aurum, quam illum conrumpi sinam.
Duæ conditiones sunt; tu, utram adcipias, vide :
Vel ut aurum perdas, vel ut amator pejeret.
Ego neque te jubeo, neque veto, neque suadeo.
NICOBULUS.
Miseret me illius.

LES BACCHIS.

CHRYSALE.

Quand on est coupable, comme on est humble et penaut!

NICOBULE.

« Maintenant, mon père, s'il m'est permis encore de te demander une grâce, envoie-moi, je t'en conjure, deux cents Philippes d'or. »

CHRYSALE.

Pas un seul, par Hercule, si tu as le sens commun.

NICOBULE.

Laisse-moi lire jusqu'au bout. « Je me suis engagé, par un serment solennel, à donner la somme à cette femme aujourd'hui, avant le coucher du soleil, avant de nous séparer. Mon père, ne me laisse pas manquer à mon serment. Délivre-moi le plus tôt possible de ce lieu et de celle qui a été pour moi la cause de tant de profusions et de fautes si graves. Ne regarde pas à deux cents Philippes. Je t'en rendrai six cents, si le ciel me conserve. Adieu, ne m'abandonne pas. » Qu'en dis-tu, Chrysale?

CHRYSALE.

Je ne veux te rien conseiller, pour que tu ne dises pas ensuite, si tu as lieu de te repentir, que c'est par mes avis que tu t'es conduit. Quant à moi, si j'étais à ta place, j'aimerais mieux donner l'argent que de perdre mon fils. Il y a deux partis à prendre. Vois lequel tu choisiras : pour toi un sacrifice d'argent, ou pour le jeune homme un parjure. Moi, je ne te conseille ni ne te déconseille; je suis neutre.

NICOBULE.

Il me fait pitié.

CHRYSALUS.

Tuus est, non mirum facis.
Si plus perdundum sit, perisse suaviu 'st,
Quam illud flagitium volgo dispalescere.

NICOBULUS.

Næ ille, edepol, Ephesi multo mavellem foret,
Dum salvos esset, quam revenisset domum.
Quin ego istuc, quod perdundum 'st, properem perdere?
Binos ducentos Philippos jam intus ecferam,
Et militi quos dudum promisi miser,
Et istos : mane isteic, jam exeo ad te, Chrysale.

CHRYSALUS.

Fit vasta Troja; scindunt proceres Pergamum.
Scivi ego jamdudum fore me exitium Pergamo.
Edepol, qui me esse dicat cruciatu malo
Dignum, næ ego cum illo pignus haud ausim dare;
Tantas turbelas facio. Sed crepuit foris,
Ecfertur præda ex Troja. Taceam nunc jam.

NICOBULUS.

Cape hoc tibi aurum, Chrysale; i, fer filio.
Ego ad forum autem hinc ibo, ut solvam militem.

CHRYSALUS.

Non equidem adcipiam; proin tu quæras, qui ferat.
Nolo ego mihi credi.

NICOBULUS.

Cape vero; odiose facis.

CHRYSALUS.

Non equidem capiam.

LES BACCHIS.

CHRYSALE.

Cela ne m'étonne pas, c'est ton fils. Fallût-il perdre encore davantage, mieux vaudrait en passer par là, que d'être déshonoré ainsi publiquement.

NICOBULE.

Que n'est-il resté à Éphèse, pourvu qu'il y fût en bonne santé, plutôt que de revenir ici! Allons, puisqu'il faut perdre encore cet argent, exécutons-nous promptement. Je vais apporter les deux cents Philippes que j'ai promis au militaire, hélas! et ces deux cents autres encore. Reste ici, Chrysale, je reviens dans un moment. (Il sort.)

CHRYSALE, seul.

Ilion est saccagée; les héros ravagent Pergame. Je savais bien que je consommerais sa ruine. Vraiment, si quelqu'un voulait parier que je mérite les étrivières, je ne gagerais pas contre lui. Que je fais ici de remue-ménage! Mais j'entends le bruit de la porte. Taisons-nous. On fait sortir de Troie le butin.

NICOBULE.

Tiens, Chrysale, porte cet or à mon fils. Je vais aller au forum payer le militaire.

CHRYSALE.

Non, charge un autre de cette commission; je ne veux pas de ta confiance.

NICOBULE.

Prends donc. Tu me déplais.

CHRYSALE.

Non, je ne le recevrai pas.

NICOBULUS.
At quæso.
CHRYSALUS.
Dico, ut res se habet.
NICOBULUS.
Morare.
CHRYSALUS.
Nolo, inquam, aurum concredi mihi.
Vel da aliquem, qui me servet.
NICOBULUS.
Ohe, odiose facis.
CHRYSALUS.
Cedo, si necesse 'st.
NICOBULUS.
Cura hoc : jam ego huc revenero.
CHRYSALUS.
Curatum 'st, esse te senem miserrumum.
Hoc est incepta ecficere polchre, veluti mihi
Evenit, ut ovans præda onustus cederem.
Salute nostra, atque urbe capta per dolum,
Domum reduco integrum omnem exercitum.
Sed, spectatores, vos nunc ne miremini
Quod non triumpho; pervolgatum 'st, nil moror.
Verumtamen adcipientur mulso milites.
Nunc prædam hanc omnem jam ad quæstorem deferam.

LES BACCHIS.

NICOBULE.

Je t'en prie.

CHRYSALE.

Je te le dis tout net.

NICOBULE.

Tu perds le temps.

CHRYSALE.

Non, te dis-je; ne me confie pas cet or, ou fais-moi accompagner pour qu'on me garde à vue.

NICOBULE.

Oh! tu m'impatientes.

CHRYSALE.

Eh bien! donne donc, puisqu'il faut absolument.

NICOBULE.

Dépêche-toi; je serai bientôt de retour. (Il s'en va.)

CHRYSALE, haut.

Ton affaire est faite; (*plus bas*) va, pauvre malheureux vieillard! Voilà ce qui s'appelle en venir à son honneur! je suis vainqueur, et je retourne chargé de butin. La ville est prise par stratagème; et, sans perte aucune, je ramène mon armée florissante. Spectateurs, ne vous étonnez pas de ne pas voir de pompe triomphale, cela est trop commun. Je n'y tiens pas. Cependant on régalera bien nos soldats. Maintenant, je vais porter le butin chez le questeur.

PHILOXENUS*.

Quam magi' pectore in meo foveo, quas meus filius turbas turbet,
Quam se ad vitam, et quos ad mores præcipitem inscitus capessat,
Magi' curæ 'st, magi'que adformido, ne is pereat, neu conrumpatur.
Scio, ego fui illa ætate, et feci illa omnia, sed modesto more.
Neque placitant mores, quibus video volgo gnatis esse parenteis.
Duxi, habui scortum; potavi, edi, donavi : et enim id raro.
Ego dare me ludum meo gnato institui; ut animo obsequium
Sumere possit, æquom esse puto : sed nimis nolo desidiæ
Ei dare ludum. Nunc Mnesilochum, quod mandavi, viso,
Ecquid eum ad virtutem aut ad frugem opera sua conpulerit;
Sicut eum, si convenit, scio fecisse : eo est ingenio gnatus.

* Actus IV, Scena x.

PHILOXÈNE*, seul.

Plus je médite sur tous les désordres de mon fils, et sur ce train de vie et ces vices où il se jette comme un fou, plus je m'inquiète et je m'effraie. Il se pervertit, il se perd. J'ai été jeune aussi, et j'ai fait mes fredaines, mais sans sortir des bornes. Je n'aime pas non plus la manière dont les pères se comportent envers leurs enfans. Moi, j'avais une maîtresse, je m'amusais, je mangeais, je faisais des cadeaux, toutefois pas trop souvent. Je veux aussi que mon fils ait du bon temps, et qu'il se livre à ses goûts ; c'est juste. Mais point d'excès de libertinage. Je vais voir si Mnésiloque a fait ma commission, et s'il a su le ramener au devoir et à la sagesse. Certainement, il n'y aura pas manqué, s'il a pu le rejoindre : c'est un garçon prudent.

* Acte IV, Scene x.

NICOBULUS, PHILOXENUS*.

NICOBULUS.

Quicumque ubi ubi sunt, qui fuere, quique sunt futuri
  posthac
Stulti, stolidi, fatui, fungi, bardi, blenni, buccones,
Solus ego omneis longe antideo stultitia, et moribus in-
  doctis.
Perii! pudet. Hoccine me ætatis ludum bis factum esse
  indigne?
Magi' quam id reputo, tam magis uror, quæ meus filius
  turbavit.
Perditu' sum, atque etiam eradicatus : omnibus exem-
  plis crucior.
Omnia me mala consectantur, omnibus exitiis interii :
Chrysalus me hodie laceravit, Chrysalus me miserum
  spoliavit;
Is me scelus usque adtondit dolis doctis indoctum, ut
  lubitum 'st;
Ita miles memorat meretricem esse, quam ille uxorem
  esse aibat.
Omnia, ut quidquid actum 'st, memoravit : eam sibi
  hunc annum conductam;
Reliquum id auri factum, quod ego ei stultissumus
  homo promisissem.
Hoc, hoc est, quod peracescit, hoc est demum quod
  percrucior,
Me hoc ætatis ludificari : imo, edepol, sic ludos factum

---
* Actus V, Scena 1.

NICOBULE, PHILOXÈNE*.

NICOBULE, ne voyant pas Philoxène.

Non, entre tous les sots passés, présens et futurs, il n'y a pas de bête, de niais, de buse, de butor, d'oison, de gobe-mouche, qui m'égale en bêtise, en imbécillité. Moi seul je les surpasse tous ensemble! O ruine! ô honte! à mon âge m'être laissé jouer deux fois indignement! Plus j'y pense, et plus les incartades de mon fils me désolent. On m'a égorgé, on m'a assassiné. Je suis torturé de toutes les manières; tous les maux, tous les désastres s'unissent pour m'accabler. C'est Chrysale qui m'a jugulé, qui m'a dépouillé misérablement. Le traître! sa malice a profité de ma bêtise pour me rafler mon or à plaisir. Le militaire m'a raconté toute l'affaire en détail. Celle qu'on faisait passer pour sa femme n'est qu'une courtisane; il l'avait engagée pour cette année, et l'or que j'ai promis comme un sot est celui qu'elle devait lui rembourser. C'est là le plus sensible, c'est là le plus amer; qu'on m'ait berné à mon âge! Par Pollux! être ainsi joué, avec ces cheveux blancs et avec cette barbe au menton! Comme ils m'ont soufflé mon or! O rage! ô désespoir! que mon fripon d'esclave ait osé me traiter de la sorte! J'aurais perdu le double de toute autre manière, que j'en serais moins affligé, et que le tort me serait plus léger.

---

* Acte V, Scène 1.

Cano capite, atque alba barba! miserum me auro esse
 emunctum!
Perii! hoc servom meum non nauci facere esse ausum!
 atque ego, si alibi
Plus perdiderim, minus ægre habeam, minusque id mihi
 damno ducam.

PHILOXENUS.

Certo heic prope me mihi nescio quis loqui visu 'st : sed
 quem video,
Hic quidem pater Mnesilochi.

NICOBULUS.

    Euge, socium ærumnæ et mei mali video.
Philoxene, salve.

PHILOXENUS.

 Et tu. Unde agis?

NICOBULUS.

    Unde homo miser atque infortunatus.

PHILOXENUS.

At, pol, ego ibi sum, esse ubi miserum hominem decet
 atque infortunatum.

NICOBULUS.

Igitur pari fortuna, ætate ut sumus, utimur.

PHILOXENUS.

         Sic est : sed, tu,
Quid tibi est?

NICOBULUS.

 Pol, mihi par idem 'st, quod tibi.

PHILOXENUS.

        Numquidnam ad filium
Hæc ægritudo adtinet?

PHILOXÈNE.

J'ai, je crois, entendu parler quelqu'un près d'ici. Eh! c'est justement le père de Mnésiloque.

NICOBULE.

Fort bien. Voici mon associé de peines et de douleurs. Bonjour, Philoxène.

PHILOXÈNE.

Bonjour. Comment vas-tu?

NICOBULE.

Comme un homme infortuné, misérable.

PHILOXÈNE.

Ah! c'est moi qui dois me ranger au nombre des misérables et des infortunés.

NICOBULE.

Nos fortunes se ressemblent donc comme nos âges?

PHILOXÈNE.

Apparemment. Mais que t'arrive-t-il?

NICOBULE.

Le même accident qu'à toi.

PHILOXÈNE.

Est-ce ton fils qui cause ton chagrin?

NICOBULUS.
Admodum.
PHILOXENUS.
Idem mihi morbus in pectore 'st.
NICOBULUS.
At mihi Chrysalus, optumus homo,
Perdidit filium, me, atque rem omnem
Meam.
PHILOXENUS.
Quid tibi ex filio nam, obsecro, ægre 'st?
NICOBULUS.
Scies id : periit
Cum tuo; atque ambo æque amicas habent.
PHILOXENUS.
Quî scis?
NICOBULUS.
Vidi.
PHILOXENUS.
Hei mihi, disperii!
NICOBULUS.
Quid dubitamus pultare, atque huc evocare ambos foras?

PHILOXENUS.
Haud moror.
NICOBULUS.
Heus, Bacchis, jube, sîs, actutum aperiri foreis,
Nisi mavoltis foreis et posteis conminui securibus.

LES BACCHIS.

NICOBULE.

Tu l'as dit.

PHILOXÈNE.

J'ai pareille angoisse dans l'âme.

NICOBULE.

Pour ce qui me regarde, l'honnête Chrysale perd mon fils, et moi-même, et tout mon bien.

PHILOXÈNE.

Comment ton fils te chagrine-t-il?

NICOBULE.

Apprends qu'il se perd avec le tien. Ils ont chacun leur maîtresse.

PHILOXÈNE.

Qui te l'a dit?

NICOBULE.

Je l'ai vu.

PHILOXÈNE.

O ciel! voilà ma ruine.

NICOBULE.

Que tardons-nous à frapper à cette porte et à les faire sortir tous deux?

PHILOXÈNE.

C'est bien mon avis.

NICOBULE.

Holà! Bacchis, vitement, qu'on nous ouvre, ou nous briserons et portes et poteaux à coups de hache.

BACCHIDES DUÆ SORORES, NICOBULUS, PHILOXENUS*.

BACCHIS I.
Quis sonitu ac tumultu tanto, nomine nominat
Me, atque pultat ædeis?

NICOBULUS.
Ego atque hic.

BACCHIS I.
Quid hoc est
Negoti? nam, amabo, quis has huc oveis adegit?

NICOBULUS.
Oveis nos vocant pessumæ.

BACCHIS II.
Pastor harum
Dormit, quom hæ eunt sic a pecu palitanteis.

BACCHIS I.
At, pol, nitent, haud sordidæ videntur ambæ.

BACCHIS II.
Adtonsæ hæ quidem ambæ usque sunt.

PHILOXENUS.
Ut videntur
Deridere nos!

NICOBULUS.
Sine suo usque arbitratu.

BACCHIS I.
Rerin' ter in anno tu has tonsitari?

* Actus V. Scena II.

LES DEUX BACCHIS, NICOBULE, PHILOXÈNE*.

BACCHIS L'ATHÉNIENNE.

Quel bruit! quel vacarme! Qui est-ce qui m'appelle en frappant ainsi à la porte?

NICOBULE.

Nous deux.

BACCHIS L'ATHÉNIENNE, à sa sœur.

Qu'est-ce donc? Qui nous amène, dis-moi, ces brebis?

NICOBULE.

Elles nous traitent de brebis, les coquines!

BACCHIS L'ÉTRANGÈRE.

Il faut que le berger se soit endormi, puisqu'elles vont à l'aventure séparées du troupeau.

BACCHIS L'ATHÉNIENNE.

Mais, vois, qu'elles sont brillantes! Par ma foi, leur état ne paraît pas misérable.

BACCHIS L'ÉTRANGÈRE.

On les a tondues de près toutes deux.

PHILOXÈNE.

Comme elles se moquent de nous!

NICOBULE, avec une ironie menaçante.

Laisse-les faire. A leur aise.

BACCHIS L'ATHÉNIENNE.

Penses-tu qu'on puisse les tondre trois fois par an?

* Acte V, Scène II.

BACCHIS II.

          Pol, hodie
Altera jam bis detonsa certe 'st.

BACCHIS I.

         Vetulæ
Sunt thymiamæ.

BACCHIS II.

  At bonas fuisse credo.

BACCHIS I.

Viden' limulis, obsecro, ut intuentur?

BACCHIS II.

Ecastor, sine omni arbitror malitia esse.

PHILOXENUS.

Merito hoc nobis fit, qui quidem huc venerimus.

BACCHIS I.

Cogantur quidem intro.

BACCHIS II.

      Haud scio, quid eo opus sit,
Quæ nec lactem, nec lanam ullam habent : sic sine ad-
 stent.
Exoluere, quanti fuere; omnis fructus
Jam illis decidit : non vides, ut palanteis
Solæ libere grassentur? quin ætate credo esse mutas :
Ne balant quidem, quom a pecu cætero absunt.
Stultæ atque haud malæ videntur.

BACCHIS I.

Revortamur intro, soror.

NICOBULUS.

  Inloco ambæ manete : hæ oveis volunt vos.

BACCHIS L'ÉTRANGÈRE.

Eh! par Pollux! il y en a une qui a été tondue deux fois aujourd'hui.

BACCHIS L'ATHÉNIENNE.

Ce sont de vieilles brouteuses de thym.

BACCHIS L'ÉTRANGÈRE.

Elles furent bonnes dans leur temps.

BACCHIS L'ATHÉNIENNE.

Vois-tu comme elles nous regardent du coin de l'œil?

BACCHIS L'ÉTRANGÈRE.

Vraiment, je les crois sans malice aucune.

PHILOXÈNE.

Nous n'avons que ce que nous méritons, pour être venus ici.

BACCHIS L'ATHÉNIENNE.

Il faut les mener chez nous.

BACCHIS L'ÉTRANGÈRE.

A quoi bon? elles n'ont plus ni lait, ni laine. Laisse-les là. Elles sont hors d'âge et ne valent plus rien. On n'en peut plus tirer aucun parti. Ne vois-tu pas qu'on les laisse errer seules en liberté? L'âge leur a, je pense, ôté la voix. Elles ne peuvent pas même bêler en se voyant éloignées du troupeau. Pauvres bêtes! bien innocentes, à ce qu'elles semblent.

BACCHIS L'ATHÉNIENNE.

Rentrons, ma sœur.

NICOBULE.

Un moment. Ces brebis veulent vous dire deux mots.

BACCHIS I.

Prodigium hoc quidem 'st; humana nos voce adpellant
    oveis.

PHILOXENUS.

Hæ oveis vobis malam rem magnam, quam debent, dabunt.

BACCHIS I.

Si quam debes, te condono, tibi habe; nunquam abs te
    petam.
Sed quid est, quapropter nobis vos malum minitamini?

PHILOXENUS.

Quia nostros agnos conclusos isteic esse aiunt duos.

NICOBULUS.

Et, præter eos agnos, meus est isteic clam mordax canis:
Qui nisi nobis producuntur jam, atque emittuntur foras,
Arietes truceis nos erimus, jam in vos incursabimus.

BACCHIS I.

Soror, est, quod te volo secreto. Eho, amabo.

NICOBULUS.

        Quo illæ abeunt?

BACCHIS I.

                        Senem illum
Tibi dedo ulteriorem, lepide ut lenitum reddas: ego
    ad hunc
Iratum adgrediar; possumus nos hos intro inlicere huc.

BACCHIS II.

                            Meum
Pensum ego lepide adcurabo, quamquam odiosum 'st
    mortem amplexari.

LES BACCHIS.

BACCHIS L'ATHÉNIENNE.

Quel prodige! des brebis qui nous parlent en langage humain!

PHILOXÈNE.

Malheur à vous; ces brebis vous paieront ce qu'elles vous doivent.

BACCHIS L'ATHÉNIENNE.

On te remet toutes ces dettes-là, garde-les pour toi; on ne te demandera jamais rien. Mais à quel propos nous menacez-vous de votre colère?

PHILOXÈNE.

Vous retenez dans votre maison deux agneaux qui sont à nous.

NICOBULE.

Et avec ces agneaux, un chien à moi, un traître qui mord les gens. Il faut nous les renvoyer, nous les rendre à l'instant, ou nous deviendrons des béliers furieux, et nous nous jetterons sur vous.

BACCHIS L'ATHÉNIENNE.

Ma sœur, deux mots en particulier. Viens, je te prie.

NICOBULE.

Où vont-elles?

BACCHIS L'ATHÉNIENNE.

Charge-toi de l'autre vieillard (*montrant Philoxène*); apprivoise-le joliment. Moi, j'entreprendrai ce grondeur. Nous saurons bien les attirer chez nous.

BACCHIS L'ÉTRANGÈRE.

Je m'acquitterai comme il faut de ma tâche, quoiqu'il ne soit pas agréable d'embrasser un cadavre.

BACCHIS I.
Facito ut facias.

BACCHIS II.
Taceas : tu tuum facito; ego, quod dixi, haud mutabo.

NICOBULUS.
Quid illæc illeic in consilio duæ secreto consultant?

PHILOXENUS.
Quid ais tu, homo?

NICOBULUS.
Quid me vis?

PHILOXENUS.
Pudet dicere me tibi quiddam.

NICOBULUS.
Quid est, quod pudeat?

PHILOXENUS.
St! amico homini tibi quid volo credere. Certum 'st,
Nihili sum.

NICOBULUS.
Istuc jampridem scio : sed, quid nihili sis, memora.

PHILOXENUS.
Tactus sum vehementer visco; cor stimulo foditur.

NICOBULUS.
Pol, tibi
Multo æquius est coxendicem.
Sed quid istuc est? etsi jam ego ipse, quid sit, prope
    scire puto me;
Verum audire etiam ex te studeo.

LES BACCHIS.

BACCHIS L'ATHÉNIENNE.

Mets-toi à l'œuvre.

BACCHIS L'ÉTRANGÈRE.

Sois tranquille; fais ton affaire, je tiendrai ma parole.

NICOBULE, à Philoxène.

Quel complot trament-elles là-bas mystérieusement?

PHILOXÈNE.

Écoute, mon ami.

NICOBULE.

Que me veux-tu?

PHILOXÈNE.

J'ai quelque chose à te dire, et je n'ose.

NICOBULE.

D'où te vient cette honte?

PHILOXÈNE, mettant le doigt sur sa bouche.

St! tu es mon ami, je veux te confier un secret. C'en est fait, je suis un vaurien.

NICOBULE.

Tu ne m'apprends rien de nouveau. Mais en quoi es-tu vaurien, dis-moi?

PHILOXÈNE.

Je suis pris aux gluaux, irrésistiblement. Je sens là (*montrant son cœur*) un trait qui m'aiguillonne.

NICOBULE.

Tu mériterais plutôt qu'on t'aiguillonnât les fesses. Mais que veux-tu dire? Quoique je m'en doute déjà, je désire l'entendre de ta propre bouche.

PHILOXENUS.
Viden' hanc?
NICOBULUS.
Video.
PHILOXENUS.
Haud mala est mulier.
NICOBULUS.
Pol, vero ista mala, et tu nihili.
PHILOXENUS.
Quid multa? ego amo.
NICOBULUS.
An amas?
PHILOXENUS.
Necas.
NICOBULUS.
Tu homo putide, amator istac fieri ætate audes?
PHILOXENUS.
Quî non?
NICOBULUS.
Quia flagitium 'st.
PHILOXENUS.
Quid opus 'st verbis? meo filio non sum iratus.
Neque te tuo 'st æquom esse iratum : si amant, sapienter
    faciunt.
BACCHIS I.
Sequere hac.
NICOBULUS.
Eunt; eccas tandem! probri perlecebræ et persuastriceis,
Quid nunc? etiam redditis nobis filios et servom? an ego
Experior tecum vim majorem.

PHILOXÈNE, montrant Bacchis l'étrangère.

Vois-tu cette femme?

NICOBULE.

Oui.

PHILOXÈNE.

Elle n'est pas mal.

NICOBULE.

Très-mal, par Pollux, et toi pis encore.

PHILOXÈNE.

Enfin j'aime.

NICOBULE.

Tu aimes, toi?

PHILOXÈNE.

Ennuyeux censeur!

NICOBULE.

Vieil imbécile, toi amoureux à ton âge! oses-tu bien?

PHILOXÈNE.

Pourquoi non?

NICOBULE.

C'est un scandale.

PHILOXÈNE.

Trêve aux discours. Je pardonne à mon fils. Tu dois pardonner au tien. Ils aiment, ils ont raison.

BACCHIS L'ATHÉNIENNE, à sa sœur.

Viens.

NICOBULE.

Les voici enfin! Eh bien! endoctrineuses de vices, traîtresses, nous rendez-vous nos fils et mon esclave? Faut-il employer la force ouverte?

PHILOXENUS.

Abin' hinc?
Non homo tu quidem es, qui istoc pacto tam lepidam
  inlepide adpelles.

BACCHIS I.

Senex optume, quantum 'st in terra, sine hoc exorare
  abs te,
Ut istuc delictum desistas tanto opere ire obpugnatum.

NICOBULUS.

Nisi abeas, quamquam tu bella es, malum tibi magnum
  dabo jam.

BACCHIS I.

Patiar.
Non metuo, ne quid mihi doleat, quî ferias.

NICOBULUS.

Ut blandiloqua est!
Hei mihi metuo.

BACCHIS II.

Hic magis tranquillu 'st.

BACCHIS I.

I, i hac mecum intro, atque ibi, si quid vis, filium
  concastigato.

NICOBULUS.

Abin' a me, scelus?

BACCHIS I.

Sine, mea pietas, exorem.

NICOBULUS.

Exores tu me?

BACCHIS II.

Ego quidem ab hoc certe exorabo.

PHILOXÈNE, à Nicobule.

Va-t'en donc! As-tu perdu tout sentiment humain, de parler si vilainement à une si jolie femme?

BACCHIS L'ATHÉNIENNE, à Nicobule.

Vieillard, le meilleur des hommes, laisse-toi fléchir à ma prière. Plus d'emportement! plus de courroux contre les coupables!

NICOBULE.

Éloigne-toi, ou, malgré ta gentillesse, je te ferai un mauvais parti.

BACCHIS L'ATHÉNIENNE.

Je ne me défendrai pas. Je n'ai pas peur que tes coups me fassent du mal.

NICOBULE.

La syrène! ah! je crains bien pour moi.

BACCHIS L'ÉTRANGÈRE, montrant Philoxène.

Celui-ci est plus doux.

BACCHIS L'ATHÉNIENNE.

Allons, allons, entre avec moi, et tu gronderas ton fils, si tu veux.

NICOBULE.

T'en iras-tu, scélérate?

BACCHIS L'ATHÉNIENNE.

Monbon, laisse-toi fléchir à ma prière!

NICOBULE.

A ta prière? moi!

BACCHIS L'ÉTRANGÈRE, montrant Philoxène.

La mienne aura plus de succès auprès de lui.

PHILOXENUS.

Imo ego te oro, ut me intro abducas.

BACCHIS II.

Lepidum te!

PHILOXENUS.

At scin', quo pacto me ad te intro abducas?

BACCHIS II.

Mecum ut sis.

PHILOXENUS.

Omnia, quæ cupio, conmemoras.

NICOBULUS.

Vidi ego nequam
Homines, verum te neminem deteriorem.

PHILOXENUS.

Ita sum.

BACCHIS I.

I, i hac mecum intro, ubi tibi sit lepide victibus, vino
atque unguentis.

NICOBULUS.

Satis, satis jam vostri 'st convivi : me nihil pœnitet, ut
sim adceptus.
Quadringentis Philippis filius me et Chrysalus circum-
duxerunt,
Quem quidem ego ut non excruciem,
Alterum tantum auri non meream.

BACCHIS I.

Quid tandem, si dimidium auri redditur? isne tu hac
mecum
Intro, atque ut eis delicta ingnoscas?

LES BACCHIS.

PHILOXÈNE.

Oui certes, et même je te prie de m'emmener chez toi.

BACCHIS L'ÉTRANGÈRE.

Que tu es aimable!

PHILOXÈNE.

Mais si je me laisse emmener, c'est à une condition.

BACCHIS L'ÉTRANGÈRE.

Que je serai à toi?

PHILOXÈNE.

Tu combles mes vœux.

NICOBULE, à Philoxène.

J'ai bien vu des hommes dépravés; je n'en ai jamais vu de plus dépravés que toi.

PHILOXÈNE.

Je suis ainsi fait.

BACCHIS L'ATHÉNIENNE, à Nicobule.

Allons, viens avec moi, et tu auras tout à souhait, vin, bonne chère, parfums.

NICOBULE.

J'en ai assez et trop de vos festins; on n'a rien épargné pour me traiter de la belle manière. Quatre cents Philippes! Et ce voleur de Chrysale, l'agent de mon fils, il périra sur un gibet, dût-il m'en coûter encore autant.

BACCHIS L'ATHÉNIENNE.

Enfin, si l'on te rend la moitié de ton or, veux-tu me suivre, et leur pardonner leurs fautes?

PHILOXENUS.

                      Faciet.

NICOBULUS.

Minume; nolo..... nihil moror..... sine sic..... malo illos
    ulcisci ambo.

PHILOXENUS.

Etiam tu, homo nihili, quod di dant boni, cave culpa
    tua amissis.
Dimidium auri datur, adcipias, potesque, et scortum
    adcumbas.

NICOBULUS.

Egon', ubi filius conrumpatur meus, ibi potem?

PHILOXENUS.

                      Potandum 'st.

NICOBULUS.

Age, jam id, utut est, etsi est dedecorum, patiar; fa-
    cere inducam
Animum.... Egon', quom hæc cum illo adcumbet, in-
    spectem?

BACCHIS I.

                  Imo equidem, pol, tecum
Adcumbam, te amabo, et te amplexabor.

NICOBULUS.

                  Caput prurit : perii!
Vix negito.

BACCHIS I.

Non tibi venit in mentem, amabo : « Si, dum vivas,
« Tibi bene facias, jam, pol, id quidem esse haud per-
    longinquom;

PHILOXÈNE.

Il se rendra.

NICOBULE.

Point du tout! je ne veux pas.... Qu'est-ce que cela me fait?.... Laisse-moi.... j'aime mieux les punir tous deux.

PHILOXÈNE.

Comment, nigaud, tu perdrais par ta sottise le bien que les dieux t'envoient! On te donne la moitié de ton or; accepte, et fais bombance, et couche-toi à table à côté d'une jolie femme.

NICOBULE.

Qui? moi! qu'au lieu même où mon fils se perd, j'aille faire bombance?

PHILOXÈNE.

Eh! oui, buvons.

NICOBULE.

Allons, quelle que soit cette folie, je m'abandonne. Mon cœur se soumet... Comment! elle l'aura près d'elle à table, en ma présence?

BACCHIS L'ATHÉNIENNE.

Non, c'est toi qui seras avec moi, toi que j'aimerai, toi que j'embrasserai.

NICOBULE.

Mauvais augure! la tête me démange. Le *non* expire sur mes lèvres.

BACCHIS L'ATHÉNIENNE.

Pense-s-y, je t'en prie : « Jouissance dans la vie n'est pas de longue durée; et l'occasion perdue ne se retrouve plus ensuite chez les morts. »

« Neque, si hoc hodie amiseris, post in morte id eventurum esse unquam? »

NICOBULUS.

Quid ago?

PHILOXENUS.

Quid agas, rogitas etiam?

NICOBULUS.

Lubet, et metuo.

BACCHIS I.

Quid metuis?

NICOBULUS.

Ne obnoxius filio sim, et servo.

BACCHIS I.

Mel meum, amabo, istæc fiunt?
Tuus est : unde illum censes sumere, nisi quod tute illi dederis?
Hanc veniam illis sine te exorem.

NICOBULUS.

Ut terebrat! satin', obfirmatum
Quod mihi erat, id me exorat? tua sum opera et propter te inprobior.

BACCHIS I.

Nusquam me a te avelles : satin' ego istuc habeo obfirmatum?

NICOBULUS.

Quod semel dixi, haud mutabo.

BACCHIS I.

It dies, ite intro adcubitum.
Filii vos exspectant intus.

NICOBULE.

Que faire?

PHILOXÈNE.

Tu le demandes?

NICOBULE.

Je désire, et je crains.

BACCHIS L'ATHÉNIENNE.

Que crains-tu?

NICOBULE.

De donner trop d'avantage sur moi à mon fils et à mon esclave.

BACCHIS L'ATHÉNIENNE.

Dis-moi, miel de mon cœur, cela est-il possible? N'es-tu pas le maître? Peut-il dépenser sans que tu lui donnes? Accorde-moi leur grâce.

NICOBULE.

C'est une vrille que son langage. Faut-il qu'une résolution si bien prise cède à ses cajoleries? Me voilà perverti par toi et pour toi.

BACCHIS L'ÉTRANGÈRE.

Je ne te laisse plus te détacher de mes bras. Puis-je compter sur ta promesse?

NICOBULE.

Ce qui est dit est dit; je tiendrai parole.

BACCHIS L'ATHÉNIENNE.

Le jour s'avance, entrez et prenez place à table. Vos fils sont impatiens de vous voir.

NICOBULUS.

Quam quidem actutum emoriamur.

BACCHIS I.

Vesper hic est, sequimini.

PHILOXENUS.

Ducite nos quo lubet, tamquam quidem addictos.

BACCHIS I.

Lepide ipsi hi sunt capti, suis qui filiis fecere insidias :
   ite.

GREX.

Hi senes, nisi fuissent nihili jam inde ab adulescentia,
Non hodie hoc tantum flagitium facerent canis capitibus :
Neque adeo hæc faceremus, ni antehac vidissemus fieri,
Ut apud lenones rivaleis filiis fierent patres.
Spectatores, vos valere volumus, et clare adplaudere.

NICOBULE.

Oui, morts et enterrés.

BACCHIS L'ATHÉNIENNE.

Voici la nuit, venez.

PHILOXÈNE.

Conduisez-nous où il vous plaira; nous sommes vos captifs.

BACCHIS L'ATHÉNIENNE, aux spectateurs.

Nous avons pris joliment les vieillards qui venaient prendre leurs fils. (*A Nicobule et à Philoxène*) Marchez.

LE CHEF DE LA TROUPE, aux spectateurs.

Si ces deux vieillards n'avaient été des vauriens dans leur jeunesse, ils ne souilleraient pas aujourd'hui d'un pareil opprobre leurs cheveux blancs; et nous ne vous donnerions pas non plus ce spectacle, si nous n'avions vu des exemples de pères qui se trouvaient, dans des maisons de débauche, rivaux de leurs fils! Spectateurs, bonne santé pour vous; pour nous, des applaudissemens sonores.

NOTES
DE LA MARMITE.

Noms des personnages : — Euclion, ἐυκλειής, l'honorable, comme Déménète, l'homme digne des louanges du peuple (*voyez* tom. 1, pag. 373). — Staphyla, σ]αφυλή, grappe de raisin. Cette vieille, comme toutes les vieilles de la comédie ancienne, est loin de haïr le vin (*voyez* page 60, vers 10, 11, et la première scène de la *Cistellaria*, et la seconde du *Curculio*). — Eunomia, la régularité, la sagesse même; ce nom n'est pas une contre-vérité, non plus que celui du généreux Mégadore. — Strobile vient de σ]ρέφω, tourner, soit qu'on désigne l'activité, soit qu'on fasse allusion à un travers de taille ou de jambes. — Congrion et Anthrax ont emprunté leurs noms, l'un à un poisson délicat, l'autre au charbon ardent. — Pythodicus, espèce d'intendant, qui a des voleurs à surveiller, est bien appelé l'enquêteur de justice, πυνθάνεσθαι, δικη (*voyez* page 63). Lyconide a montré envers la douce Phædra un peu de la violence du loup, λύκος.

Ab eo donatur auro (p. 10). Cet argument, s'il n'est pas l'ouvrage de Priscien, fut composé du moins par quelque grammairien du Bas-Empire, lorsqu'on possédait beaucoup de collections manuscrites des œuvres de Plaute. C'est d'après un de ces exemplaires non mutilés que l'auteur fit cet argument analytique, lequel ne permet pas de douter que Plaute n'ait violé cette règle dictée par la raison, bien avant qu'Horace l'eût formulée dans ses vers :

.... Servetur ad imum
Qualis ab incœpto processerit, et sibi constet.

« Et qu'il soit jusqu'au bout tel qu'on l'a vu d'abord. »

Filio. Cette manière de parler, *donatur..... filio*, caractérise bien les habitudes de la loi romaine. La fille non mariée était en la puissance de son père, *in manu;* tout ce qui naissait d'elle était la propriété du père, comme les fruits que produit un domaine appartiennent au maître. Euclion était donc le maître du nouveau-né.

Venerans (Prologue, v. 8). Le mot *venerari* signifiait proprement le sentiment du respect religieux, puis, par extension, l'expression de ce respect, les vœux et la prière. On le voit employé comme synonyme de *precari, precibus petere*. Horace, *Sat.* II, 6 :

Si veneror stultus nihil horum.

Aliqui (v. 24). C'est la même chose que *aliquo, aliqua re.* Nous avons vu, et nous verrons encore souvent *qui*, syncope de l'ablatif ancien *quoi*, employé comme indéclinable, tantôt pour *quo* ou *qua*, tantôt pour *quibus*, p. 78, v. 458.

Le dieu Lare (p. 13). L'apparition de Mercure, au commencement de l'*Amphytrion*, n'avait rien qui nous étonnât. Ce merveilleux était en harmonie avec le genre du drame. Nous savions qu'on nous avait transportés dans un monde surnaturel. Mais ici les acteurs seront de simples mortels, fripons, fous ou vicieux pour la plupart; à peine un ou deux d'honnêtes et de raisonnables; enfin l'ordre commun des choses. Et voici que le génie domestique, le dieu du foyer, se montre à nos yeux, vivant et parlant. Avant qu'il nous eût dit qui il était, nous l'avions reconnu à sa figure et à son costume, une couronne de fleurs et de laine sur la tête, la dépouille d'un chien sur les épaules, peut-être un chien auprès de lui; car c'est le dieu gardien de la maison. Cette vue a bien aussi quelque chose d'imposant. Le culte des Lares se confond, par une vieille origine, avec celui des Lémures, ou des fantômes et des revenans. Avant qu'une sage loi eût ordonné de séparer la demeure des morts de celle des vivans, on enterrait dans la maison les membres de la famille. C'est un usage qui subsiste encore à présent chez les Égyptiens. Les âmes des aïeux habitaient leurs anciens foyers, protégeaient leurs familles; c'étaient les dieux Lares. Ainsi les dieux domestiques s'associaient dans les opinions religieuses des Romains avec le culte des ancêtres. Dieux bons et désintéressés d'ailleurs, ils se contentaient, comme le Génie, de fleurs, de quelques grains d'encens, d'un peu de vin ou de lait. (Voyez *Mémoires de l'académie des Inscriptions*, tom. I, pag. 26.)

Mais n'est-ce pas une trop grande hardiesse à Plaute, d'employer les machines tragiques dans la comédie? Accordez-lui cette licence; autrement il la prendra de sa propre autorité, par le droit du talent, qui sait combiner et façonner toutes choses pour ses desseins. Vous en verrez bien d'autres! Tantôt la Débauche avec sa fille la Pauvreté (*Trinumus*), tantôt l'étoile Arcture (*Rudens*), tantôt le dieu Secours (*Cistellaria*). Mais toutes ces divinités seront si bien disantes, si gaies, ou si sages, que vous oublierez vos préceptes sur les bienséances des genres et les vraisemblances du spectacle. Elles vous mettront en belle humeur, ou vous feront pressentir avec intérêt la moralité du drame. Après les avoir entendues, vous seriez bien fâché qu'elles n'eussent pas osé mettre le pied sur une scène comique.

Ici, l'à-propos suffirait pour justifier le choix du personnage. On doit nous faire connaître le grand mystère de l'action; car les Romains n'aiment pas ou ne savent pas deviner. Il faut qu'on les mette au fait d'avance, qu'on leur donne un programme. Si ce n'est Euclion qui vient lui-même nous révéler son secret, il faut bien que ce soit le dieu Lare, car il en est l'unique dépositaire.

Thesaurum (Prol. v. 7). Il est souvent question de trésor dans la comédie ancienne (*voyez* le *Trinumus*, l'*Eunuque* de Térence, prol. vers 10, et la préface de cette pièce-ci, page 5). C'est que, dans la réalité, les trésors étaient d'un usage fort commun, et ils devaient l'être. En effet, pour tout ce qui n'était pas négociant de profession, il n'y avait pas d'autre placement d'argent que le prêt à usure ou des achats de domaines. On ne savait pas ce que c'était qu'une entreprise sociale de commerce; l'industrie était dans la main des esclaves, et l'on n'aurait jamais pu, sans se déshonorer, être marchand ou industriel. Que faire d'une somme qu'on voulait tenir en sûreté à sa disposition? pas de moyen de la convertir en papier, point de rentes sur l'état, point de banque nationale ou particulière. Ajoutez la crainte des guerres intestines ou des guerres d'invasion, le pillage à tout propos, dans des pays divisés en une multitude de cités qui avaient toujours l'ennemi à leurs portes, ou des séditions dans leurs murs. Pour dérober son or aux hommes, on le confiait à la terre. Mais, soit dans l'exil ou pendant un voyage, soit par le glaive de l'ennemi ou par le poignard des brigands, une mort soudaine emportait le propriétaire, et le propriétaire emportait avec lui son secret. C'est à de tels accidens que nos musées modernes doivent les trois quarts de leurs médailles. O providence des antiquaires! et cependant ils n'ont fait que glaner après les favoris d'Hercule. Car beaucoup de richesses qui devaient être dévolues à la science, furent interceptées par ce dieu jaloux de nos plaisirs. Combien de gens firent fortune en déterrant un trésor, par la grâce d'Hercule! Aussi ne manquaient-ils pas d'en consacrer la dixième partie à Hercule *inventeur*, comme depuis, dans le monde chrétien, l'église préleva la dîme pour tous les biens de la terre, qu'on devait à sa bénédiction. La part d'Hercule était devenue expression proverbiale, de même que parmi les souhaits ordinairement formés par la cupidité des hommes, les moralistes comptaient celui de découvrir un trésor caché. (HORACE , *Sat.* II, 6, 8-13 ; PERSE, *Sat.* 2, 10.)

Enfin il s'établit une jurisprudence, une législation dans l'empire romain, sur cette matière, comme pour les autres affaires de la vie civile.

Les empereurs supplantèrent le dieu. Son privilège tout au moins fut abandonné à la bonne volonté du découvreur. Mais ils réglèrent eux-mêmes leur droit dans le partage, et ne se contentèrent pas de la part d'Hercule : Constantin passa pour généreux en ne prenant que moitié (COD. THEOD., X, *Tit.* 18). Quelques-uns de ses prédécesseurs avaient tout pris (JAC. GOTHOG., *Ad h. l.*). Les dieux de la terre coûtaient plus cher que ceux du ciel. Mais enfin l'empereur Léon le Jeune, plus équitable, renonça entièrement à cette spoliation légale (C. JUSTIN., X, *Tit.* 15).

Cereris vigiliis (Prol. v. 36). On reconnaît ici la trace de l'original grec. Les législateurs romains, gens austères et soupçonneux, avaient réservé le mystérieux de la religion, comme celui de la politique, pour les hommes d'état ; les actes de la foule devaient être vus et surveillés en toute espèce de cause. Point de culte secret, point de fêtes nocturnes parmi les femmes : c'était la maxime du gouvernement de Rome (CIC., *de Legib.*, II, 9). Les féries latines étaient célébrées en partie pendant la nuit, mais par les sénateurs et sous leurs yeux (LUCAN., *Phars.*, V, 402 ; VII, 394). Le culte de Cérès, adopté par les Romains, ne l'avait pas été sans quelque modification.

Mais les Grecs n'étaient ni si craintifs ni si sévères ; et, entre leurs fêtes nocturnes, celles d'Éleusis, les Thesmophories, attiraient le plus grand concours de dévôts et de curieux de tous les pays de la Grèce et du monde La cinquième nuit seulement, elles étaient couronnées par la Dadouchie, ou procession des flambeaux. Pendant cette longue solennité, tandis que les initiés se préparaient par le jeûne et par toutes sortes de purifications, Cérès sait ou ne sait pas tout ce qui se passait dans cette réunion confuse, où se mêlaient tant de jeunes gens animés de tout autre sentiment que la piété. Les violences, les enlèvemens étaient favorisés par l'obscurité de la nuit ; et les étroites limites du territoire de chaque cité devaient exciter l'audace par la facilité d'échapper aux poursuites. Quelques lieues parcourues, le coupable se trouvait en pays étranger ; il avait mis plusieurs états entre lui et le lieu du crime ; et l'on n'avait pas encore inventé le droit d'extradition.

Si les aventures de cette espèce n'avaient pas été fréquentes, on n'en aurait pas fait un ressort de comédie. La vraisemblance théâtrale a son fondement dans les habitudes de la vie commune (*Cistell.*, I, 3, 10 ; *Epidicus*, IV, 1, 13).

Stimulorum seges (v. 6). Plaute est admirable pour la fécondité de son imaginative à trouver des qualifications comiques pour les esclaves. L'un est, comme ici, assimilé à un champ où poussent en abondance les bâtons ferrés ; un autre sera une statue de coups de fouets (*verberea statua*) ; un autre, l'enfer des verges (*ulmorum acheruns*).

Malæ rei (v. 29). A combien de dangers n'était-on pas exposé chez les anciens ! Tantôt c'était un sort que jetait une main mauvaise ou un mauvais regard, *mala manus*, *malus oculus*, et l'on perdait la raison ; ou bien la rencontre de Cérès ou de Bacchus pouvait rendre un homme fou. A présent, ce ne sont plus les sorts et les fascinations qui troublent l'esprit; c'est..... c'est autre chose. Il faut bien que folie ne manque jamais sur terre.

Literam longam (v. 38.). Cette lettre longue est un grand I. L'*i* se doublait en hauteur dans les mots où l'orthographe exigeait qu'il fût double : DIIS, AUSPICII ; ou quand il était long par la prononciation, c'est-à-dire quand il valait le double d'une brève, CIVIS, OCCISUS. La vieille s'imagine que son cadavre pendu et allongé, les bras tombant contre les côtes, fera une figure pareille. Si la plaisanterie n'est pas fine, elle est juste au moins. Elle semble mieux placée dans le discours d'une servante, que dans l'épigramme du poète Ausone.

Araneis (v. 45). Catulle (épigr. XIII) disait à peu près de même : *Nam tui Catulli Plenus sacculus est aranearum*.

Philippum.... Darium (v. 47). Les rois de Perse furent de tout temps renommés pour leur opulence; et leur nom, comme celui du roi de Lydie, passa en proverbe pour exprimer une immense fortune. Philippe, le père d'Alexandre, qui avait commencé par être un roi fort pauvre, finit par mériter le même honneur, si c'en est un. « Ayant appris qu'il existait dans ses états des mines exploitées dès les temps les plus anciens, et de son temps abandonnées, il fit fouiller celles qu'on avait ouvertes auprès du mont Pangée. Le succès remplit son attente, et ce prince, qui auparavant ne possédait en or qu'une petite fiole qu'il plaçait la nuit sous son oreiller, tira tous les ans de ces souterrains plus de mille talens. » (*Voyage du jeune Anacharsis*, chap. LV, à la fin.) Cela fit que la majeure partie de la monnaie d'or en circulation était frappée à l'effigie du roi Philippe. Les Philippes, *aurum philippeum*, étaient alors en aussi grande faveur, que le furent chez les peuples modernes les ducats d'Espagne. On sait que les trésors de Persée apportés à Rome par Paul Émile y firent cesser entièrement les tributs que payaient les citoyens (CIC., *de Offic.*, II, 22).

Quod quispiam, etc. (v. 52). Pour l'explication de cette tournure de phrase, *voyez* tome I, page 387.

Quid agam (v. 78). C'est une chose qui mérite une attention particulière que ces termes du langage familier, qui reviennent à chaque instant dans le dialogue. A les prendre à la lettre, ils signifieraient tout autre chose que ce qu'on veut dire. Vous verrez les personnages des comédies entrer en conversation par cette formule : *Quid agis?* Prendrez-vous cette interrogation pour une inquisition impérieuse ou pour une curiosité indiscrète? Vous serez dans l'erreur. Cela équivaut tout simplement à nos expressions : *Comment vous en va? Comment vont les affaires? Comment cela va-t-il?* Cette locution a ses variétés : *Quid agitur? Quid fit?* On conçoit alors combien Euclion a l'esprit ombrageux de s'effaroucher de ces paroles. Il y a dans la langue allemande une manière de parler tout-à-fait analogue : *Was machen Sie?* Quelquefois, par l'équivoque du sens étymologique et de la signification d'usage et de convention, cette phrase donnait lieu à des jeux de mots. *Quid agis?* — *Quod miser*, etc. (*Epidic.*, v, 1, 8). Cicéron raconte que le tribun Drusus, dont l'ambition troublait l'état, salua un jour un crieur public nommé Granius en se servant de la formule ordinaire : *Quid agis, Grani?* L'autre lui répondit avec autant d'esprit que de hardiesse : *Imo vero tu, Druse, quid agis?* (*Pro Plancio*, 14.)

Odiosas (v. 84). Les Romains étaient peu mesurés dans leurs expressions ; ils ne connaissaient guère, du moins dans les temps anciens, ces nuances de langage qu'on s'étudie à saisir chez les nations polies. Un même mot, chez eux, confondait l'ennui avec la haine. « Vous m'ennuyez, vous m'êtes odieux, » c'était même chose, au moins dans les termes. « *Ecce odium meum*, » dit un personnage de Plaute. Ne signale-t-il pas un ennemi? Non, ce n'est qu'un importun.

Merito omneis habemur. Les femmes ne devaient pas aimer Plaute, car il les a fort maltraitées. Tous ces lieux communs des mauvais plaisans sur leur babil, sur leur humeur fantasque, sur les chagrins qu'elles causent aux maris, se reproduisent en cent façons dans ses comédies. Du reste, c'étaient propos renouvelés des Grecs. Ne trouve-t-on pas ce dialogue dans Aristophane : « Les hommes disent que nous sommes actives pour le mal ; — et ils disent vrai. » (*Lysist.*, v. 11.) Et plus bas : « Que le sage pensée pourrait entrer dans l'imagination d'une femme? » Singulière perpétuité de méchantes traditions ! étrange opiniâtreté de la malice satirique ! Car nous préserve le ciel de croire qu'il y ait rien de vrai au fond de tout cela! Je ne pardonne pas à Plaute ces impertinences. Encore s'il les avait mises sur le compte de quelque fripon d'esclave! Mais ce sont les gens les plus raisonnables de ses pièces qu'il fait parler en ce sens, un Amphitryon, un Périplectomène dans le Guerrier fanfaron, un Mégaronide, un Calliclès dans le *Trinumus*, enfin tout-à-l'heure un Mégadore, et Eunomie elle-même, qui vient accuser tout son sexe avec elle. La méchanceté du poète lui porte malheur; car il oublie ici les règles de la vraisemblance, et quelquefois ailleurs celles de la bienséance, lorsqu'il prête aux détracteurs des femmes des lazzis peu dignes de leur âge et de leur caractère.

Mais le peuple romain, qui entendait ces discours, en riait sans s'inquiéter des convenances. Il paraît que ses magistrats ne l'accoutumaient pas à être fort délicat sur ce point. Voici une allocution du censeur Metellus au peuple romain : « Si nous pouvions nous conserver sans épouses, Romains, nous nous passerions de cet ennui. Mais puisque la nature a voulu qu'il soit également impossible d'être heureux avec les femmes, et d'exister sans elles, il faut sacrifier le bonheur de notre vie à la conservation de l'état. » (AULU-GELLE, *N. A.*, I, 6.)

Que conclure de toutes ces attaques? Ce ne sont que de vaines médisances de sujets révoltés contre une puissance qu'ils ne peuvent décliner, et dont ils se vengent par des chansons. Les Romains, très-durs envers les femmes dans leurs lois, étaient fort bonnes gens dans leurs maisons et dans la pratique de la vie. On cite une parole naïve de Thémistocle : « Cet enfant, disait-il en montrant son fils en bas âge, gouverne les Athéniens; car je commande aux Athéniens; ma femme me commande, et il commande à sa mère. » Il y avait beaucoup de Thémistocles parmi les bourgeois de Rome, sous le rapport de la subordination domestique (*voyez* tom. I, pag. 377).

Da mi operam (v. 102). Locution vulgaire qui peut s'accommoder à différens usages. Prêter son soin à quelqu'un qui veut parler, c'est l'écouter avec attention, comme ici, et plus bas, vers 156, et dans le prologue des *Captifs*, vers 6, et en mille autres lieux. Ce sera aussi accompagner quelqu'un dans une course ou dans une promenade; comme faisaient Dave et Antiphon auprès de Phédria, lorsqu'il allait voir sa belle (TERENT., *Phormio*, 1, 2, 37). En un mot, c'est faire ce que désire quelqu'un. Mais la signification la plus commune est celle d'écouter ; et Plaute quelquefois tourne l'expression en plaisanterie selon sa coutume : *Aurium operam tibi dico.*

Cerebrum excutiunt (v. 109). On disait proverbialement « ce discours me fend la tête, » quand on entendait quelque chose de fâcheux (voyez *les Deux Bacchis*, v. 216).

Factiones (v. 124). Ce mot, dans le vieux langage de Plaute, signifie l'*opulence*, la *puissance* d'un particulier (*Cistellar.*, 271 ; *Trinum.*, 393, 408, 432, 438), et même *factiosus* prend le sens analogue de *opulent*, *puissant* (voyez plus bas, 185). *Factio* et *factiosus*, dit le grammairien Festus, étaient des termes honorables dans le principe ; d'où l'on a conservé *factiones histrionum*, *factiones quadrigariorum* (*voyez* aussi NONIUS MARCELLUS, c. IV, n° 191). La signification changea bien par la suite. Comment se fit le changement ? Dans l'origine, les riches furent les patrons des familles pauvres, autant pour profiter de leur secours que pour les protéger. Les cliens se cotisaient pour payer la rançon du patron, s'il était pris à la guerre, ou pour grossir la dot de sa fille ; ils le soutenaient de toutes leurs forces dans ses candidatures. La clientèle était en quelque sorte une tribu sous l'empire du patron. Mais quand les idées de gouvernement devinrent plus nettes et plus régulières, et que l'on comprit que les particuliers ne devaient point être des puissances dans l'état, mais que l'état devait être la seule puissance, les partisans dont on s'entourait, cliens, créatures, de l'appui desquels on avait abusé trop souvent pour se disputer les honneurs dans le forum, ne furent plus regardés que comme des instrumens de l'ambition contre l'autorité des lois : les mots désignèrent alors ce que faction et factieux expriment dans notre langue.

Curialium (v. 136). Ce mot ne signifiait, au temps de Plaute, que les particuliers composant la curie, comme *tribules*, les membres de la même tribu. Mais depuis que la conquête eut multiplié les colonies et les municipes dans le monde romain, et que des villes eurent obtenu le droit de cité romaine, chaque commune eut son sénat, *curia*, et tous les citoyens qui participaient par leurs suffrages aux élections et aux affaires municipales, en raison de leur fortune, se nommaient *curiales*, à la différence des plébéiens, *plebs urbana*; malheureux patriciens de province, chargés, surchargés d'impôts au profit de la métropole, qui les avait adoptés, comme une avide et impitoyable marâtre. La législation du Bas-Empire concernant ces pauvres *curiales*, fait frémir (voyez *Cod. Theod.*, liv. XII).

Magister (v. 137). Romulus, ou les législateurs antiques représentés par ce personnage, avaient distribué le peuple de la ville en trente parties, qu'on appela curies, et qui avaient chacune leur temple nommé aussi *curia*, leurs dieux et leurs héros protecteurs, leurs féries, leur culte. C'étaient comme les paroisses modernes. A Rome particulièrement, les divisions civiles furent établies sur les bases de l'administration religieuse et militaire. Il y avait un chef de la curie qui présidait aux actes de la religion (*sacris*); il avait le titre de *magister curiæ*, ou de *curio*. C'était lui aussi qui faisait notifier les jours de marché, et qui réglait les affaires communes de la curie. Il cumulait les fonctions analogues à celles de maire et de curé.

Animus domi 'st. (v. 138). Un de nos célèbres contemporains (M. Charles Nodier) a dit avec grâce : « On annonça cette démarche en termes trop flatteurs à Paris et dans les provinces, où mon cœur vit pour le moins autant qu'à Paris. » Cicéron affaiblit une pensée semblable par la prolixité en parlant de Balbus, qui aimait toujours son pays natal, quoique devenu citoyen de Rome : *Lœtandum hujus L. Cornelii benivolentiam erga suos remanere Gadibus, gratiam et facultatem commendandi in hac civitate versari.* (*Pro Balbo*, 18.)

Harpagatum (v. 158). Heureux emprunt fait aux Grecs, énergique expression, que les Latins plus modernes auraient dû conserver. On ne retint que les mots *harpaga*, *harpago*, pour nommer une espèce de main de fer, avec laquelle on accrochait les vaisseaux ennemis, afin de les prendre à l'abordage. Le mot de Plaute n'a pas été perdu pour Molière, et l'honneur d'avoir nommé la famille immortelle des Harpagons se partage entre lui et le poète latin.

Ex paupertate (v. 163). Les interprétations varient pour ces mots : des savans entendent « par l'effet de la pauvreté. » J'ai préféré l'autre sens, parce qu'il ne semble pas renfermer, comme celui-ci, une sorte d'excuse du vice que l'auteur veut flétrir, et parce qu'il donne à l'expression plus d'élégance comique. D'ailleurs Plaute dit, dans une autre pièce, *de sodalitate* pour *e sodalibus*. (*Mostell.*, v, 2, 4.)

Salvom'st, si quid, etc. (v. 164). Ce malheureux, toujours inquiet, toujours ingénieux à se tourmenter, craint d'en avoir trop dit par ces mots « elle est sauvée. » Il se reprend aussitôt : « une chose est sauvée, quand elle n'est point perdue. Il ne faut pas que je donne trop de portée à mes paroles ; mon trésor est sauvé jusqu'à présent ; mais il n'est pas sauvé pour toujours, sa sûreté ne m'est pas garantie. »

Fide (v. 170). Sous-entendez *quali*. La fortune réglait le rang des citoyens, d'après l'institution de Servius Tullius ; le prolétaire n'était rien dans l'état ; les riches, en petit nombre, faisaient la majorité des centuries, et donnaient ou obtenaient les honneurs. Il paraîtra donc naturel que les personnages de Plaute montrent tant d'estime pour ceux qui prennent soin de conserver et d'augmenter leur bien (*res*) ; qu'ils fassent de ce soin le premier devoir de l'homme vertueux, de celui qui prétend à la considération. Le monologue du jeune Lysitèle, dans le *Trinumus*, est très-curieux par rapport à cette particularité des mœurs romaines. C'est d'après ces idées qu'on doit traduire ici le mot *fides*. L'opinion qu'on a de la solvabilité d'un citoyen, son crédit, est une partie de sa fortune, en est la garantie, et en même temps la base de son état d'homme considéré et considérable. Voilà pourquoi ces deux mots *res* bien, et *fides* crédit, honneur, se trouvent si souvent joints ensemble dans Plaute lui-même (*Epidic.*, 192 ; *Mostellar.*, 144 ; *Trinum.*, 220.) Qu'on s'étonne après cela qu'avec le progrès du temps ces habitudes aient engendré la *romaine avarice*.

Quæ res recte vortat (v. 175). Cette phrase est une des nombreuses formules du langage usuel, qui tenaient aux habitudes graves et religieuses du peuple romain. Ils redoutaient les paroles de mauvais augure, et recherchaient celles d'heureux présage, au commencement de toute chose. C'est pour cela que les particuliers, dans leurs transactions, les magistrats et les orateurs, dans les actes publics, faisaient précéder leurs discours de quelque précaution de piété ou de superstition, comme on voudra l'appeler (CICÉRON, *de Divin.*, I, 45; VARR., *de Ling. lat.*, V, 9). Le jeune Lyconide tout-à-l'heure n'y manquera pas (v. 738), non plus qu'Hégion, dans *les Captifs* (v. 290), et Philton, dans le *Trinumus* (v. 441).

Desponde (v. 195). Chez les Romains, peuple circonspect, rigide observateur de la tradition et de la règle, tout se réduisait en formules. Dans les premiers temps, les patriciens s'étaient emparés des grandes magistratures par le privilège des auspices. Lorsqu'on eut enfin démontré, établi en droit qu'un plébéien pouvait prendre les auspices sans profanation, et par conséquent n'être plus exclus du consulat et de la préture, les principaux citoyens imaginèrent d'assujétir à une infinité de formalités et de formules, tous les actes et les termes des contrats civils, ce qui mettait les ignorans en la dépendance des hommes instruits, le petit peuple à la merci des grands. L'aristocratie reprenait, par les rapports de patronage et de clientèle, ce qu'elle avait perdu en prérogatives politiques. Tout citoyen considérable était le jurisconsulte de ses cliens.

> Romæ dulce diu fuit et solenne, reclusa
> Mane domo vigilare, clienti promere jura.
> (HORAT., *Epist.* II, 1, 103.)

> « Dans Rome plus sauvage, on se piqua long-temps
> D'ouvrir, au point du jour, sa porte à ses cliens. »
> (DARU.)

Cicéron se moquait, avec beaucoup d'esprit, de l'abus des formules, comme on s'est moqué chez nous du style de la pratique. De son temps, elles avaient perdu de leur mystérieuse autorité (*pro Murœna*, 11, 12, 13). Plaute se conformait au génie de ses contemporains, lorsqu'il reproduisait, à chaque occasion, les formules du droit civil : ici, celle des fiançailles (*sponsalia*); dans *les Bacchis* (v. 832, 834), celle d'une rançon à payer; dans *les Captifs* (v. 111, 113), celle d'une vente.

Castrandum (v. 207). Cette idée n'est pas romaine, du moins pour cette époque. Ce n'est que vers la fin du sixième siècle, long-temps après la mort de Plaute, que les femmes commencèrent à user de ce luxe effronté, qui était venu de l'Asie dans la Grèce, et qui passa de la Grèce à Rome. Ménandre, traduit par Térence, atteste qu'il était du bon ton chez les Grecs, dans les grandes maisons, d'avoir des eunuques parmi ses esclaves (*Eunuch.*, 1, 2, 87). Les eunuques dûrent être introduits en foule à Rome, avec tout l'attirail de la mollesse asiatique, après la conquête du royaume d'Antiochus-le-Grand par L. Scipion, frère de l'Africain (TITE-LIVE, XXXIX, 6). Ils devinrent une partie essentielle du service des dames romaines, service dont le fabuliste Phèdre donne l'inventaire abrégé en quelques vers (IV, 5, 22). Ensuite ils figurèrent dans le palais impérial, parmi les favoris du prince; ils gouvernèrent l'empire; quelques-uns commandèrent les armées.

Quem..... ludos facias (v. 209). Cette expression mérite qu'on la remarque : faire de quelqu'un un jeu, un spectacle.

Num quæ causa 'st (v. 218). On rencontrera très-souvent dans Plaute cette locution avec la réponse. Quand on proposait à quelqu'un un traité, un arrangement, on lui disait ainsi : *Numquæ causa*, ou plutôt *Numquid causæ est, quin id fiat*, « y a-t-il une cause qui empêche de faire telle chose ? » S'il acceptait, il répondait : *Imo optuma*, ou simplement *optuma*, ou *optumum 'st*. « Non certes, il y a un très-bon motif pour qu'elle se fasse. » En cas de refus, il disait : *Nulla*, c'est-à-dire, il n'y a point de motif de la faire (voyez *les Captifs*, vers 247; *Trinumus*, avant-dernier vers; TÉR., *Andr.*, V, 2, 46).

Vascula (v. 226). Voilà bien l'avare, toujours tremblant qu'on ne le ruine, ou qu'on ne le croie trop riche. Les autres font préparer et nettoyer les ustensiles des sacrifices, *vasa pura adornari* (*Amph.*, vers 785). Mais Euclion emploie un diminutif; ses apprêts doivent être chiches et pauvres comme lui-même.

Mistum (v. 235). Chez les anciens, on ne pouvait guère boire le vin pur; il était trop fumeux et trop noir. Le mélange était fait d'avance par les esclaves, suivant les proportions réglées par le roi du festin ou par le maître de la maison (*magister, arbiter bibendi, pater cœnæ*). Les échansons puisaient dans les cratères où le mélange était préparé. De là *miscere*, pour dire *apprêter, verser à boire*. Ainsi il ne faut pas écrire ici *malum mœrore mistum*, ce qui serait insignifiant. La vieille veut dire qu'elle aura à avaler un terrible chagrin ; le sort lui a préparé le breuvage, *mistum mœrorem*. Cette métaphore est toute naturelle dans le langage de la vieille, dont le nom seul nous fait soupçonner des habitudes d'ivrognerie, et dont le langage confirmera cette opinion (v. 305). Toutes les vieilles de la comédie latine sont grandes buveuses (voyez *Curcul.*, vers 96 et suiv. ; *Cistell.*, vers 20). Et la vieille de la fable de Phèdre n'est-elle pas digne de rivaliser avec elles (III, 1) ?

Conduxit cocos (v. 236). Voyez la différence des coutumes de vivre entre les personnages de Plaute et ceux de Térence, c'est-à-dire avant et après la seconde guerre punique. Chez Plaute, les citoyens vont eux-mêmes au marché (*Bacch.* ; *Captiv.* ; *Mercator*). Ils n'ont point d'habiles cuisiniers parmi les esclaves de leur maison. C'est une servante qui fait leur ménage (*Mercat.*). S'ils ont un repas à donner, ils vont au Forum louer un cuisinier (*nec coquos vero habebant in servitiis, eosque ex macello conducebant*, PLINE, XVIII, 28). Voilà le vieux temps. Mais il n'est pas question de ces cuisiniers de louage dans Térence. On pourrait les regretter, car ils sont fort plaisans, du moins sur la scène de Plaute. Je crois qu'ils donnaient plus de tourment que d'envie de rire à ceux qui les employaient. C'étaient des centimanes pour le larcin ; Argus, avec tous ses yeux, n'aurait pas pu être assuré contre eux. Encore, s'ils avaient connu tous les secrets de l'art culinaire ! Quand les Metellus, les Fulvius, les Sulpicius eurent goûté les mets friands de la Sicile, de la Grèce et de l'Asie, ils renvoyèrent aux petites gens les cuisiniers ambulans, qui n'eurent désormais qu'à mourir de faim. Les Romains alors surent apprécier un bon cuisinier, tandis que, chez leurs ancêtres, gens grossiers et ignorans, cet office avait été abandonné aux plus vils esclaves (TITE-LIVE, XXXIX, 6). Un bon cuisinier se paya jusqu'à vingt mille sesterces (16,000 fr.). Les Romains n'étaient pas des amateurs moins fins, moins sensibles du vrai mérite, que ce marin qui, après un repas, fit venir son cuisinier et lui dit : « Viens, çà, coquin, que je t'embrasse ; je ne veux mourir que de ta main. » L'art de la cuisine prit à Rome, selon le témoignage de Pline, un rang proportionné à son perfectionnement, et il finit par commander aux maîtres du monde, *imperatoribus quoque imperaverunt* (*Hist. nat.*, XXIV, 1). Horace dit même que la jeunesse romaine avait encore plus de goût pour la cuisine que pour les plaisirs de l'amour, *nec Veneris tantum quantum studiosa culinæ*.

Tibicinas (v. 237). Les joueurs ou les joueuses de flûte étaient de toutes les fêtes. Point de solennités de famille sans un sacrifice, point de sacrifice sans joueuse de flûte ou de cithare (voyez *Epidic.*, v. 194). Je me souviens d'avoir lu dans Plutarque, qu'un jour Scipion Émilien, voyant arriver dans une assemblée un homme qui lui voulait mal, dit d'un air railleur : « Est-ce que nous allons faire un sacrifice ? » Cet homme avait été joueur de flûte. Si l'on en croit le témoignage de Plaute (v. 514), les musiciennes aimaient beaucoup à boire. Ovide fait une réputation pareille aux hommes de la même profession (*Fast.*, VI, 672-684).

At scin'.... quomodo? (v. 263). Locution elliptique, rarement complétée dans le discours ordinaire, mais qui se complète quelquefois, comme au huitième vers de cette pièce. Elle exprime tantôt l'annonce d'une chose surprenante, comme ici; tantôt, et très-souvent, la menace, comme dans le vers cité tout-à-l'heure, et dans *Amphitryon*, v. 200.

Cocus nundinalis (v. 280). Ce passage a fort exercé les commentateurs, qui, selon leur habitude, ne s'accordent point ensemble. Quelques-uns veulent que Congrion témoigne son mépris pour Anthrax, en disant qu'il n'est bon qu'à faire des repas funèbres : ces repas se donnaient ordinairement le neuvième jour. Mais, outre qu'il n'est pas certain que Plaute eût mis indifféremment *nundinalis* à la place de *novemdialis*, terme consacré pour cet usage, Anthrax aurait-il pu regarder comme une injure qu'on l'appelât un cuisinier de repas funèbre ? Les amis et les parens étaient invités à ces festins aussi somptueux que le permettait la fortune de la famille; et dans ces réunions, tout en honorant le mort, les vivans s'occupaient à bien vivre. C'était pour les riches et les grands une occasion de montrer leur magnificence. Il y en avait qui faisaient des sacrifices publics (*visceratio*), et qui distribuaient au peuple la chair des victimes. Cet usage des repas funèbres subsiste encore en beaucoup de pays, et l'on n'y épargne ni la bonne chère ni le vin, quand on en a. Dans un petit canton de notre Bretagne, on a coutume de s'assembler à table après les funérailles ; on chante des antiennes, on pousse des cris en forme de refrain, et l'on boit à chaque repos, et les repos sont fréquens, et l'on s'enivre en mémoire du mort.

Décidément Anthrax ne faisait point de repas funèbre. Mais il pouvait bien travailler pour les habitans de la campagne, qui venaient toutes les nondines, ou tous les neuf jours, à Rome, pour leurs affaires civiles ou pour les marchés. Les nondines étaient des jours fériés, quant aux travaux des champs, mais non pour les occupations de la ville et pour les jugemens. Il y avait, ces jours-là, dans Rome, grande affluence des habitans de la banlieue : c'était alors que le tribunal du préteur et l'*atrium* des jurisconsultes étaient assiégés par les solliciteurs et les plaideurs, tandis que le Forum fourmillait de gens qui achetaient et qui vendaient. Les affaires finies, ceux qui ne s'en retournaient pas chez eux en toute hâte, allaient prendre du bon temps à la table de leurs amis. Anthrax est donc un de ces cuisiniers qui ne trouvent d'emploi qu'une fois en neuf jours, et pour servir des gens rustiques ; malheureux fripe-sauce, comme dit maître Rabelais.

Temeti nihil (v. 311). Il était prescrit de s'abstenir de vin pendant la fête de Cérès, et de jeûner jusqu'au soir, en commémoration de la douleur de la déesse, qui n'avait pris ni repos ni alimens, tandis qu'elle cherchait sa fille enlevée. Cette fête était célébrée principalement par les femmes, et l'on sait que l'usage du vin leur fut interdit, sous peine de mort, par les lois de Romulus. Croirait-on qu'il y eut un homme assez cruel ou assez fou pour faire l'application de cette loi à sa femme, et qu'il se trouva un historien assez niais pour louer cette atrocité de sauvage parmi les traits de sévérité antique (VALER. MAX., VI, 3, 9) ?

Ipsus (v. 312). On trouve encore cette forme du pronom *ipse* dans Térence (*Hecyr.*, III, 5, 5), dont la diction a une physionomie beaucoup plus moderne que celle de Plaute, et aussi dans Lucrèce (VI, 402). Le mot *ipse*, désignant soit le maître de la maison, soit les chefs, par rapport aux disciples ou aux soldats, se voit très-fréquemment (*Casina*, IV, 2, 11; VIRG., *Georg.*, IV, 82). C'est le ὁ αὐτός des Grecs, *ipse dixit*.

In puteo (v. 321). La maison de chaque citoyen était pourvue d'un office pénal, d'un arsenal patibulaire : correcteurs, bourreaux, prison, instrumens de tortures et de supplice, rien n'y manquait. On appelait la prison *puteus*, parce qu'elle était enfoncée dans un souterrain, où l'on attachait les coupables à un poteau (voyez *le Pœnulus*, v. 955; *les Bacchis*, v. 776). Tel est le régime de la servitude domestique. Il serait difficile de dire si elle outrage plus l'humanité dans la personne de l'esclave, qu'elle ne la pervertit dans celle du maître. Que devient la morale publique et privée avec ces habitudes de puissance abusive et cruelle? Il n'y eut jamais de civilisation véritable, qu'après l'abolition de l'esclavage. C'est de ce moment aussi que cessa l'état de guerre dans l'intérieur des foyers, entre le maître entouré de captifs qu'il craignait, et la foule des esclaves qui haïssaient leur maître. Voulez-vous voir un monument curieux des misères de cette tyrannie domestique, lisez le discours de C. Cassius dans les *Annales* de Tacite (XIV, 43, 44).

Congrum, murœnam (v. 355). On commençait alors à connaître le prix d'un poisson friand chez les Romains. Mais qu'on était loin de ce degré de perfection auquel on parvint ensuite dans la science du gourmet! Les Romains du siècle de Plaute, et même les contemporains de ce Gallonius, surnommé *Gurges*, qui se fit mettre à l'amende pour avoir mangé un énorme esturgeon (LUCIL., *Sat.* II), se seraient-ils doutés que leurs descendans distingueraient le poisson de mer pris dans la mer même, de celui qui aurait été pêché en eau douce, après avoir remonté le Tibre (HORACE, *Sat.* II, 2, 31)? Auraient-ils cru, qu'un jour, des viviers passeraient par les salles à manger, pour donner aux convives le plaisir de voir pêcher devant eux la murène, et de la regarder mourir dans de grands vases transparens, et d'observer ainsi les diverses nuances que prenait sa peau, selon les progrès de l'agonie (SENEC., *Quæst. nat.*, III, 17)? On a dit que les Romains engraissaient leurs murènes avec la chair de leurs esclaves, pour lesquels ils avaient imaginé ce genre de supplice. On s'est trop hâté de conclure d'un fait particulier l'existence d'un usage commun. Cette barbarie d'Asinius Pollion révolta Octave lui-même. Il est vrai qu'Octave portait alors le nom d'Auguste.

Quantum potes (v. 355). Locution très-usitée comme synonyme de *quam celerrime*, au plus vite (TÉRENCE, *Andr.*, V, 2, 20 ; *Adelph.*, III, 2, 72). Quelquefois on emploie *quantum potest* d'une manière absolue (*Asinaria*, v. 585 ; TÉRENCE, *Adelph.*, IV, 7, 25).

Artoptam (v. 356). Le pain cuit dans un moule ou vase de terre (*artopticius*) était plus délicat que le pain cuit simplement dans le four (*furnaceus*). Pline dit qu'autrefois, avant la conquête de la Macédoine, il n'y avait pas de boulangers à Rome, et que chacun faisait son pain chez soi ; c'était l'office des femmes. Mais, chez les riches, ce soin regardait les cuisiniers de louage ; car on n'avait pas encore de cuisiniers en sa propriété (*Hist. nat.*, XVIII, 27, 28). Plaute confirme parfaitement ce récit. Je ne vois pas pourquoi les savans, du temps de Pline, disputaient entre eux pour décider si ce vers était ou n'était pas de Plaute, et comment il leur paraissait présenter un anachronisme. On pouvait avoir des moules à pain sans qu'il y eût des boulangers (*voyez* le passage de Pline).

Si sapis (v. 357). Cette manière de parler, fort en usage dans la conversation des Romains, si l'on en juge par le dialogue de Plaute, correspond à notre locution française : « je vous le conseille ; » elle exprime souvent plus qu'un simple avis ; elle donne de la force au commandement et même à la menace (*Mercat.*, 575 ; *Mostell.*, 510).

Volsus ludius (v. 358). Le nom de *ludius*, le même que *ludio* (TITE-LIVE, VII, 2), désigne un danseur chez Plaute : les acteurs sont nommés *histriones*. Ces danseurs figuraient, soit dans les intervalles des pièces dramatiques, soit pendant les pièces mêmes dans des intermèdes. Ils s'attachaient surtout à paraître jeunes et jolis, et à se donner un air de femme. Un de leurs soins particuliers était de se faire épiler : leur peau devait être douce, blanche et très-unie. Il y avait des instrumens à cet usage, *volsellœ* ; Plaute en a parlé (*Curcul.*, 485). Cette grande application à se donner une figure efféminée, finissait par leur persuader qu'ils étaient femmes, et il n'y avait que trop de disposition dans les mœurs antiques à les prendre pour tels. Danseur et mignon étaient devenus termes synonymes (*voyez* vers 372, et *le Persan* à la fin).

Bacchas (v. 364). Les Bacchantes, furieuses, forcenées, battaient, déchiraient (voyez *Amph.*, 451). C'était l'inspiration divine, ou l'ivresse de l'orgie, ou l'audace du charlatanisme. Euclion s'est comporté en Bacchante enragée envers Congrion (voyez *les Bacchis*, p. 214).

Peut-être ce vers réveillait-il le souvenir d'un évènement qui avait mis Rome en émoi pendant quelque temps. Si ma conjecture était vraie, cette comédie ne serait pas de beaucoup postérieure à l'an 566 de Rome. Il s'était formé une association secrète, à la faveur des mystères de Bacchus : on y attirait surtout les femmes et les jeunes gens. Le bruit courut qu'on s'y liait par des cérémonies et des imprécations effroyables, et qu'on s'abandonnait, dans des réunions ténébreuses, à d'horribles débauches. Les consuls assemblèrent le sénat, on disposa des gardes dans les principaux quartiers, et Rome eut, durant quelques jours, l'apparence d'une ville occupée militairement. On sévit contre les chefs, et l'association fut dissoute et proscrite par un sénatus-consulte, dont le texte est parvenu jusqu'à nous. On appela cet évènement la conjuration de Bacchanales.

Le poète pouvait bien ici toucher comiquement des questions sérieuses, comme en plusieurs passages de cette pièce et de quelques autres, frappant du ridicule ce que la sanction de la loi avait condamné, et même ce qu'elle n'atteignait pas.

Ligna præberi (v. 367). Le cuisinier n'est pas tellement effrayé, qu'il ne joue sur les mots en faisant allusion à une partie des prestations en nature, que les alliés ou les sujets de Rome étaient obligés de fournir aux messagers ou aux magistrats romains en voyage (HORACE, *Sat.* I, 5, 45 : *Villula tectum Præbuit, et parochi, quæ debent, ligna salemque*). Le Sosie de Rotrou fait aussi une plaisanterie sur le bois qu'on a fourni trop libéralement à son maître et à lui en différentes manières :

Si le bois nous manquait, les dieux en ont eu soin;
Ils nous en ont chargés, et plus que de besoin.

Ad treisviros (v. 372). Les triumvirs étaient des magistrats de police et de justice. Lorsqu'il s'agissait de rétablir l'ordre, ils intervenaient comme agens de la force publique, avec les édiles, dont le ministère se rapprochait davantage des fonctions de l'officier municipal (TITE-LIVE, XXV, 1). Ils jugeaient les délits des personnes de basse condition, qui n'avaient pas le droit de demander des juges au préteur. Les esclaves, les courtisanes dépendaient de leur ressort (*Amphit.*, v. 3; *Asinaria*, v. 116): ils avaient la surveillance et l'administration des prisons (AULU-GELLE, III, 3; TITE-LIVE, XXXII, 26). On les appelait *triumviri capitales*.

Cultrum habes (v. 373). Ce forcené d'Euclion fait un abus comique de la loi des Douze-Tables, laquelle ordonnait de tuer le voleur nocturne, en tout état de cause, et le voleur armé, pendant le jour, *si se telo defenderit*. Le couteau du cuisinier est une arme aux yeux de l'avare. Ne pourrait-on pas retrouver quelquefois, chez les modernes, un pareil génie d'interprétation?

Si hoc caput sentit (v. 381). Cette forme de langage se retrouve avec peu de changement dans le *Pseudolus* (v. 712), « *si caput hoc vivet.* » Elle est tout-à-fait analogue à celle-ci, *si vivo*, qui se rencontre fréquemment dans le dialogue de Plaute (*Bacch.*, v. 720, 989; *Casin.*, v. 28) et dans celui de Térence (*Andr.*, V, 2, 24). Elle se joignait ordinairement aux promesses ou aux menaces. C'est une de ces locutions conditionnelles qui, au lieu de restreindre ou d'atténuer l'affirmation, y ajoutent un degré d'énergie.

Ita me amet (v. 401). Voici une des formules de serment les plus usitées chez les Latins: *Ita me amet Jupiter*, etc.; *Ita me di deœque ament, ut*, etc. (*Bacch.*, v. 78, *Mil. Glor.*, v. 400). Souvent, au lieu du subjonctif, on mettait le futur, comme cela se pratiquait aussi dans les vœux (voyez *le Persan*, vers 16). On trouve même le subjonctif et le futur à la fois, dans le serment qui contient une double attestation (*Curcul.*, v. 400-401). Au reste, cette alliance de modes différens n'était pas sans exemple (PIND., *Olymp.*, VI, strophe 2, βάσομεν.... ἴκωμαι). Le serment pouvait varier dans les détails de l'expression. Catulle a dit (*de Coma Beren.*, v. 18): *Non, ita me divi, vera gemunt, juerint*, pour *juverint.* « Les pleurs des vierges qu'on mène à l'autel de l'hyménée, ne sont pas sincères, j'en jure par les dieux. » (Les dieux me soient en aide, comme il est vrai qu'elles ne pleurent pas sincèrement.) Properce jure par son bonheur: *Atque, ita sim felix, primo contendis Homero* (édit. Brouck., 1, 7, 3). De même les personnages de Plaute jurent par les objets qui leur sont chers ou sacrés, le guerrier par son épée et son bouclier (*Curcul.*, v. 597), le parasite par la déesse Saturité (*Captiv.*, v. 400), le cuisinier par la patronne des voleurs. Rabelais a imité cette forme (*Gargantua*, liv. 1, ch. 28) : « Je proteste, je jure devant toy, ainsy me soys-tu favorable, si jamais, etc. » Nous avons bien, dans le langage moderne, des affirmations analogues : « Que je meure, que le ciel me punisse, que la terre m'engloutisse, si, etc. » Mais il y a cette grande différence, que, supposant le contraire de ce qui doit être, nous faisons le serment par une imprécation contre nous-mêmes. Les anciens se seraient bien gardés de ces paroles de mauvais augure ; ils aimaient mieux appeler la protection des dieux, avec l'hypothèse de l'affirmative : « Que les dieux me soient en aide, comme il est vrai que, etc. »

Laverna (v. 401). La déesse Laverne partageait avec Mercure l'honneur de protéger les voleurs. Elle avait un autel auprès d'une porte de Rome, qui prit de là le nom de Porte Lavernale ; et un bois sacré, sur la voie Salarienne, dans l'ombre duquel les voleurs se donnaient rendez-vous pour faire le partage de leur butin. Les cuisiniers ambulans, qui exerçaient deux genres d'industrie, l'un avoué, l'autre qu'ils n'avouaient pas, mais au sujet duquel ils avaient une réputation faite, étaient dignes d'invoquer la déesse. Ils l'invoquaient moins ouvertement que ce cuisinier de la comédie, mais tout bas, comme le galant dont parle Horace (*Ep.* 1, 16) : « O belle Laverne, dit-il, en remuant à peine les lèvres de peur d'être entendu. » Cependant la déesse ne recevait pas seulement les hommages des fripons ; les honnêtes gens la priaient de les épargner, comme les braves et les gens en santé sacrifiaient à la Peur et à la Fièvre. Les édiles firent un jour une épigramme sanglante contre les bouchers fraudeurs, et plus spirituelle que ne sont ordinairement les épigrammes de l'autorité. Avec l'argent des amendes qu'ils leur avaient infligées, ils firent construire une chapelle à la déesse Laverne, avec une belle inscription sur le frontispice, afin que personne n'ignorât qui avait fourni les deniers, et à quelle occasion.

Pipulo (v. 402). Vieux mot qui rappelle un antique usage né dans des siècles d'ignorance et de grossièreté, lorsqu'on se faisait justice par soi-même, et sans l'intervention de l'autorité publique. Si l'on avait été outragé, si l'on avait éprouvé quelque tort grave, on allait, ou seul, ou accompagné de témoins, faire carillon à la porte de l'offenseur; l'on tâchait de le déshonorer par cette avanie. Le mot *convicium* remplaça celui de *pipulum*. Cette coutume existe chez les Turcs: il y a quelques années qu'un négociant turc, établi à Paris, éprouva une banqueroute de la part de son associé. Il se mit à la fenêtre de sa maison, et proclama le nom et la friponnerie du banqueroutier. Les charivaris ont bien quelque chose qui ressemble à cet usage, quant au degré de civilisation.

Numo (v. 404). Ce terme *numus*, qui ne signifie en général qu'une pièce de monnaie, a dû laisser les lecteurs modernes de Plaute errer dans le vague; peut-être quelques-uns de ses spectateurs s'y trompaient-ils eux-mêmes. On a entendu par ce mot, tantôt un sesterce, tantôt un denier, une drachme, un didrachme, un *aureus*. Plaute résoudra la difficulté. Dans le *Truculentus*, un personnage dit: « J'ai prélevé sur une mine cinq *numi*; c'est la part d'Hercule. » Cinq *numi* équivalent donc au dixième d'une mine ou de cent drachmes, ou un seul à un didrachme. Le cuisinier du *Pseudolus* méprise ses confrères, qui se louent pour une drachme; lui, on ne peut l'avoir que pour un *numus*. Ce *numus* ne peut être qu'un didrachme. C'est une valeur de 1 fr. 50 cent. de notre monnaie. Voilà ce que coûtera le médecin à Congrion. Les visites des médecins sont plus chères à présent. C'est qu'alors on ne connaissait pas l'art de guérir: peut-être guérissait-on sans art. Aujourd'hui.....

Venalium (v. 408). Lorsque les hommes étaient une marchandise qui se vendait en place publique, le terme *venalis* fut synonyme d'esclave (*voyez* HORACE, *Sat.*, II, 1, 47). On a pu abolir l'esclavage, mais non pas la vénalité.

Peculiaris (v. 422). Grande bonté des législateurs romains: les personnes qui ne s'appartenaient pas, pouvaient posséder quelque chose, des épargnes, des cadeaux. Mais comme la condition du propriétaire détermine celle de la propriété, il s'ensuivait que la possession du pécule était chose bien précaire, dont le possesseur ne pouvait disposer sans l'agrément de celui en la puissance, et, comme disaient les Latins, en la main duquel il était lui-même. C'est ainsi que le fils de famille et l'esclave avaient leur pécule (*voyez l'Asinaria*, v. 523, et *les Captifs*, Prol., v. 20). Car, pour le droit de propriété sur les personnes, le père et le maître étaient assimilés par l'effet de la loi.

Gallo (v. 426). On voit que Plaute cherche à toute force une plaisanterie dans l'ambiguité du nom *Gallus*, qu'il rend encore plus saillante par l'explication rejetée au dernier mot de la phrase. Les Romains devaient aimer beaucoup à rire au spectacle de ces Gaulois qui leur avaient fait et leur faisaient toujours tant de peur. Il n'y avait pas long-temps qu'on avait vu à Rome un spectacle plus honteux pour les Romains que pour les Gaulois, celui d'un homme et d'une femme de cette nation enterrés vivans par un peuple effrayé et superstitieux (TITE-LIVE, XX, 34; XXII, 57).

Civitas concordior (v. 437). Ces paroles si sages du comique n'avertissaient-elles pas les Romains du mal qui couvait dans le sein de la république, et qui devait éclater bientôt et faire sortir, des séditions de la multitude nécessiteuse, la tyrannie de Sylla, puis celle des triumvirs, enfin celle de Tibère ? Les Romains, qui n'en voulaient pas croire Plaute, entendirent dans le siècle suivant ces discours des Gracchus qui ébranlaient Rome jusqu'en ses fondemens : « Les bêtes sauvages, dans l'Italie, ont au moins un gîte, une tanière, et les hommes qui combattent pour sa gloire et pour sa puissance errent avec leurs femmes et leurs enfans, sans foyers, sans asile où reposer leur tête. Les généraux mentent aux soldats, quand ils les exhortent à combattre pour leurs foyers et leurs autels. Il n'y a pas un seul de ces malheureux qui puisse montrer une maison qui soit à lui, une sépulture qui appartienne à sa famille. »

Dos ne fiat comes (v. 447). *Voyez* t. I, p. 377, note du vers 71.

Præfectum (v. 460). Il y avait à Athènes un gynéconomos; à Rome, le tribunal de famille et les censeurs.

Plus plaustrorum (v. 461). Ces termes sont curieux à observer, comme traits caractéristiques d'une époque dans l'histoire des mœurs romaines. Nous voyons là un temps de transition; la Grèce entre à Rome; l'antique rusticité se façonne lourdement encore à l'élégance nouvelle. Le luxe naissait alors chez les Romains, comme Milton représente, dans le tableau de la création, le lion et le tigre, à moitié sortis du limon, et s'efforçant d'en tirer le reste de leur corps pour paraître tout entiers à la lumière. On commençait à contracter des besoins de magnificence et de mollesse, et l'on se ressentait en même temps de la rudesse des vieux âges. Ici Mégadore se plaint de la multitude des chariots qu'on rencontre dans les maisons de ville, et qu'on dérobe au service des champs (*plus* PLAUSTRORUM *in œdibus quam* RURI). Il y avait loin de là aux chars brillans et aux litières dorées des Scaurus et des Salluste. Ainsi sont les commencemens en toutes choses. Les dames de la cour de Charles VI, qui se firent traîner dans des tonneaux fixés sur des roues, furent plus remarquées sans doute que les femmes de nos riches banquiers, qui promènent sur les boulevards leurs somptueux équipages. Plaute a parlé, il est vrai, de chars ornés d'ivoire, *eburata vehicula* (v. 127); mais on reconnaît là le travail des ouvriers grecs. En avait-on déjà beaucoup vu à Rome?

Fullo (v. 464). Les anciens portaient peu de linge : leurs vêtemens étaient presque tous de tissus de laine. Le métier des foulons répondait à celui de nos dégraisseurs, calendreurs. C'étaient les blanchisseurs des anciens. (*Voyez* tom. I, pag. 391, et DION CASSIUS, XLVI, 4, 7, éd. de Reymar.)

Phrygio, etc. Ces douze ou treize vers, avec une douzaine d'autres dans Épidique (206-216), sont ce qu'on trouve de plus détaillé sur les atours des femmes dans l'antiquité : broderies à l'aiguille et par application (*phrygio, caupo patagiarius*), bijouterie (*aurifex*), lainages (*lanarius*), linge (*linteones*), teintures de toutes couleurs, rouge de feu, violet, jaune pâle, safran orangé (*caupones flammearii, violarii, carinarii, crocotarii*), tuniques de dessous ou chemises, robes à manches (*indusiarii, manulearii*), réseaux ou écharpes pour retenir la gorge (*strophiarii*), ceintures pour serrer la taille (*semizonarii*), chaussures de toute espèce, pour la chambre, pour la marche, pour la table (*sedentarii, diabathrarii, solearii*), chaussures parfumées et teintes en mauve (*murobathrarii, molochinarii*), bordures de différens tissus (*textores limbolarii*). Il fallait nettoyer, raccommoder tout cela; on avait les *fullones* et les *sarcinatores*. Aristophane représente aussi l'armée de Lysistrate, toute parée, toute fleurie (ἐξηνθισμέναι), avec des manteaux aurore, et de longues robes (κιμβερικά), et de belles chaussures (περιβαρίδες) (*Lysist.*, v. 43 et suiv.); mais tout cela n'était rien encore en comparaison de cette recherche et de cette coquetterie effrontée que décrit Sénèque (*Cons. ad Helviam*, 11, 16; *de Benef.* VII, 9).

Cedunt (v. 473). Neuf vers plus bas on retrouve encore *cedit* dans le même sens. Plaute emploie souvent ce verbe simple pour les composés *incedere, accedere*, comme *ire*, au lieu de *venire, abire*.

Miles... œs petit (v. 482). L'an 349 de Rome, le sénat créa la solde pour les citoyens enrôlés dans les légions; les plébéiens étaient accoutumés à faire la guerre à leurs dépens, et à se ruiner pour conquérir des terres qui grossissaient la fortune des sénateurs et des patriciens opulens, auxquels on les vendait à bas prix, au nom de l'état. Les pauvres en étaient venus à ce point de détresse, qu'ils n'avaient plus de quoi s'armer pour aller verser le sang qui leur restait. On leur accorda une solde, et le tribut avec lequel on devait la payer fut réparti selon les fortunes. Les plébéiens crurent, dans le premier moment, que cet acte de politique était une générosité; ils étaient tentés de baiser les pas des sénateurs. Telle fut l'origine des tributs, qui durèrent jusqu'à la conquête de la Macédoine par Paul Émile. Il y eut dans la suite une caisse militaire, *ærarium militare*, sous les empereurs; mais elle fut instituée par Auguste, pour les récompenses des vétérans.

Ce n'étaient pas les soldats qui venaient demander leur solde de porte en porte, comme le ferait penser la phrase elliptique de Plaute, si on la prenait à la lettre. Il veut dire qu'on vient demander l'argent destiné aux soldats. Il s'est exprimé plus catégoriquement dans Épidique: *At tributus quom inperatur, negant pendi potesse* (v. 219).

E senatu sevocas (v. 505). On retrouve les mœurs et les coutumes d'un peuple dans les métaphores les plus usitées du langage familier. La religion, la politique, la guerre et l'agriculture fournissent presque tous les termes du discours figuré chez ces vieux Romains. Ici, c'est une allusion au sénat, comme dans le vers 649 (*Voyez* aussi *Mil. glorios.*, v. 588, 590; *Mostellar.*, v. 683, 1038). Nous avons déjà vu, et nous verrons encore, les esclaves assimiler à chaque instant leurs prouesses aux opérations militaires (*Asinar.*, *Casin.*, *Epid.*, *Pers.*).

Curionem (v. 518). Le curion était le président d'une curie. Mégadore a bien raison de ne pas comprendre la plaisanterie. Il fait preuve de bon esprit, autant que ceux qui riaient de l'explication du jeu de mots montraient de mauvais goût.

STROBILUS (p. 88). Ce Strobile n'est pas le même que le Strobile qui s'entretenait tout-à-l'heure avec les cuisiniers. Car il n'aurait pas paru alors si étranger aux amours de son jeune maître Lyconide; il ne parlerait pas maintenant des noces de Mégadore comme d'une nouvelle qu'on vient de leur apprendre (v. 555). Mais est-il vraisemblable que Plaute ait mis dans une pièce deux esclaves différens sous le même nom? On peut croire que le nom de ce second esclave étant écrit en abrégé, STR., les copistes en auront fait, par erreur, Strobile; c'était peut-être Strabon, ou Straton, ou Stratilax. Heureusement le nom ne fait rien à l'affaire.

Corvos (v. 580). Observation parfaitement conforme aux préceptes des augures: le corbeau à droite était un heureux présage, comme la corneille à gauche (CICER., *de Divin.* I, 39).

Tertiam (v. 597). Plaute ici n'est que bouffon; Molière est plaisant:

« Viens çà que je voie. Montre-moi tes mains. — Les voilà. — Les autres. — Les autres? — Oui. — Les voilà. »

Chappuzeau est vraiment comique (*le Riche vilain*):

Çà montre-moi ta main.
— Tenez. — L'autre. — Tenez; voyez jusqu'à demain.
— L'autre. — Allez la chercher; en ai-je une douzaine?

Facin' injuriam (v. 599). Un article de la loi des Douze-Tables portait: « Si quelqu'un fait injure à un autre, qu'il paye une amende de 25 asses. » *Injuria*, c'était une chose bien vague, et sujette à beaucoup de gradations, depuis le simple outrage en paroles jusqu'aux voies de fait. Il paraît que les coups étaient compris dans ce que l'on appelait *injuria*, pourvu qu'ils n'allassent pas jusqu'à la blessure. On connaît cette malice bizarre d'un extravagant, qui, dans un temps où les valeurs monétaires étaient bien changées depuis les décemvirs, s'amusait à courir les rues en donnant des soufflets aux passans, et leur faisait compter aussitôt, par un esclave qui le suivait avec un sac plein de cuivre, les 25 asses de la loi des Douze-Tables. Mais si l'on privait quelqu'un d'un membre, la loi voulait que le coupable subît la peine du talion, espèce de réparation qui ne réparait rien. Quand il y avait seulement fracture d'un os, le patient recevait une forte indemnité en argent. Les injures de paroles donnaient lieu aussi à des poursuites ; mais quelquefois on se justifiait par un serment, sous la foi duquel on déclarait, ou qu'on n'avait point outragé réellement, ou qu'on n'avait point voulu outrager. Jupiter offre ainsi le serment à sa prétendue épouse (*Amph.*, v. 770). Dans *les Adelphes* de Térence, un homme qu'on insulte prévoit que les offenseurs chercheront à s'acquitter de cette manière (II, 1, 8). Ici le cuisinier usurpe comiquement les droits de l'homme libre, et constate l'injure, aux termes de la loi, comme si l'on pouvait faire injure à un drôle tel que lui, sans existence civile.

Sublevit os (v. 624). Des enfans espiègles, et même des gens qui n'étaient plus en âge de faire des espiègleries, s'amusaient à barbouiller de noir ou d'autres couleurs le visage des personnes qu'ils voulaient exposer à la risée. Ils avaient soin qu'elles ne s'en aperçussent point, ou bien ils les surprenaient dans le sommeil. De là est venue l'expression *sublinere os*, pour dire attraper, jouer quelqu'un.

Te advorsum mentiar (v. 646). Bon jeune homme, qui se ferait un cas de conscience de manquer, par un mensonge, au respect qu'il doit à sa mère ! On trouvera ses pareils chez Térence ; comme cet étourdi de Ctésiphon, qui, dans ses plus grands emportemens, n'oublie pas la piété filiale. « Puisse mon père courir encore long-temps, et me laisser ici tranquille, pourvu toutefois que sa santé ne soit pas compromise (*Adelph.*, IV, 1, 1).

Mais les mauvais sujets du théâtre de Plaute ne sont pas délicats (Voyez *la Mostellaria*, v. 233).

Picos (v. 657). Nonius Marcellus (voc. *Picos*), citant ce vers de Plaute, dit que « les anciens jugèrent que les *pici* étaient les mêmes que les γρῦπες des Grecs. » Tout le monde connaît la fable des *Griffons*, espèce d'animaux surnaturels, qui, selon Hérodote, gardaient, aux extrémités septentrionales de l'Europe, des montagnes d'or, et qui étaient sans cesse en guerre avec les Arimaspes, race d'hommes qui n'avaient qu'un œil (IV, 13 ; PLIN., *Hist. nat.*, VII, 2, X, 70). M. de Heeren explique cette fable par les mines d'or qui se trouvent en Sibérie (*Ideen*, etc., tom. I, pag. 112 et suiv.).

Qui vestitu et creta (v. 674). La forme *vestitu et creta* est ce qu'on appelle en termes de rhétorique *hendyadys*, pour *creato, albato vestitu*, comme dans Virgile *patera et auro*, au lieu de *patera aurea*.

Les toges bien blanches étaient l'habillement des gens riches, des citoyens qui remplissaient la première moitié des centuries, et qui tenaient ainsi un rang dans l'état. C'était ce qu'au siècle de Louis XIV on appelait les honnêtes gens, et ce qu'on appela même à Rome *boni homines*, bonté qui consistait dans la fortune et non dans le caractère. Il ne s'agit point, comme l'ont pensé quelques interprètes, des candidats, qui n'avaient rien à faire ici. Euclion, par une hardiesse bouffonne qu'on pardonne en riant au poète comique, désigne les spectateurs à qui leurs cliens ou leurs esclaves avaient fait faire place sur les gradins rapprochés du *proscenium*. Le peuple en tuniques brunes, qui assiégeait les parties hautes et reculées de la *cavea*, ne devait pas trouver la plaisanterie mauvaise.

In nervo enicem (v. 701). Ce jeune homme est de noble maison, et Euclion voudrait le faire périr chez lui, en prison, à la chaîne, comme un esclave, ou comme un débiteur insolvable adjugé par le préteur au créancier.

Vini vitio (v. 703). Singulière excuse d'amoureux, et qui peint bien la brutalité des mœurs anciennes. Nous verrons encore ailleurs un autre coupable s'excuser de même pour un attentat pareil (*Truculent.* à la fin).

Benedic (v. 745). Au moment d'une stipulation, ces imprécations du vieillard étaient intempestives, comme paroles de mauvais augure. Quand on entendait un homme dire quelque chose de fâcheux, qu'on pouvait redouter, on se hâtait de l'interrompre, en s'écriant : *Benedice* (*Asin.*, v. 724).

In faba se reperisse (v. 776). Qu'est-ce que les enfans trouvaient dans la fève, et nommaient en criant? Il paraît que c'était une chose de très-peu de valeur. Festus dit : *Hilum putant esse, quod fabœ grano adhœret. Unde nihil et nihilum.* Les botanistes modernes se servent du mot *hile* pour désigner la cicatricule ou ombilic dans les graines, c'est-à-dire, la trace du funicule, qui est le cordon ombilical des plantes. C'est dans les fèves et les haricots que le hile est plus apparent. Les Latins exprimaient, par le mot *hilum*, ce qui n'avait aucun prix. Ils affectaient au même usage, le mot *naucum*, cloison ligneuse qui sépare les quartiers de la noix; *non nauci facere, homo non nauci*. Le mot *floccus*, brin de laine détaché d'une toison et volant au gré du vent, avait la même signification, *flocci facio*. Était-ce donc *hilum* que criaient les enfans en ouvrant la fève?

AMPLE serait la matière à discourir sur le mérite comparé de la pièce latine et de *l'Avare* de Molière, et des autres imitations qu'on en trouve dans les théâtres étrangers, telles que *l'Avare jaloux*, *l'Avare fastueux*, de Goldoni, et Ottavio, dans son *Honnête aventurier*. Mais que dire de nouveau après les ingénieux paradoxes de M. Shlegel [1], après les aperçus ou les dissertations critiques de Marmontel [2], de La Harpe [3], de Cailhava [4], de M. Lemercier [5], de MM. Duval [6]? Le lecteur, instruit et judicieux, me fera grâce aisément de mes réflexions, qui ne lui apprendraient

---

[1] *Cours de littérature dramatique*, 12ᵉ leçon.
[2] *Élémens de littérature*, article MOEURS.
[3] *Cours de littérature*, tome 1.
[4] *Art de la comédie*, passim.
[5] *Cours analytique de littérature*, tome II, page 253.
[6] *Théâtre des Latins*, édition de Levée, tome II, page 361.

rien, et il préfèrera l'extrait d'une comédie chinoise, qui aura du moins l'intérêt de la nouveauté [1].

Le titre contient déjà dans un seul nom une sentence de morale : *Khan-thsian-non*, *L'Esclave des richesses qu'il garde*, c'est-à-dire, l'Avare.

L'action est double; le développement du caractère forme un épisode de la fable principale, séparée en deux parties, entre lesquelles le fait épisodique est comme enclavé.

Dans un prologue, qu'on pourrait considérer comme un acte d'exposition, Tcheou-young, simple bachelier (savoir en fleur,), s'entretient avec sa femme de son projet d'aller dans la capitale prendre part au concours ouvert à tous les lettrés; il veut obtenir un grade supérieur, et, au moyen du grade, un emploi qui le mette en état de réparer le tort que son père a fait à leur patrimoine. Sa femme lui montre leur jeune enfant, et lui demande s'il ne juge pas convenable que le fils ne soit pas séparé de son père. Le bachelier accède à l'humble prière de sa femme ; il enfouit tout l'or qu'il possède, pour le retrouver à son retour, soit qu'il parvienne aux honneurs, soit qu'il n'ait qu'un emploi subalterne. La famille part plus riche d'espérances que de fonds.

Le commencement du premier acte nous transporte dans les régions célestes ; le dieu du temple de la montagne sacrée, Ling-kou-heou, vient décliner ses noms et ses qualités, et faire connaître sa généalogie. C'est un dieu qui n'est pas exempt, comme on voit, d'un peu de vanité, mais d'ailleurs honnête et consciencieux. « Les dieux, dit-il, ne se laissent pas gagner par l'encens et les offrandes des méchans. » Excellent dogme, que la philosophie a trop souvent prêché aux hommes sans succès. Ce propos lui est venu dans l'esprit à l'occasion d'un certain garnement, nommé Kou-jin, qui se présente tous les jours dans le temple, se plaignant des mortels et des immortels, et ne cessant d'importuner le dieu par ses prières. Il se présentera sans doute encore aujourd'hui.

En effet, nous voici descendus des demeures divines sur la terre, dans le temple de Ling-kou-heou. Kou-jin y était déjà.

[1] Je dois la connaissance de cet ouvrage à mon jeune et savant confrère, M. Stanislas Julien, qui a bien voulu m'en faire une traduction.

Il maudit son sort ; sans bien, sans industrie aucune, il est réduit à servir les maçons et à leur porter l'eau et l'argile. Quelle est sa misère ! il n'a pas même de quoi acheter un peu d'encens ; il offrira au dieu des boulettes de terre. Si le dieu lui accordait un peu de bien, il entretiendrait des religieux à ses frais, il ferait l'aumône aux pauvres, il bâtirait des pagodes, il réparerait les ponts et les chemins, il prendrait soin des orphelins, il soulagerait les veuves et les vieillards infirmes. Vraiment le genre humain atteindrait, je crois, la perfection si l'on était toujours ce qu'on promet d'être, quand on désire obtenir quelque chose. Pendant ces beaux discours, il se sent défaillir de lassitude, et s'endort.

Ling-kou-heou lui apparaît en songe, lui apprend que le succès de ses vœux dépend du dieu Tsen-fou-chin, c'est-à-dire celui qui dispense les richesses et le bonheur ; on envoie quérir le dieu. Mais Kou-jin n'a pas à se féliciter d'abord de l'entrevue. Tsen-fou-chin lui reproche ses impiétés envers ses parens, sa dureté envers les autres hommes. Il fut riche autrefois dans sa vie précédente ; les infortunés ne reçurent de lui que des injures et de mauvais traitemens. Telle est la cupidité des gens de ce caractère, que, s'ils voyaient un denier de cuivre au fond d'une chaudière d'huile bouillante, ils y plongeraient la main pour le prendre. Kou-jin tâche de se justifier, et de désarmer le courroux du dieu ; enfin, après un long colloque mêlé d'ariettes, qui contiennent de graves sentences d'un style très-élevé contre les extravagances des riches et les mœurs sordides des avares, le dieu du mont Taï-chan se laisse fléchir, et intercède même auprès de Tsen-fou-chin en faveur du mendiant. Le dieu qui dispense le bonheur, plutôt vaincu que persuadé, fait comme beaucoup d'hommes, il accorde à l'importunité ce qui devrait appartenir au mérite. Le livre éternel est ouvert ; il est dit qu'à Tao-tcheou, un homme d'ailleurs vertueux a formé une seule pensée mauvaise, qui s'est grossie en un torrent de crimes, et le rend digne d'un châtiment sévère. Tsen-fou-chin lui ôtera pour un temps ses richesses, et en fera jouir Kou-jin pendant vingt ans. Quelle joie ! mais la libéralité des dieux ne convertit pas le méchant. Toutes les belles promesses qu'il leur faisait tout-à-l'heure pour les amadouer sont évanouies. Il n'a dans la pensée que beaux habits, brillans équipages, plaisirs et festins.

Les dieux se retirent, le songe fuit, et Kou-jin éveillé ne peut en croire sa vision. Il va, en attendant qu'elle se réalise, achever son pan de muraille commencé.

Dans l'intervalle du premier au deuxième acte, la métamorphose s'est opérée. Nous voyons un appartement qui annonce l'opulence, et le personnage qui s'y trouve nous apprend qu'il se nomme Tchin-te-fou, qu'il est le commis du maître de la maison, que cet homme, jadis valet des maçons, se trouva tout-à-coup possesseur d'une grande fortune, on ne sait pas comment; qu'il se désole de n'avoir pas d'enfant; qu'il a chargé Tchin-te-fou de lui en acheter un, lorsqu'il rencontrera dans la rue ou au marché un de ces pères qui vendent les leurs. Tchin-te-fou a prié le marchand de vin voisin de l'aider à s'acquitter de sa commission.

La scène change. Sur le théâtre chinois, ces changemens sont fréquens autant que faciles; ils n'exigent pas grand appareil de machines. L'acteur se contente de dire en quel lieu l'on est transporté. Maintenant le marchand de vin ouvre sa boutique; il fait confidence au public qu'il a chez lui cent tonneaux, dont quatre-vingt-dix contiennent quelque chose de plus semblable à du vinaigre qu'à du vin. Le cabaretier joue en ce moment un rôle analogue à celui des cuisiniers de Plaute; il divertit à ses dépens les spectateurs par ses lazzis. Mais, au fond, c'est un meilleur homme qu'il ne veut le paraître. S'il empoisonne ses pratiques, il est charitable envers les pauvres pour l'amour des dieux.

Arrive un malheureux voyageur, qui se traîne avec sa femme et son jeune fils, recru, transi, exténué de faim et de fatigue. Ce voyageur, c'est le bachelier Tcheou-young, qui revient de la capitale, où il a échoué dans ses examens. Son trésor a été déterré pendant son absence; il n'a plus de ressource que dans la commisération de sa famille, qu'il va joindre. Le marchand l'accueille généreusement, l'invite à se réchauffer avec quelques tasses de vin; justement il en avait versé trois en ouvrant sa boutique, et se proposait de les offrir au premier indigent qui se présenterait, pour que cette aumône agréable aux dieux lui portât bonheur. La dévotion n'est pas toujours du désintéressement. L'épouse du bachelier et leur fils ne sont pas non plus délaissés par l'hôte bienfaisant. La vue de cet enfant lui suggère l'idée d'une heureuse transaction. Consentiraient-ils à vendre ce fils à un riche propriétaire? Le bachelier tient conseil avec sa femme; la proposition est acceptée, malgré les plaintes et les prières de l'enfant. Tchin-te-fou, qu'on appelle aussitôt, conduit le bachelier avec son fils chez Kou-jin.

Dans ce moment Kou-jin est seul, et, selon l'usage du théâtre chinois, il nous instruit, par un monologue fort étendu, de tout ce qui le concerne.

Depuis qu'il a trouvé le trésor révélé par le dieu, il a bâti des maisons qui ressemblent à des palais, il a ouvert un bureau de prêt sur gages, un magasin de farine, un magasin d'huile, un magasin de vin. Ces différentes branches de commerce font couler dans ses coffres un fleuve intarissable d'or et d'argent. Sur le continent, il possède des champs immenses; sur l'eau, des bateaux chargés de marchandises; une multitude d'hommes portent sur leur tête des sacs d'argent qui sont à lui. Maintenant il n'est plus le pauvre Kou-jin; on salue avec respect le seigneur Kou-jin.

Toutefois, il l'avoue, son cœur ne peut se décider à dépenser ni un denier, ni un demi-denier; si on lui demande une once d'argent, c'est comme si on lui arrachait les nerfs. Aussi a-t-il la réputation d'un avare renforcé. Mais il ne tient compte de pareils propos.

Le seigneur Kou-jin ressemble un peu à l'avare d'Horace [1], et à celui de Destouches, qui en est la copie [2]; il se moque des sifflets, en revenant auprès de son coffre-fort.

On lui amène le bachelier avec son fils. L'enfant lui plaît. Il le prend, et le bachelier, qui fait l'aveu de sa misère, est chassé honteusement. « Qu'on me renvoie ce gueux, ce mendiant, il remplirait d'ordures et de vermine ma maison. » Le bachelier se lamente, on lui donne des coups de bâton; car les coups de bâton sont, à ce qu'il paraît, d'usage commun en Chine, dans les relations sociales, du moins entre personnes de conditions très-inégales. Le commis Tchin-te-fou, excellent homme, et digne d'un autre patron, reconduit le malheureux bachelier en le consolant,

---

[1] *Sat.* 1, 1, 66.
[2] Voyez le *Dissipateur*.

et lui promet son secours. « Retirez-vous, mon ami, et ne dites rien ; cet homme est dur et inhumain, comme tous les riches. »

Tchin-te-fou est le raisonneur de la comédie, et se trouve placé là par l'auteur, comme Mégadore auprès d'Euclion, pour faire la censure de l'avarice par ses actions, encore plus que par ses discours.

Quand l'avare est seul avec son commis, il lui fait écrire sous sa dictée le contrat de vente : invention comique, du même genre que le traité du Parasite de Diabole dans l'*Asinaria*. Mais les Romains n'étaient que des enfans pour la chicane, en comparaison des Chinois, si l'on en jugeait par cet exemple.

« Celui qui s'engage par ce contrat, est Tcheou le bachelier.
« Comme il manque d'argent, et n'a aucun moyen d'existence,
« il désire vendre *un tel* son propre fils, âgé de *tant* d'années,
« à un riche propriétaire, nommé le respectable Kou-jin, qui
« est honoré du titre de Youen-Waï ? » — Personne n'ignore que vous avez une grande fortune ; il vous suffit du titre de Youen-Waï ; à quoi bon mettre les mots *riche propriétaire ?*
— Tchin-te-fou, est-ce que tu veux me donner des leçons ? est-ce que je ne suis pas riche propriétaire, par hasard ? est-ce que je suis un indigent ? oui, oui, riche propriétaire, riche propriétaire. Tu écriras derrière le contrat, qu'une fois le marché passé, si une des parties se rétracte, elle paiera un dédit de mille onces d'argent. — C'est écrit. Mais, au fait, quelle somme lui donnerez-vous pour l'enfant ? — Ne vous mettez pas en peine de cela. Je suis si riche, qu'il ne pourrait jamais dépenser tout l'argent que je ferais pleuvoir sur lui, si je voulais, en faisant seulement craquer mon petit doigt.

Le bachelier signe de confiance, espérant, d'après la somme du dédit supposé, qu'on veut mettre un grand prix à son fils. Tchinte-fou rapporte le contrat signé à Kou-jin, qui lui demande si le bachelier est parti.

— Eh ! comment ? vous ne lui avez pas payé les frais de nourriture. — Il faut que vous soyez bien dépourvu de sens et d'intelligence, Tchin-te-fou. Cet homme, n'ayant point de riz pour nourrir son fils, me l'a vendu tout-à-l'heure, pour qu'il fût nourri dans ma maison, et qu'il mangeât mon riz. Je veux bien ne pas exiger de frais de nourriture. Mais comment ose-t-il en réclamer? — Belle satisfaction! Cet homme n'a pas d'autre moyen de retourner dans son pays. — Puisqu'il ne veut pas remplir les conventions, rendez-lui son enfant, et qu'il me paie mille onces d'argent pour le dédit.

Cependant, l'avare se laisse vaincre par les prières et les instances de l'honnête Tchin-te-fou; il accorde une once d'argent (7 francs 50 centimes). — C'est se moquer. — Il ne faut pas estimer si peu un lingot d'argent sur lequel est empreint le mot *pao* (chose précieuse). Cette dépense ne te paraît rien; elle m'arrache les entrailles. Mais je veux bien faire ce sacrifice pour me débarrasser de lui. C'est à prendre ou à laisser.

On devine ce que disent les parens, quand Tchin-te-fou leur vient faire cette proposition. Non, on ne peut pas le deviner. C'est la femme qui s'écrie : « Comment! une once d'argent; on n'aurait pas pour cela un enfant de terre cuite! » Si la réponse est peu maternelle, la réflexion de l'avare, quand on la lui rapporte, est excellente : « Oui, mais un enfant de terre cuite ne mange pas de riz et ne fait pas de dépense. Au surplus, cet homme m'a vendu son fils, parce qu'il ne pouvait plus le nourrir. Je veux bien ne pas me faire payer ce que l'enfant me coûtera; mais qu'on ne m'arrache pas mon bien. Ah! çà, drôle, dit-il à Tchin-te-fou, c'est toi qui lui as peut-être suggéré ces folles prétentions. De quels termes t'es-tu servi en lui offrant l'once d'argent? — Je lui ai dit : « Le Youen-Waï vous donne une once. » — Justement; voilà pourquoi il l'a refusée. Regarde bien, et suis de point en point mes instructions : tu prendras cette once d'argent, puis, l'élevant bien haut, bien haut, tu lui diras avec emphase : « Holà, pauvre bachelier, son excellence le seigneur Kou daigne t'accorder une précieuse once d'argent. » — Je l'élèverai aussi haut que vous voudrez, mais ce ne sera jamais qu'une once d'argent. Seigneur, seigneur, donnez-lui ce qu'il faut, et congédiez-le. — Eh bien, pour n'en plus entendre parler, je vais ouvrir ma cassette, et donner encore une once d'argent; mais après cela, plus rien, ou le dédit.

Enfin, après plusieurs négociations inutiles, le bon Tchin-te-fou prie Kou-jin de lui payer deux mois échus de ses appointemens, quatre onces d'argent, qu'il veut donner au pauvre bachelier. L'avare y consent de grand cœur, et lui fait écrire sous sa dictée, sur le registre : Tchin-te-fou a prêté au seigneur Kou-jin deux onces d'argent (le mot qu'emploie le perfide signifie à la fois prêter et emprunter).

Quand Tchin-te-fou revient de conclure définitivement le marché, Kou-jin le remercie beaucoup de ce qu'il l'a délivré de ce misérable. — Je voulais, ajoute-t-il, t'inviter à dîner pour te témoigner ma haute satisfaction, mais je suis accablé d'affaires pressantes, qui ne me laissent pas même le temps de dîner. Dans l'armoire de l'arrière-salle tu trouveras un bout de galette qui commence à moisir. Je t'en fais cadeau ; tu le mangeras en prenant le thé.

Le troisième acte finit là. Supposez que les hommes ont vécu près de vingt ans dans l'intervalle qui sépare cet acte du quatrième. A présent vous voyez le fils adoptif de Kou-jin dans sa vingt-cinquième année, et le vieil avare, devenu veuf, est malingre, cacochyme, moribond. Il vient appuyé sur le bras du jeune homme.

— Aie! que je suis malade! (*il soupire*) hélas! que les jours sont longs pour un homme qui souffre! (*A part*) Il y a bientôt vingt ans que j'ai acheté ce jeune écervelé. Je ne dépense rien pour moi, pas un denier, pas un demi-denier, et lui, l'imbécile, il ignore le prix de l'argent. L'argent n'est pour lui qu'un moyen de se procurer des vêtemens, de la nourriture ; passé cela, il ne l'estime pas plus que de la boue. Sait-il toutes les angoisses qui me tourmentent, lorsque je suis obligé de dépenser le dixième d'une once (75 c.)? — Mon père, est-ce que vous ne voulez pas manger? — Mon fils, tu ne sais pas que cette maladie m'est venue d'un accès de colère. Un de ces jours, ayant envie de manger un canard rôti, j'allai au marché, dans cette boutique, là, que tu connais. Justement on venait de rôtir un canard d'où découlait le jus le plus succulent. Sous prétexte de le marchander, je le prends dans ma main, et j'y laisse mes cinq doigts appliqués jusqu'à ce qu'ils soient bien imbibés de jus. Je reviens chez moi sans l'acheter, et je me fais servir un plat de riz cuit dans l'eau. A chaque cuillerée de riz, je suçais un doigt. A la quatrième cuillerée, le sommeil me prit tout à coup, et je m'endormis sur ce banc de bois. Ne voilà-t-il pas que, pendant mon sommeil, un traître chien vient me sucer le cinquième doigt. Quand je m'aperçus de ce vol à mon réveil, je me mis en une telle colère, que je tombai malade. Je sens que mon mal empire de jour en jour; je suis un homme mort. Allons, il faut que j'oublie un peu mon avarice, et que je me mette en dépense. Mon fils, j'aurais envie de manger de la purée de fèves. — Je vais en acheter pour quelques centaines de liards. — Pour un liard, c'est bien assez. — Pour un liard! à peine en aurais-je une demi-cuillerée. Et quel marchand voudrait m'en vendre si peu?

Un domestique parlant bas au jeune homme: « Achetez-en pour une once d'argent. (*A part*) S'il donne cinq liards pour acheter de la purée de fèves, il écrira sur son livre de dépense qu'il m'a avancé cinq liards, et demain il voudra me les faire rembourser.

Le jeune homme achète de la purée de fèves, pour dix liards au lieu d'un. Mais il n'a pu tromper l'œil toujours vigilant de l'avare, et il essuie des reproches à son retour.

— Mon fils, je t'ai vu tout-à-l'heure prendre dix liards et les donner tous à ce marchand de purée. Peut-on gaspiller ainsi l'argent? — Il me doit encore cinq liards sur la pièce que je lui ai donnée. Un autre jour, je les lui redemanderai. — Avant de lui faire crédit de cette somme, lui as-tu bien demandé son nom de famille, et quels sont ses voisins de droite et ses voisins de gauche? — Mon père, à quoi bon prendre des informations sur ses voisins? — S'il vient à déloger et à s'enfuir avec mon argent, à qui veux-tu que j'aille réclamer mes cinq liards? — Mon père, pendant que vous vivez, je veux faire peindre l'image du dieu du bonheur, afin qu'il soit favorable à votre fils, à vos petits-fils et à vos descendans les plus reculés. — Mon fils, si tu fais peindre le dieu du bonheur, garde-toi bien de le faire peindre de face: qu'il soit peint par derrière, cela suffit. — Mon père, vous vous trompez, un portrait se peint toujours de face. Jamais peintre s'est-il contenté de représenter le dos du personnage dont il devait faire le portrait? — Tu ne sais donc pas, insensé que tu es, que, quand un peintre termine les yeux dans la figure d'une divivité, il faut lui donner une gratification? — Mon père, vous calculez trop. — Mon fils, je sens que ma fin approche. Dis-moi, dans quelle espèce de cercueil me mettras-tu? — Si j'ai le malheur de perdre mon père, je lui achèterai le plus beau cercueil de sapin que je pourrai trouver. — Ne va pas faire cette folie; le bois de sapin coûte trop cher. Une fois qu'on est mort, on ne distingue plus le bois de sapin du bois de saule. N'y a-t-il pas derrière la maison une vieille auge d'écurie? elle sera excellente pour me faire un cercueil. — Y pensez-vous? cette auge est plus large que longue; jamais votre corps n'y pourra entrer, vous êtes d'une trop grande taille. — Eh bien, si l'auge est trop courte, rien n'est plus aisé que de raccourcir mon corps. Prends une hache, et coupe-le en deux. Tu mettras les deux moitiés l'une sur l'autre, et le tout entrera facilement. J'ai encore une chose importante à te recommander : ne va pas te servir de ma bonne hache pour me couper en deux; tu emprunteras celle du voisin. — Puisque nous en avons une chez nous, pourquoi s'adresser au voisin? — Tu ne sais pas que j'ai les os extrêmement durs : si tu ébréchais le tranchant de ma bonne hache, il faudrait dépenser quelques liards pour la faire repasser. — Comme vous voudrez. Mon père, je désire aller au temple pour y brûler de l'encens à votre intention ; donnez-moi de l'argent. — Mon fils, ce n'est pas la peine; ne brûle pas d'encens pour obtenir la prolongation de mes jours. — Il y a long-temps que j'en ai fait le vœu ; je ne puis pas tarder davantage à l'acquitter. — Ah! ah! tu as fait un vœu. Je vais te donner un denier. — C'est trop peu. — Deux. — C'est trop peu. — Je t'en donne trois. C'est assez... c'est trop, c'est trop, c'est trop... Mon fils, ma dernière heure approche; quand je ne serai plus, n'oublie pas d'aller réclamer ces cinq liards que te doit le marchand de purée de fèves.

Voilà ce qui s'appelle un caractère soutenu jusqu'à la fin. Ce trait vaut mieux encore que le dernier mot d'Harpagon: « Et moi, voir ma chère cassette. » Il est plus piquant, plus inattendu.

On emporte le vieillard, il ne reparaîtra plus; il est mort. La dernière partie de la pièce est remplie par les infortunes du bachelier et de sa femme, et par la reconnaissance tardive du fils et de ses parens.

Ce jeune homme ne semble pas avoir tenu ce qu'il promettait dès son bas âge pour l'intelligence et pour la bonté du cœur.

Lorsqu'il s'était aperçu que son père voulait le vendre, tout petit qu'il était, il avait réclamé contre cette séparation ; il préférait la pauvreté avec ses parens à la richesse dans une maison étrangère. « Tant qu'un père a de quoi vivre, disait-il au sien avec une force de sentiment et de raison trop au dessus de son âge peut-être, il doit vivre avec ses enfans. Quand il n'a plus de ressources, il doit mourir avec eux, pour être enseveli dans la même tombe. Comment avez-vous pu vous décider à me vendre? » Et puis, lorsqu'on lui recommandait de dire désormais qu'il s'appelait Kou, toutes les fois qu'il serait interrogé sur le nom de sa famille, il protestait qu'on le tuerait plutôt que de l'empêcher de soutenir que son nom de famille était Tcheou. Et en effet, les caresses de madame Kou-jin, les promesses de beaux habits, et ensuite les menaces, les coups ne lui arrachaient point le désaveu de son origine. Il répétait en pleurant, Je suis de la famille de Tcheou.

En grandissant, il a tout oublié ; il croit (on ne sait comment cela peut se faire) qu'il doit la naissance au vieux Kou-jin. Que ce jeune homme ne reconnaisse pas son véritable père, ni sa mère, lorsqu'il les rencontre dans un temple, vêtus de haillons, usés et flétris par les privations et la misère, après plus de vingt ans de séparation, on le conçoit sans peine ; mais pourquoi maltraiter ces pauvres gens, lui fussent-ils étrangers? pourquoi les battre? est-ce pour ne pas déroger aux mœurs convenues des riches sur le théâtre chinois, mœurs copiées probablement sur ce qui se passe dans le monde? Mais la satire morale l'emporte trop ici sur la peinture dramatique du caractère. Le jeune Tcheou n'a pas été aussi constant dans ses bonnes dispositions naturelles que le vieux Kou-jin dans son vice.

Il est peu nécessaire d'insister sur de pareilles imperfections. Ce qui aura frappé davantage le lecteur instruit et judicieux, ce sont les analogies du poëme dramatique des Chinois avec le théâtre primitif des anciens : le décousu de la composition en plusieurs parties, l'importance des scènes et des rôles épisodiques, l'étendue des monologues explicatifs, le mélange des morceaux de poésie chantés dans le dialogue vulgaire, l'intervention des êtres surnaturels au milieu des actions du commun des hommes, l'exagération du ridicule et du plaisant jusqu'à l'extravagance de la bouffonnerie, enfin tout ce qui signale les commencemens de l'art. Mais on doit remarquer aussi, dans cette pièce comme dans les autres du même théâtre, que nous connaissons, un trait distinctif du génie dramatique des Chinois, c'est la complaisance et l'amour avec lesquels ils s'appliquent à peindre naïvement l'intérieur, les détails de la vie de famille, l'obéissance de la femme, la faiblesse et la grâce de l'enfance, la tendresse et les soins du père et de l'époux. Rien ou très-peu de tout cela dans la comédie ancienne : c'était un ordre tout différent de mœurs sociales.

NOTES DES BACCHIS.

Noms des personnages. — Les noms des personnages sont épigrammatiquement imaginés ici, de même que dans les comédies précédentes. Nos deux héroïnes, comme plusieurs autres amoureuses du théâtre ancien (voyez l'*Heautontimorumenos* et l'*Hécyre* de Térence), sont assimilées, par une sorte d'homonymie, aux compagnes du dieu des orgies, nymphes redoutables, qui donnaient la mort ou troublaient la raison. Quoiqu'elles soient toutes deux natives de Samos, j'appellerai l'une Bacchis l'Athénienne, parce qu'elle demeure à Athènes, et l'autre Bacchis l'étrangère, parce qu'elle vient seulement d'y arriver. Le nom de PISTOCLÈRE signale le trait principal du caractère de ce fidèle compagnon, $\pi\iota\sigma\tau\acute{o}\varsigma$, *fidèle*, $\kappa\lambda\tilde{\eta}\rho o\varsigma$, *sort, partage*. MNÉSILOQUE, auteur ou complice de tant de ruses qui attirent son père dans le piège, fait pressentir, en se nommant, le rôle qu'il doit jouer, $\mu\nu\tilde{\eta}\sigma\iota\varsigma$, *souvenir*, $\lambda\acute{o}\chi o\varsigma$, *embûches*. Quant à l'esclave qui fournit aux jeunes gens l'or à pleines mains, Donat (*Andr.*, act. 1, sc. 3, v. 21) avait remarqué avant nous que ses exploits méritaient qu'il s'appelât CHRYSALE. Mais le poète se moque bien durement de la crédule simplicité du vieux NICOBULE par son ironique antiphrase, νίκη, *victoire*, βουλή, *conseil*. Quant au terrible militaire, c'est sans doute lui-même qui a choisi le nom de CLÉOMAQUE (*gloire, combat*). Le pédagogue LYDUS est probablement un esclave originaire d'Asie, et le vieux PHILOXÈNE aime mieux les mœurs étrangères que la sage discipline de sa ville.

ARGUMENTUM. Le manuscrit qui servit d'original à toutes les copies écrites ou imprimées qu'on a possédées ensuite, était mutilé à l'endroit où commence la comédie des *Bacchis*. On a perdu ainsi les premières scènes, avec le prologue et les argumens. Il est fort douteux que l'argument acrostiche qui se voit aujourd'hui en tête de la pièce, dans toutes les éditions, soit l'œuvre du grammairien auquel nous devons ceux des autres comédies. Le texte en est étrangement corrompu, M. Bothe l'a refait.

Les mots que nous avons mis entre parenthèses ne sont donnés que pour de simples conjectures. Nous avons cru pouvoir substituer au mot *præsumia* des éditions (v. 2), le mot *prosumia*, plus convenable pour le sens, et autorisé par des exemples. (*Voyez* NONIUS, c. 13, n° 17.)

PROLOGUS. Ce prologue n'est certainement pas de la main de Plaute. De qui est-il? Taubmann dit que le Grec Lascaris écrivit à Bembo qu'il avait découvert ce fragment à Messine. Mais Niebuhr n'a pu trouver aucune trace du fait dans la correspondance de Bembo. Quelques-uns ont prétendu aussi que Pétrarque était l'auteur de l'interpolation. Il aurait bien fait de ne s'en pas vanter. Mais nous ne croyons pas non plus qu'il dût en être aussi honteux que pourrait le faire penser le jugement de plusieurs savans. Quel que soit l'anonyme, laissons-lui son secret. On prendrait une peine inutile, même quand on parviendrait à le deviner. Qu'il suffise de savoir que c'est seulement en 1514, dans l'édition de Junte, que ce prologue parut pour la première fois. Nicolas Angelio, qui l'y inséra, le donnait lui-même pour supposé, *suppositiva*.

Il serait permis de penser que l'auteur a pu voir quelque manuscrit encore entier; il indique, dans les derniers vers, une première scène qui n'existe plus, et il nomme l'auteur grec auquel Plaute fut redevable de son modèle.

Mais jusqu'à quel point faut-il en croire ces assertions? C'est ce que nous n'osons dire.

Glabri histriones (Prol., v. 6). Imitation de l'*Aulularia*, p. 66, v. 358.

Statariæ (Prol., v. 10). On désignait ainsi les pièces dont l'action était moins animée par le jeu des intrigues et par le mouvement du spectacle; c'était la comédie grave, autant qu'elle pouvait l'être chez les anciens, qui avaient plus de penchant au comique bouffon qu'au drame sérieux. Ils aimaient mieux les pièces plus vives, et pleines de mouvement, *motoriæ*. (*Voyez* TÉRENCE, *Heautont.*, Prol., 36, et DONAT, note du vers 24 du Prologue des *Adelphes*.)

At non in manum (Prol., v. 14). Le faussaire connaissait mieux les usages de la latinité que les règles du goût. Sa mauvaise plaisanterie vient de cette locution très-usitée, *dare in manum*, donner sur-le-champ, payer comptant.

Quæ redierant geminæ (Prol., v. 78). L'anonyme commet ici une erreur. Les deux sœurs ne sont pas revenues ensemble à Athènes. L'amante de Pistoclère y demeure, et reçoit l'autre Bacchis, qui vient d'arriver à la suite de Cléomaque. (*Voyez* v. 67, 72 de la comédie.)

Les savans ont, à mon avis, beaucoup trop maltraité l'auteur de ce prologue. On peut remarquer, il est vrai, quelques lazzis plus ridicules que risibles; les vers auraient besoin d'être presque tous refaits pour qu'ils eussent le nombre et la mesure : cela n'empêche pas qu'il n'y ait de l'imagination et de la gaîté dans le discours, et que la facilité et l'élégance du style n'annoncent une connaissance profonde de la langue latine, et en particulier du langage de Plaute.

Quid si hoc potiu 'st (v. 1). J'avoue que j'ai supprimé ici un monologue supposé de Pistoclère, qui ne se lie point à l'œuvre de Plaute, et dont le style est si défectueux et si embrouillé, qu'on n'y peut rien ou presque rien comprendre. Si on le regrette, on le trouvera dans toutes les éditions, où la disparate est soigneusement conservée.

La pièce de Plaute, ou ce qui en reste, commence au dialogue des deux sœurs.

Le théâtre représente une partie de la voie publique, probablement une place, sur laquelle donne la maison habitée par Bacchis l'Athénienne. Les deux sœurs s'entretiennent ensemble devant cette maison. Tout-à-l'heure l'Athénienne dira qu'elle veut donner l'ordre qu'on lui apporte de chez elle de l'argent, *intus ecferre foras* (v. 62), et ensuite elle invitera sa sœur à rentrer avec elle, *sequere intro* (v. 74).

La maison de Nicobule donne sur la même place (*voyez* p. 192, v. 169, 170).

Licet (v. 1). Notons cette locution, une des plus usitées du langage familier, et qui se présentera très-souvent par la suite. Elle signifie le consentement donné à une proposition d'un interlocuteur, mais sans affirmation très-décidée, « oui, soit, je le veux bien, soit fait. » On en trouve un exemple remarquable dans le *Rudens* (act. IV, sc. 6).

Memoria (v. 2). La signification du mot *memoria*, dans ce passage, est digne d'observation. Il ne s'agit pas d'un effort de mémoire, car sans doute Bacchis n'a pas appris par cœur ce qu'elle veut dire au jeune homme. Mais il lui faudra de la présence d'esprit, il faudra que son intelligence lui suggère à propos les discours qu'elle devra tenir ; c'est l'action de la pensée qui n'est point en défaut. On emploie *memoriter* dans ce sens, c'est-à-dire, avec esprit, avec adresse.

Quid agunt (v. 5). *Voyez* pag. 351, note du vers 78.

Sibi qui caveat (v. 8). Ces pauvres courtisanes, que Plaute montre si malicieuses, si perfides, si dangereuses, ce qui pouvait bien être vrai, étaient aussi fort à plaindre. Étrangères, sans existence civile, sans famille dans leur pays d'adoption, elles se voyaient exposées à toutes les injures, à moins qu'elles n'eussent commencé par être esclaves, et qu'elles ne fussent devenues affranchies ; alors elles vivaient dans la clientèle d'une maison puissante, comme cette Hispala, qui découvrit la conspiration des Bacchanales (TITE-LIVE, XXXIX, 9). Autrement, elles ne trouvaient ni dans les lois assez de protection, ni dans les magistrats assez d'équité pour les défendre ; on pouvait les outrager impunément, pour peu qu'on eût de crédit et de pouvoir, et l'on ne manquait pas de crédit, dès qu'on était citoyen et riche, surtout si l'on avait affaire à un étranger : l'ennemi, l'étranger, furent désignés long-temps par un même nom chez les Latins, *hostis*. Les courtisanes s'empressaient donc de se mettre sous le patronage des hommes puissans, même sous celui des femmes de distinction (*voyez* le commencement de la *Cistellaria*). Thaïs, dans l'*Eunuque* de Térence (act. 1, sc. 2, v. 67-69), cherche ainsi à se faire des protecteurs, et elle finit par obtenir du père de son amant, qu'il la reçoive dans sa clientèle (act. v, sc. 8, v. 9).

Pour qui ne jouissait pas du droit de cité, les droits de l'humanité étaient d'une faible ressource. Il fallait se mettre en tutèle (Tite-Live, *loco cit.*). Si Bacchis ne prenait ce parti, le militaire pourrait bien la réduire en esclavage à la fin; la plainte de l'opprimée ne serait pas écoutée (v. 11); il n'y avait qu'un patron qui pût lui garantir sa liberté (v. 25).

Ubi emeritum sibi sit (v. 9). Voici une de ces expressions qui renferment tout un chapitre de l'histoire des mœurs d'un peuple.

Les Romains avaient fondé leur existence sur la guerre; tout se rapportait chez eux à la guerre. L'état militaire avait donné toutes ses formes à l'état civil. Les assemblées du peuple dans le Comice, comme celles des soldats dans le camp, étaient convoquées au son de la trompette; un même nom désignait les unes et les autres, *concio*. Les administrations s'organisèrent à l'instar de l'état-major des cohortes; la hiérarchie des emplois eut les mêmes grades et les mêmes titres que la milice. Ces formes et ces dénominations se conservèrent jusque dans le Bas-Empire, lorsque l'état civil fut séparé entièrement de l'état militaire. (Voyez *Notitia dignit. imp.*, ed. Panvin.)

Les traitemens et la vétérance pour toutes les fonctions étrangères aux armes, en particulier celles des professeurs, furent réglés par les usages militaires, et exprimés par les termes analogues (*stipendia, emeritus*): de là, cette extension du mot *emeritus* à toute espèce de service accompli. Dans le dialogue de Plaute, il s'agit aussi d'un temps de service, après lequel on sera dégagé, et l'on aura recouvré son indépendance, comme le soldat vétéran ou émérite. Mais il faut avouer que le peuple, dans la langue duquel de pareilles métaphores sont justes et naturelles, a d'étranges idées sur l'amour.

Viscus merus (v. 16). Plaute se complaît à présenter à ses spectateurs ces combats de la raison contre la passion ; souvent même, il oublie la vraisemblance de la fiction dramatique, pour concentrer toute l'attention sur l'allégorie morale. Ainsi, dans le *Trinumus*, le jeune et sage Lysitèle met en délibération, seul avec lui-même, quel genre de vie il doit choisir, le libertinage ou la bonne conduite? et, tout compte fait des avantages de l'un et des inconvéniens de l'autre, il se décide pour le meilleur parti. Philolachès, dans la *Mostellaria*, n'a plus à délibérer, il s'est livré au vice; toutefois, dans cet état de corruption et d'avilissement, il s'examine, et se juge beaucoup plus impartialement que la vérité d'imitation ne le comportait; mais d'une manière fort utile pour les jeunes gens qui pouvaient l'écouter. Ici l'épreuve de Pistoclère, qui, moins heureux, ou plus faible que Lysitèle, finit par succomber, est plus comique, et non moins instructive.

Turturem (v. 34). Qu'est-ce que ce tourtereau? comme le mot se trouve dans une énumération d'instrumens de festin, on pourrait croire qu'il désignait aussi quelque pièce de l'arsenal des buveurs. Mais aucune autorité ne vient à l'appui de cette conjecture. On sait au contraire, que les amans se donnaient en présent des oiseaux. Le chœur des oiseaux, dans la comédie de ce nom, chante des vers, dont voici le sens : « Nous sommes nés de l'Amour, mille preuves l'attestent : nous volons comme lui; nous prêtons assistance aux amoureux. Nombre de beaux garçons, qui, dans la fleur de la jeunesse, avaient abjuré l'amour, n'ont pu résister à notre douce influence. Le don de quelque oiseau, une caille, un porphyrion, une oie, un paon, ont triomphé de leurs cœurs rebelles. » (ARISTOPH., *Avib.*, v. 703.) On croira sans peine que des tourtereaux voltigeaient ainsi chez les courtisanes, soit qu'elles les eussent reçus comme cadeau de leurs amans, soit qu'elles se les fussent procurés elles-mêmes, pour que cette vue excitât dans l'âme des sensations de volupté. Les baisers des tourtereaux (*columbatim osculari*) ont toujours été célébrés par les poètes érotiques. Plaute y fait aussi allusion (*Asinar.*, v. 194).

Malacissandus (v. 39). Je crois que la courtisane joue ici, selon l'usage des acteurs de Plaute, sur la double signification du mot *malacissandus*. Les riches avaient chez eux des hommes ou des femmes, dont l'office était de *masser*. On les appelait *tractator* (SÉNÈQ., *Lettre* 66, à la fin), *tractatrix* (MARTIAL *Épigr.* III, 82, 13). Bacchis fait allusion à cet usage des voluptueux, par le mot *malacissare*, qui servait à exprimer l'action des masseurs. Si l'on s'était scandalisé de l'indécence de l'idée, elle pouvait dire qu'elle n'entendait parler que de l'adoucissement des mœurs et des manières.

Simulato me amare (v. 41). Ma traduction n'est pas littérale, et ne semble pas exacte. Cependant, le verbe français correspondant au mot latin, ne serait pas ici un équivalent, et produirait un non-sens. Que signifierait en effet ce dialogue : « Tu feindras de m'aimer. — Sera-ce tout de bon, ou pour faire semblant ? » C'est encore ici le cas de remarquer comment les mots semblables peuvent prendre, selon les mœurs des peuples, une expression différente. Nous en avons déjà fait l'observation (tom. I, p. 386). Dans ces habitudes de sensualité et de débauche, aimer et faire l'amour, sont une seule et même chose.

Cœnam viaticam (v. 60). On s'est trompé sur la signification de ces mots; on a cru qu'il s'agissait du repas offert aux arrivans, et dont il est question plus bas, page 190, v. 151. Mais il était d'usage aussi de donner un festin d'adieu, la veille d'un voyage, *cœna viatica*. Le *viaticum* indique toujours les précautions pour la route à faire, et non le rafraîchissement après qu'on l'a faite. En effet, quoique Bacchis, la maîtresse du militaire, soit nouvellement débarquée, elle est déjà menacée de repartir tout-à-l'heure avec lui ; les vers 56 et 70 le prouvent assez.

Opsonatum (v. 62). Le parasite des *Captifs* se plaint de ce que les jeunes gens de son temps ne remettent plus, comme ceux d'autrefois, aux parasites le soin d'aller au marché faire les provisions ; ils y vont eux-mêmes. Était-ce un retour à l'antique simplicité ? je croirais voir plutôt dans ce changement un progrès de la gourmandise, lorsqu'on n'avait pas encore l'élégance du luxe, mais que déjà s'introduisait le luxe dans la rusticité. Les Romains de ce temps n'avaient point un autre caractère, ni un meilleur ton que les Romains du siècle d'Horace (*Sat.* II, 5, 80): « Vénus a moins d'attraits pour eux que la cuisine. » On choisissait mieux soi-même, et d'ailleurs, on prenait au marché un avant-goût des jouissances de la table. Tous les hommes d'une condition distinguée font pour leur propre compte l'office de pourvoyeurs, entre autres, Mégadore dans l'*Aulularia*, Lysimaque dans le *Mercator*.

Piscatus (v. 68). La plaisanterie n'est pas de très-bon goût; mais il ne faut pas demander beaucoup de délicatesse de langage à de pareilles héroïnes. D'ailleurs, la métaphore était assez juste. Ces pécheresses aimaient assez à se dire pêcheuses d'hommes, et à comparer leurs dupes au poisson qu'on fait frire, et qu'on retourne comme on veut dans la poële. (*Asinar.*, v. 163-5.)

Timida (v. 72). Synonyme de *ægra*. (*Amphit.*, v. 363.)

Barbarus.... barbaro (v. 87-89). Les Romains, comme on sait, s'entendaient appeler barbares par leur poètes, dans les comédies grecques (*palliatæ*), sans en être offensés (*voyez* tom. I, pag. 374); et même ils aimaient assez que l'on comparât l'austérité barbare, c'est-à-dire romaine, à la mollesse et au luxe des Grecs. *Cœnari lepide nitideque volo. Nihil moror barbarico ritu esse Jam* (*Casin.*, act. III, sc. 6). *Voyez* plus bas, v. 695, 764.

Potitio (v. 89). La simplicité crédule, ou la bêtise des Potitius était devenue proverbe chez les Romains, comme l'esprit de Thalès chez les Grecs. (*Voyez* les *Nuées* d'Aristophane, v. 171; les *Captifs*, v. 203.)

On sait qu'indépendamment des observances de la religion commune et nationale, chaque famille (*gens*) avait des sacrifices particuliers; c'était une obligation sacrée pour elles, une dette héréditaire. De là, le proverbe pour exprimer un bénéfice exempt de toute condition onéreuse, *sine sacris hereditas*, un héritage sans les sacrifices.

Or, on disait qu'après sa victoire sur Géryon, Hercule avait institué une fête et des cérémonies religieuses, et qu'il en avait commis le soin à la famille Potitia, une des plus considérables du lieu en ce temps-là.

Il paraît que les descendans des Potitius s'ennuyèrent de leurs saintes fonctions, et qu'ils se laissèrent persuader par le censeur Appius de les abandonner à des esclaves de l'état (*servi publici*), qu'ils instruisirent des rits prescrits.

Le dieu fut très-courroucé de cette irrévérence, et dans l'espace d'un an, on vit périr la race des Potitius tout entière. Il leur en coûta cher d'avoir suivi si bonnement les conseils d'Appius. (*Voyez* TITE-LIVE, I, 7; IX, 29, 34; VALÈRE-MAXIME, I, 1, 17; DENYS D'HALICARNASSE, I.)

Prœligatum (v. 102). Les enchanteurs, avec de certaines paroles et de certaines cérémonies diaboliques, agissaient sur les absens, de même qu'ils entretenaient commerce avec les morts. Ils enchaînaient ainsi l'esprit de qui ils voulaient, par des liens invisibles et funestes. C'était comme le mauvais sort jeté sur quelqu'un ou sur quelque chose, par la mauvaise main, ou par le mauvais œil, *mala manus, malus oculus* (*voyez* tome I, page 368.) Le moyen de résister à cette puissance surnaturelle? Il fallait devenir fou, quoi qu'on en eût. Il est vrai que beaucoup de gens y aidaient par leurs propres dispositions.

Non pædagogum jam me, etc. (v. 104). Il y a bien quelque pédanterie de la part de ce bon Lydus à se fâcher de ce qu'on l'appelle par son nom, plutôt que par le titre de son office. Il faut qu'il paie son tribut à l'humanité. C'est un homme de bon-sens que ce Lydus, et qui donnera aux Romains des avis fort raisonnables. Mais les spectateurs avaient aussi leur faible, et Plaute le connaissait bien; je veux dire l'amour-propre, qui pardonne difficilement la supériorité de la raison dans les autres, et qui se satisfait, quand il peut trouver un ridicule dans le sage dont il subit la leçon. Lydus sera très-risible; à ce prix, on lui permettra d'être un censeur fort éclairé.

Je reviens à l'usage d'appeler les hommes par leur nom. Il entrait dans les pratiques de la politesse à Rome; Crassus et César se piquaient de nommer chacun de ceux qu'ils saluaient sur la place publique. C'était pour des ambitieux un moyen de plaire. Ceux qui n'étaient pas pourvus d'une assez bonne mémoire, achetaient des esclaves, qui devaient en avoir pour eux (*nomenclatores*). Même dans le temps où le changement des mœurs introduisit la coutume de donner le nom de maître ou de seigneur, *dominus*, aux personnes qu'on abordait, le nom propre fut toujours plus honnête dans les salutations (MARTIAL, *Epigr.* V, 57; VI, 88). D'où vient donc que Lydus s'offense de cette manière de parler? C'est que le nom de Lydus n'est pas le nom d'un citoyen, et que l'esclave sent toute l'importance du titre de *pédagogue*.

Tibi ego, aut tu mihi servos es (v. 128)? Quelles graves réflexions fait naître ce vers du comique! Comment les Romains, ces républicains si jaloux, ces hommes si superbes, confiaient-ils le dépôt de ce qu'ils avaient de plus cher, l'espoir de leurs familles, l'avenir de l'empire, à la garde des esclaves? Était-ce à des âmes serviles qu'il appartenait de former des hommes libres? Et quand même ces précepteurs à la chaîne auraient eu des sentimens dignes de leur ministère, comment leurs réprimandes et leurs leçons pouvaient-elles imposer à des écoliers qui étaient leurs maîtres? Un citoyen obéissait-il aux ordres d'un esclave? Malgré toute notre admiration pour les Romains et nos préjugés contre les modernes, nous ne pouvons nier que nous n'ayons eu, et surtout qu'on n'ait maintenant, des idées plus saines sur la conduite du premier âge, et un système plus libéral d'éducation. On a senti que les fonctions du maître qui instruit la jeunesse, n'étaient point compatibles avec la condition d'une domesticité servile; et, sauf quelques exceptions bien rares, c'est maintenant une opinion générale dans les plus hautes classes de la société, comme dans les fortunes médiocres, que les enfans ne gagnent rien à vivre isolés dans la maison paternelle; qu'il faut les élever au milieu des compagnons de leur âge; les accoutumer par des relations continuelles de fraternité dans une famille publique, à se rapprocher de leurs semblables, à reconnaître les lois de l'égalité sociale, à supporter les défauts des autres, à corriger les leurs, à ne trouver de ressources que dans leurs propres moyens, et de protection que dans une puissance favorable pour tous, impartiale pour chacun, enfin à avoir des habitudes et des affections humaines. C'est ce qu'on n'apprenait pas, lorsqu'on était sans cesse caressé par ses parens, gâté par leurs amis, adulé par leurs flatteurs et leurs complaisans, et assisté d'un premier valet, décoré du titre de précepteur. Rendons cette justice à notre siècle; l'éducation publique fait sentir son heureuse et féconde influence; et même les hommes qui se dévouent à l'éducation particulière de quelques jeunes gens, sont environnés de la considération et de la dignité qui sied à leur emploi. Tant on apprécie le bienfait de l'instruction, depuis que le système politique tend à ne donner aux hommes d'autre distinction que celles qu'ils doivent à leur mérite personnel!

Plaute donnait ici une grande leçon aux spectateurs, leçon non moins sensée, et plus ingénieuse, plus frappante que celle de Plutarque, sur les soins qu'on doit à la conduite de l'adolescence.

Le philosophe parle ainsi du choix d'un gouverneur, dans son *Traité de l'éducation des enfants* (traduct. d'AMYOT, édit. de Bastien, tome VIII, p. 10) : « Mais quand ils (les jeunes gens) sont arrivez à l'aage de debvoir estre mis soubz la charge de pédagogues et de gouverneurs, c'est lors que pères et mères doibvent plus avoir l'œil à bien regarder quels seront ceulx à la conduicte desquels ils les commettront, de paour qu'à faulte d'y avoir bien prins guarde, ils ne mettent leurs enfants en mains de quelques esclaves barbares, ou escervelez et volages. Car c'est chose trop hors de tout propos, ce que plusieurs font maintenant en cest endroict; car s'ils ont quelques bons esclaves, ils en font les uns laboureurs de leurs terres, les austres patrons de leurs navires, les austres facteurs, les austres recepveurs, les austres banquiers pour manier et trafficquer leurs deniers : et s'il en trouve quelqu'un qui soit yvrongne, gourmand et inutile à tout bon service, ce soit celuy auquel ils commettront leurs enfants; là où il fault qu'un gouverneur soit de nature, tel comme était Phœnix, le gouverneur d'Achilles. »

En effet, pour un honnête précepteur, comme ce bon Lydus, et comme ce Livius Andronicus qui mérita la reconnaissance de la famille consulaire des Livius, combien voyait-on de fourbes et de coquins comme Chrysale !

Ce passage de Plutarque est précieux encore sous un autre rapport : il sert à expliquer la plupart des fables comiques du théâtre ancien ; il légitime les caractères des esclaves jouant les principaux rôles. Car la loi de la poésie, comme de tous les arts d'imitation, est la nature et la vérité. Le même sujet d'observations s'était offert à Plutarque et à Plaute ou à ses modèles, la vie domestique, la réalité. Les types des Tranions, des Pseudoles, des Épidiques, se trouvaient fréquemment dans les maisons des citoyens ; c'est de là qu'ils passaient sur le proscénium, très-ornés, il est vrai, et rehaussés d'une vive et spirituelle faconde, ainsi que le comportait l'idéal de l'art.

De montrer comment l'excès de misère et d'avilissement dans l'état de servitude pouvait s'allier avec cette familiarité hardie de manières et de langage, c'est ce qui fournirait matière à un curieux chapitre de l'histoire ancienne. On sait que l'usage établi de réduire les prisonniers de guerre en esclavage, la culture donnée à l'esprit de beaucoup d'esclaves, pour l'agrément ou pour le profit du maître, quand ils étaient nés dans la maison, ne permettent pas de supposer que le développement des facultés intellectuelles fût toujours en rapport avec la condition. Il se pouvait alors qu'un maître laissât prendre à l'esclave qui lui plaisait, qui était d'ailleurs sa propriété, et qui devenait partie de la famille par l'habitude, de certaines libertés, qui ne se peuvent tolérer chez nous de la part d'un mercenaire libre. Aussi, nos Frontin, nos Lafleur, n'avaient-ils qu'une existence imaginaire, artificielle, exotique ; imitation de la comédie grecque et latine, et non pas de nos mœurs. On n'en voit point dans le *Tartufe*, dans le *Misanthrope*, dans les grands ouvrages de Molière : ses pièces de second ordre sont les seules qui nous montrent des Scapin et des Mascarille. Sachons donc distinguer entre le théâtre latin et le théâtre français, dans la critique de ces personnages et de ces intrigues de Plaute ; et gardons-nous de l'erreur trop commune de les traiter dédaigneusement comme de purs jeux d'imagination et des facéties extravagantes.

Il n'y avait point de jeune homme qui n'eût son pédagogue, son gardien, jusqu'à dix-huit ans (*tandem custode remoto*, Hor.). L'esclave pédagogue restait ensuite attaché à son jeune maître, comme suivant ; il achevait quelquefois, en cette qualité, ce qu'il avait commencé pendant son premier service, la corruption de l'étourdi (*quum blandi comites*, Pers., sat. v, 32). Ces suivans empressés et complaisans, nous les reconnaissons dans le théâtre de Plaute. Ajoutez à la réalité vulgaire l'esprit inventif et la poésie du style, c'est Chrysale.

Herilis patria, salve (v. 136). Agamemnon, dans la tragédie latine de ce nom, entre en scène comme Chrysale :

> Salut, ô murs d'Argos, ô foyers, ô patrie !
> *Tandem revertor sospes ad patrios lares.*
> *O cara salve terra!*.....

il y a seulement cette différence entre le discours de l'esclave et celui du roi des rois, qu'il règne dans le premier un ton et un sentiment religieux, qui ne se trouvent pas dans l'autre : c'est la différence des temps où écrivaient les auteurs.

Tout était peuplé de divinités chez les anciens, tout se divinisait. On invoquait le jour, les eaux des fleuves et des fontaines, la terre, et ce n'était pas une figure poétique. Voyez la véhémente obtestation qui termine la harangue d'Eschine sur la *Couronne*. Ainsi l'imagination exaltée et superstitieuse des mortels associait, dans leur culte, toutes les parties de la nature inanimée avec les dieux et les génies qu'elle y faisait présider. Saluer la terre de la patrie, c'était en saluer les dieux lares. On aurait commis une impiété, si l'on avait manqué à cet acte de vénération, en rentrant dans ses foyers.

Mais le pauvre esclave n'a point de patrie à saluer; il salue la patrie de son maître, *herilis patria*.

Apollon reçoit aussi sa prière : ce n'est pas comme dieu du jour; un pareil fripon offrirait plutôt son hommage à la déesse de la nuit. Mais chez les Grecs, Apollon avait des autels aux portes des maisons, comme présidant à l'entrée et à la sortie; on lui donnait, dans ce cas, le surnom de Θυραῖος. On l'honorait encore sous le titre de Ἀγυιεύς, ou protecteur de la voie publique (MACROB., *Sat.* I, 9). L'auteur suppose que l'autel consacré au dieu, à ce dernier titre, est voisin de la maison de Nicobule.

Hospitium et cœnam (v. 151). C'était l'usage des anciens de célébrer par un festin l'arrivée d'un ami, d'un parent. Plaute y fait souvent allusion. Ainsi le pauvre Sosie s'attend, pour son régal de bonne arrivée, à être mis en prison si le guet le rencontre; puis, à recevoir force gourmades, lorsqu'il trouve sur son chemin l'autre Sosie. Cela ne valait pas la réception que le frère de Vitellius fit à ce prince (*cœna adventitia*), et dans laquelle on servit deux mille espèces de poissons et sept mille espèces d'oiseaux des plus délicats. (SUET., *Vitell.*, XIII.)

Ubi sit (v. 154). Cette locution doit être remarquée en passant : elle tient de l'usage une signification différente de celle que comporte le sens littéral des mots. « Où est-il ? » veut dire, « Que fait-il ? comment va-t-il ? » Lorsqu'Andromaque (*Æneid.*, III,

312) dit à Énée : *Hector ubi est?* elle sait trop bien qu'il est descendu dans le séjour des morts. L'expression analogue, pour s'informer de l'état des choses, est *quo loco.* — *Quo res summa loco?* (*Æneid.*, II, 322.) De même en français : « Où en êtes-vous ? Où en sont les choses ? »

Vas samium (v. 167). La poterie de Samos était fort renommée ; c'était la vaisselle des anciens, lorsqu'on ne connaissait pas encore à Rome celle d'or et d'argent. Cette simplicité commençait à se perdre au temps de Plaute. Le vieux Caton se plaignait de ce qu'on se moquait déjà des moulures en terre qui servaient d'ornement aux temples (TITE-LIVE, XXXIV, 4). Et Plaute citera, comme un insigne trait d'avarice, la précaution d'un vieillard qui, de peur d'être volé, se sert de vases samiens dans les sacrifices. (*Captifs*, v. 220.)

La plaisanterie de Chrysale n'est pas mauvaise ; car il y avait beaucoup d'analogie, sous le rapport de la fragilité, entre l'argile de Samos et la foi de Bacchis et de ses pareilles.

Imo ut eam credis (v. 173) ? Encore une locution du style familier ; elle correspond assez à ces manières de parler : « Ah! si vous saviez ! Vous ne voyez rien encore ! »

Misera (v. 173). L'adjectif *miser* et l'adverbe *misere*, joints à des verbes qui expriment l'effort ou le désir et la passion, donnent l'idée du plus haut degré d'intensité, de la violence (TÉRENCE, *Adelph.*, IV, 1, 16; V, 64. *Eun.*, I, 1, 22. — HOR., *Sat.* I, 9, 8). C'est en ce sens que Quintilien emploie *miseria*, pour signifier une recherche minutieuse, un soin excessif: *Persequi quidem quod quisque unquam vel contemptissimorum hominum dixerit, aut nimiæ miseriæ, aut inanis jactantiæ est.* (*Instit.*, 1, 9, 18.)

Non herus (v. 178). Je conserve la leçon des manuscrits et de la plupart des éditions ; elle forme, selon l'usage ancien, un dactyle *non heru'*. Brunck, dans l'édition de Deux-Ponts a mis *non res*.

Pellio (v. 180). La malencontreuse mémoire de ce pauvre Pollion se perpétua chez la postérité ; ce n'était pas assez d'avoir été sifflé de son vivant! Au quatrième siècle de l'ère chrétienne, Symmaque parle encore de lui (*Epist.* X, 2). C'est probablement à Plaute qu'il fut redevable de cette immortalité. Le changement de l'*o* en *e*, ne doit pas surprendre; il était assez fréquent; ainsi *Apellinem* pour *Apollinem*. (Voyez FESTUS.)

Fortis (v. 181). Ici, comme dans dans le *Miles gloriosus*, nous traduisons ce mot par « belle ». Chez un peuple grossier et guerroyant, la force est la beauté de l'homme. La force de l'âme, appliquée aux combats, ou le courage militaire, c'est la beauté morale, la vertu. Aussi, dans les usages de la langue latine, *fortis* exprima-t-il toutes sortes de bonnes qualités physiques ou morales, même après que la civilisation se fut perfectionnée ; le langage conserve toujours la trace des mœurs anciennes et du caractère primitif de la nation. Cicéron, voulant faire l'éloge de la probité d'un citoyen, l'appelle *fortissimus adolescens;* une bonne famille est *fortis familia*. « Il n'a point compromis sa réputation, ainsi qu'un honnête homme doit faire, *ut virum fortem decet;* » ces paroles sont d'un personnage de Térence (*Andr.*, II, 6, 13). Nous disons à peu près ainsi un brave homme, et nos pères disaient : « Comme vous voilà brave! » ce qui équivalait à « Comme vous êtes beau, ou bien paré! » Mais, dans ces locutions, nos aïeux diffèrent des Romains, par une nuance d'idée remarquable. C'est la bravoure, et non la force, qu'ils prennent pour terme de ce qu'il y a de mieux. Le spiritualisme élevait leur pensée, et leur donnait aussi un sentiment de délicatesse ignoré des anciens. Les anciens n'auraient pas compris cette expression que la galanterie moderne a créée : « Le beau sexe. » Le beau sexe, pour eux, c'était le sexe fort. Dans un siècle d'élégance, dans un siècle où les femmes régnaient à Rome, mais par la licence, et non par la vertu, Stace disait :

« Deux filles seulement fleurissent près de lui ;
« Mais du plus noble sexe, il lui manque un appui. »

Hic sexus melioris inops, sed prole virebat
Fœminea....

Cela dans un poëme épique (*Théb.*, I, 393).

Ubi mi 'st filius (v. 209)? Le vieillard poussera la crédulité à un excès, nécessaire, il est vrai, pour le succès des ruses de Chrysale, mais qui serait invraisemblable, s'il n'était motivé par une grande tendresse paternelle. Plaute a soin de bien marquer d'abord ce trait de caractère, et le caractère se soutiendra dans toute la pièce. Alors nous comprendrons comment le vieillard se laisse duper si facilement par des mensonges où son fils est mêlé. Il est rare qu'on aime passionnément sans devenir aveugle et crédule.

Adspersisti aquam (v. 212). C'est une coutume qui n'est pas nouvelle, de jeter de l'eau fraîche sur quelqu'un qui tombe en défaillance, pour le faire revenir. De là l'expression métaphorique et proverbiale.

Mais l'eau froide ne produit pas toujours une sensation heureuse et salutaire: la malignité peut s'en servir pour éteindre un feu vivifiant, une chaleur bienfaisante. On se servait aussi d'une image pareille pour exprimer l'effet des discours perfides, qui nuisent à la bonne renommée. (*Voyez* la *Cistellaria*, v. 37.)

Archidémide (v. 215). On me pardonnera d'avoir changé le nom d'Archidémide. Ce changement m'était indispensable pour conserver un calembourg qui va se rencontrer tout-à-l'heure. C'est une chose terrible qu'un calembourg à traduire. Je voudrais bien qu'ils fussent proscrits, si ce n'est par égard pour le bon goût, au moins par pitié pour les traducteurs.

Cerebrum finditur (v. 216). *Voyez* page 354, note du vers 109.

Symbolum (v. 228). Dans un temps où l'on n'avait point le secours des postes et des lettres-de-change, il fallait, si l'on avait quelque valeur à recouvrer dans une ville étrangère, y aller soi-même, ou envoyer un fondé de pouvoir. On lui donnait, pour l'accréditer, un signe de reconnaissance dont on était convenu avec l'autre partie contractante. Cette pièce de crédit s'appelait, dans la forme grecque, *symbolum*, et en latin *tessera*. La forme et la matière n'en étaient point déterminées. C'était quelquefois ou l'anneau qui servait de cachet chez les anciens (*voyez* v. 292), ou seulement une empreinte du cachet, dont une autre empreinte pareille était restée entre les mains du débiteur; quelquefois une tablette de métal ou de bois, sur laquelle étaient gravés quelques mots, et qu'on brisait en deux pour que chacune des parties en gardât une moitié, et que par le rapprochement de l'une avec l'autre on pût vérifier le droit de celui qui se présentait.

Ce n'était pas seulement dans les transactions commerciales, qu'on faisait usage de ces sortes de titres; ils servaient aussi à constater les liens d'hospitalité formés soit entre des familles de pays différens, soit entre un citoyen puissant d'une ville et le corps municipal d'une autre cité. On les nommait alors *tesseræ hospitales*.

Je citerai un monument qui peut en donner une idée. C'est la moitié d'une tablette d'airain, sur laquelle était écrit un contrat de ce genre. On la découvrit, dans le dernier siècle, à Tunis; probablement l'autre moitié perdue était restée entre les mains de celle des deux parties contractantes qui habitait l'Europe.

Les lettres majuscules représenteront la moitié connue, les caractères italiques la restitution par conjecture de la moitié qui manque.

 C. POMPON*ius*. . . . .
HOSPITIUM. TESSERA*mque fecit quom*
SINATU. POPULOQUE. CU*rubitano proque*
EJUS. STUDIO. BENEFICIEIS*que publicitus.*
PREIVATIMQUE. C. POMPON*ium posterosque.*
EJUS. PATRONUM. SIBEI. PO*sterisque suis.*
QUOM HOSPITALE TESSERA *adsciverunt*....
HIMILCONIS. F. ZENTUC....
SUFETES. MUTHUNILIM. HI....
IMILCATONIS. F. BARIC. H....
AMMILCARIS. F. ZEUNOR....
AMMILCARIS. F. LILVA. MI....
ACT. A. D. VI. K. MAI. C. CÆSA*re L. Æmil. Paulo. coss.*

(Voyez *les Mémoires de l'Acad. des Inscriptions et Belles-Lettres*, tom. 49, pag. 501, un mémoire de M. Gazzera, membre de l'académie de Turin, publié en 1830 à Turin, et une notice donnée dans le *Bulletin des sciences*, 2ᵉ trimestre, 1830, par M. Champollion-Figeac.)

Les premiers magistrats de la cité, les suffètes de Curube et d'autres officiers du corps municipal se mettent sous la protection de C. Pomponius, et s'unissent avec lui et avec sa famille par des nœuds d'hospitalité.

Ce Pomponius, personnage puissant de ce temps-là, sera le patron, en même temps que l'hôte, des Curubitains. Ainsi s'alliaient des citoyens romains avec des villes sujettes de Rome.

Mais dans les temps anciens, les traités avaient été plus simples, ainsi que les monumens qui devaient en garder la mémoire et la foi. Une pierre, une pièce de métal ou de bois, sur laquelle on traçait quelques caractères, et qu'on séparait ensuite en deux parties pour les rapprocher au besoin, voilà tout ce qui servait de titre au voyageur, lorsqu'il venait demander l'hospitalité.

Ces liaisons de familles et cette correspondance des foyers domestiques offrent des images beaucoup plus poétiques assurément que nos usages modernes. Se faire héberger dans une hôtellerie et payer sa carte en partant, est bien prosaïque en effet. Toutefois je doute que l'humanité ait perdu au changement. Qui n'avait point de tessère d'hospitalité, courait risque de coucher sous la voûte du ciel et de mourir de faim : heureux encore si sa qualité d'étranger ne le faisait pas traiter en homme suspect et en ennemi; car telle était la maxime des anciens : « Tout inconnu est un loup, » *Homo ignotus ignoto est lupus*. Pour être reçu dans la maison d'autrui, il fallait donc avoir dans son pays une maison, où l'on pût recevoir les autres. Nous sommes plus sociables dans ce siècle de fer.

Prætor recuperatores (v. 235). Chrysale oublie qu'il est Grec, et qu'il parle d'un procès suivi à Éphèse. A Éphèse, il n'y avait point de préteur, qui formât une commission de juges désignés par le demandeur, et agréés par le défendeur; lesquels juges étaient choisis parmi les notables inscrits sur l'album prétorien, pour remplir pendant l'année ces fonctions; lesquels encore, dans les affaires où il s'agissait de propriété litigieuse, se nommaient *reciperatores* ou *recuperatores*, parce qu'on recouvrait son bien par leur secours.

Autolyco (v. 240). Autolycus fut l'aïeul d'Ulysse. Il passait pour fils de Mercure; c'était un si habile voleur, qu'on crut devoir faire honneur de sa naissance à ce dieu. Sisyphe, son voisin, était encore plus fin que lui; il lui tendit un piège, et le força de lui restituer des moutons qu'il avait dérobés. Il fit plus; il lui enleva sa fille Anticlée, qui devint mère d'Ulysse. Quelle origine pour un héros, un des vainqueurs de Troie! Ajax la reproche en effet à Ulysse dans la dispute pour les armes d'Achille. Mais c'est l'Ajax d'Ovide. L'Ajax d'Homère n'aurait pas été si délicat. Piller ou voler, s'appelait courage, adresse. Les Lacédémoniens gardèrent quelque chose de ces usages. Les Germains, nos ancêtres, punissaient le larcin; mais ils honoraient le brigandage à main armée sur les terres des peuples voisins.

Longum, strigorem, maleficum (v. 245). Ce vers est corrompu dans les éditions, ainsi que dans les manuscrits. Elles donnent presque toutes *longum est rigorem*, leçon dépourvue de sens. J'ai essayé, avec le secours de Saumaise, de restituer le vers, non pas pour le donner comme le vrai texte de Plaute, mais pour composer, avec les mots existans, une phrase raisonnable. Festus dit que le mot *strigores* signifie « hommes robustes, » *densarum virium homines*. Serait-il impossible que le poète qui donnait au vaisseau du corsaire l'épithète de *maleficum*, lui eût donné aussi celle de *strigorem?* Toutes deux conviennent, dans le langage ordinaire, à des personnes et non à des choses. L'hypallage qui transporte aux choses les qualités des personnes, n'est pas rare chez les poètes; et ainsi le copiste ignorant, ne comprenant pas *conspicor longum, strigorem, etc.*, aura écrit « *conspicor. Longum est rigorem,* » et aura fait deux propositions d'une seule. Il serait superflu de s'arrêter à examiner la fausseté des interprétations qu'on donne aux mots pour expliquer la phrase, telle qu'elle est vulgairement imprimée : *rigorem*, les souffrances; *exornarier*, raconter.

Lembus (v. 246). Il y a ici un jeu de mots, qui n'a pas été aperçu par les commentateurs et les traducteurs; du moins ne l'ont-ils pas fait observer. Il paraît que les mots *lembus*, navire, et *limbus*, bordure d'un vêtement, bande propre à servir de ceinture, pouvaient se confondre par la prononciation. (Stace a employé le mot *limbus* pour signifier une bandelette qui ceint la taille au dessous de la poitrine, *picto discingit pectora limbo*, Theb., VI, 367.) Le vieillard profite de l'équivoque pour faire une plaisanterie qui n'est ni de très-bon goût, ni très-heureuse d'à-propos.

Ratem turbare (v. 257). Gronove entend : « Ils incommodent et inquiètent notre vaisseau. » Alors *in portu* ne serait plus juste, car le vaisseau de Mnésiloque était déjà sorti du port; le vers suivant dit qu'il y rentre.

Dianæ in œde (v. 277). Les temples tenaient lieu de caisses de dépôt. Rois et particuliers se servaient de ce moyen de conserver l'argent et les autres objets précieux qu'ils ne pouvaient pas faire valoir dans le négoce (Div. Chrysost., *Rhod. orat.;* Cæs., *Bell. civ.*, I, 23). On évitait ainsi le danger d'être dépouillé par un dépositaire infidèle ou par les voleurs. La sainteté du temple était une garantie, qui, cependant, ne fut pas toujours inviolable. Si elle imposait aux voleurs obscurs, les voleurs à la tête d'une phalange ou d'une légion n'en tenaient compte. Au commencement de la guerre civile, les Pompéiens s'emparèrent des richesses déposées dans les temples des villes d'Italie (Cæs., *Bell. civ.*, I, 6). Celui d'Éphèse, un des plus célèbres trésors de ce genre, fut deux fois sur le point d'être pillé par les lieutenans de Pompée (*Ibid.*, III, 33, 105); l'approche ou la menace de l'ennemi le sauvèrent. Et qu'on ne pense pas que ces profanations ne se virent que dans les siècles de corruption et d'impiété. Quand l'Ionie se révolta contre Darius, quelqu'un proposa aux Grecs de s'emparer de ce que renfermait le temple des Branchides (Herodot., V, 36). Pyrrhus ne respecta point le sanctuaire de Proserpine : il en fut puni à la vérité par une tempête ; mais la déesse n'avait défendu ni ses biens, ni ceux qui lui étaient confiés (Tit. Liv., XXIX, 18). Les dieux n'empêchaient pas non plus les accidens ; Hérodien, en racontant l'incendie qui dévora tout à coup le temple de la Paix, à Rome, ajoute que beaucoup de particuliers y avaient mis en garde le fruit de leurs épargnes, et que s'étant endormis riches, ils se réveillèrent pauvres (Herodot., I, *in Commodo*). Cette coutume si universelle de thésauriser atteste le peu de progrès que le commerce avait fait dans l'antiquité. Si l'on avait connu du moins la Bourse et les agens de change !... Cela aurait valu l'incendie du temple de la Paix.

Populo præsente (v. 301). Sans doute on n'assemblait pas le peuple pour qu'il assistât à la réception du dépôt. Mais les magistrats, au nom du peuple, intervenaient comme témoins et comme garans (*publicitus servant*, v. 278); et la transaction se faisait de manière qu'elle eût de la publicité. La présence du peuple, dans ce cas, n'était pas plus réelle que celle des curies dans les contrats d'adoption, à Rome, où des licteurs, c'est-à-dire des huissiers de municipalité, représentaient le peuple de la ville. Ces formalités sont expliquées dans un récit de Cornelius Nepos, au sujet d'Annibal. Après la défaite d'Antiochus, ce général s'enfuit avec d'immenses trésors à Gortyne, dans l'île de Crète. Il ne tarda pas à s'apercevoir qu'il n'y avait pas moyen de sortir de chez ses hôtes sans leur laisser sa dépouille, s'il ne parvenait à les tromper. Crétois contre Carthaginois, c'était corsaire contre corsaire ; et Annibal était le héros de Carthage. Il fait fondre son or et le coule dans le creux de plusieurs statues d'airain, qu'il laisse exposées négligemment à l'entrée de sa maison ; il remplit des amphores de plomb qu'il recouvre d'une lame d'or, et prie les Gortyniens de lui permettre de déposer ses amphores dans leur temple de Diane. Le transport s'opère en présence des principaux de la cité (*præsentibus principibus*) ; on était si résolu de bien garder le dépôt, qu'on ne perdait pas de vue le propriétaire lui-même, et qu'il ne pouvait rien soustraire. Mais on le laissa partir avec les statues d'airain.

Inpensiu'st (v. 359). On a beaucoup disputé sur le sens de ce mot ; il n'est cependant pas douteux. Plaute emploie le mot *pensus* pour signifier « bon, avantageux » : *Utra sit conditio pensior, virginemne an viduam habere* (STICH., 1, 2, 61). Aulu-Gelle (*N. A.*, XII, 5) fournit un exemple à l'appui : *Ut nihil quicquam carius pensiusve esset.* Cet adjectif, avec la préfixe privative *in*, veut dire ici « méprisable. »

Cernitur (v. 364). Ce mot n'est pas synonyme de *spectatur* dans ce passage ; il est mis pour *certatur*, que ne comportait point la mesure du vers. On peut consulter Sénèque (*Lettre* LVIII⁰) sur les variations que le verbe *cernere* a subies.

Acetum cor acre (v. 370). On a cru voir des fautes dans ce passage, et on a voulu le corriger. Il me semble être bien du style de Plaute. Le pléonasme *acetum acre* n'est pas plus extraordinaire que *nitidis nitoribus, fallaciæ falsidicæ,* etc. Le substantif *acetum*, ajouté comme épithète au mot *cor*, et faisant la fonction d'adjectif, serait justifié par beaucoup d'exemples : *Propudium* pour *propudiosus* (*Curcul.*), *larva* pour *larvatus* (*Casin.*), *ventus turbo* pour *turbulentus* (*Curcul.*), *opera celox, non corbita* pour *prompta non lenta* (*Pœnul.*).

Unice unicum (v. 372). Les éditions portent *uni unicum*, qui peut, en omettant l'élision, selon l'usage ancien, suffire à la mesure; mais la phrase est plus claire avec *unice*, et plus conforme au langage de Plaute.

Tuamque fiduciam (v. 378). L'adjectif possessif prend ici une acception détournée, dont les exemples ne sont pas rares chez Plaute, non plus que chez les autres auteurs : *Tui amoris* pour *amoris erga te* (*Casin.*), *simultatem suam* pour *erga se* (*Pseudol.*), *odio vestro* pour *in vos* (Tit. Liv.), *negligentia tua* pour *adversus te* (Terent., *Phorm.*).

Eadem ne hæc erat disciplina, etc. (v. 386.) De tout temps on a regretté, et de tout temps on regrettera les mœurs d'autrefois : nos anciens eurent aussi leurs anciens, et ceux-ci les leurs, qui admiraient de même des siècles antiques. Le passé a toujours apparu en beau, dans une perspective lointaine, à l'imagination des hommes, et le présent fait sentir ses inconvéniens, auxquels on ne s'accoutume point, plus que ses avantages, dont on jouit sans en tenir compte. Depuis le bon Nestor, qui, dans le camp d'Ajax et d'Achille, se vantait d'avoir vécu avec des hommes plus braves qu'eux, jusqu'à la chagrine Araminte, qui soutenait que, dans sa jeunesse, les femmes étaient plus aimables et les jeunes gens plus polis, je ne vois guère que le mondain de Voltaire qui n'ait pas médit de son siècle. Le vieux Lydus avait déjà fait entendre ses plaintes sur le théâtre d'Athènes, long-temps avant que Plaute le fît parler latin devant les Romains. Long-temps encore avant, Aristophane réclamait contre la corruption de la discipline, dans la dispute du Juste et de l'Injuste (*Nuées*, v. 950, et trad. de M. Artaud, tom. II, pag. 240).

Mais je fais là une remarque superflue, déplacée. Est-ce aux hommes de notre temps qu'on peut reprocher cette admiration aveugle du passé?

Cincticulo (v. 397). On appelait *cincticulum* une courte tunique sans manches, qui laissait les épaules dégarnies et les bras entièrement libres; c'était plutôt une précaution de pudeur qu'un vêtement. On s'en servait beaucoup chez les vieux Romains, dans le temps où les tribus rustiques étaient les plus honorées, et où l'on allait chercher les consuls dans leurs champs, qu'ils labouraient eux-mêmes. Horace, pour caractériser l'antiquité, nomme les *cinctuti Cethegi* (*Art. poet.*, v. 50). Il paraît que la famille des Cethegus avait conservé cette partie du costume de leurs aïeux (Luc., *Phars.*, II, 543); non sans doute par respect pour l'antique discipline, moins encore par envie de l'imiter, mais par vanité de noblesse. On aime à rappeler qu'on a eu des aïeux : cela peut quelquefois tenir lieu de vertus.

Fieret corium (v. 399). Il est à remarquer que les républicains les plus ombrageux de la Grèce, et le peuple le plus fier et le plus belliqueux du monde entier, les Athéniens et les Romains, admirent les peines corporelles dans l'éducation de la jeunesse. Le Juste, dans les *Nuées*, comme ici Lydus, loue ce bon vieux temps, où l'on battait les enfans qui manquaient à leurs devoirs. Le précepteur d'Horace avait une réputation terrible parmi les écoliers, et l'épithète de *plagosus* s'est attachée à son nom (Hor., *Ep.* II, 1, 70). Au contraire, les Goths, maîtres de l'Italie, ne voulurent pas envoyer leurs fils dans les écoles ; parce qu'ils disaient que celui qui s'était accoutumé, dans l'enfance, à trembler sous la férule d'un maître, pâlirait à la vue de l'ennemi.

Noster esto (v. 408). Déméa, dans les *Adelphes*, donne un éloge pareil à son fils, qui vient de battre un méchant esclave : *Laudo, Ctesipho, patrissas* (IV, 2, 25).

Quasi lucerna (v. 411). On faisait des lanternes avec du linge, ou d'autres matières, qu'on imbibait d'huile, pour augmenter la transparence (Cic., *epist. ad Att.*, IV, 3 ; voyez aussi l'*Aulularia*, v. 522).

Expletus (*ibid.*). Si l'on est curieux de passer en revue les imaginations des philologues sur un texte douteux, on peut voir la note de Taubmann sur ce vers. J'ai choisi la leçon qui m'a paru la plus vraisemblable, sans être sûr que ce soit la vraie. Il faut accepter l'incertitude à laquelle nous condamne l'altération du texte.

Manus ferat ad papillas (v. 445). Le jeune Clitiphon, dans l'*Heautontimorumenos* (III, 3, 2-7), ne montre pas plus de retenue, et les reproches de son père sont à peu près les mêmes que ceux de Lydus ; mais le vieillard de Térence met plus de réserve dans ses expressions. Telle est même sa sévère observation des bienséances, qu'il s'abstient, au plus fort de sa colère et de ses réprimandes, de prononcer le nom de courtisane devant sa femme (v, 6, 18). Plaute ne soumettait pas ses écrits à la critique de Scipion et de Lélius.

Inmitiorem (v. 465). Beaucoup d'éditions donnent *amiciorem*, qui se prend alors dans un sens ironique. Cependant la leçon que nous avons préférée est celle des manuscrits : cette raison nous a paru déterminante, plus que le motif par lequel Taubmann se décide à la rejeter : « Point d'*inmitiorem;* Paré l'adopte ! » Cela ressemble beaucoup aux honorables qui votent pour ou contre les personnes à l'occasion des choses, systématiquement, comme on dit.

Cum malo fecit.... meo (v. 468). On trouvera peut-être que la peinture du désordre de l'esprit est exagérée dans ce monologue. Mais il faut toujours se rappeler pour quel public l'auteur écrivait ses pièces. On ne peut nier que l'idée et le mouvement de tout ce discours ne soient très-comiques. Ces pauvres amoureux! Plaute ne les ménage guère ; il ne nous attendrit point sur leurs peines. Qu'Alcésimarque menace de se tuer; il nous fait rire (*Cistellaria*, act. III). Nous rions aussi de Charin, lorsqu'il extravague dans ses transports de douleur (*Mercator*, act. III, sc. 4; act. v, sc. 2). Nous disons, comme disaient sans doute les spectateurs de Plaute : que les amans sont fous !

Jocum (v. 485.) Ce n'est pas à dire qu'on choisît les sépultures comme des lieux propres à la plaisanterie ; mais on tournait en plaisanterie les chants funèbres, chants officiels, chants mercenaires, que des femmes, dont c'était le métier (*præficæ*), répétaient froidement et machinalement dans les convois. Ces chants étaient passés en proverbe pour exprimer une chose insignifiante (*voyez* tom. 1, p. 389). Ainsi les formalités et les vaines démonstrations se substituent par l'usage chez les peuples civilisés à l'expression naïve des sentimens, dans les circonstances les plus solennelles. Tout, jusqu'à la prière sur les cendres des morts, se change en une pratique routinière, tarifée selon la durée et l'appareil de la scène et le nombre des acteurs.

Mori me mavelim (v. 486). Dans toutes les éditions, on lit avant ce vers ces deux-ci : *Sed antequam illa de meis opulentiis,*

Ramenta fiat gravior aut propensior. Il est évident qu'il s'est glissé ici une répétition, par l'erreur d'un copiste. Nous avons cru pouvoir et devoir la faire disparaître. La seule variante, qu'il y eût dans les deux passages, était *de mea pecunia* au lieu de *meis opulentiis* : cette dernière leçon nous a semblé préférable, comme ayant plus la couleur du style plautinien.

Pistoclere, perdidisti me (v. 527). Voici une rencontre singulière, car on ne peut soupçonner l'imitation :

LORÉDAN.
Qui vous a fait outrage ?
MONTFORT.
Un perfide, un parjure,
Un infidèle ami, que j'avais mal jugé ;
Qui déchire la main dont il fut protégé ;
Qui sous de faux dehors à mes yeux se déguise,
Abuse des secrets surpris à ma franchise,
Qui me perce le sein des plus sensibles coups,
Qui me trahit, me tue ; et cet ami, c'est vous.
(*Vêpres siciliennes*, act. II, sc. 4.)

Quæ harum sunt œdeis (v. 545). Cela ne veut pas dire : la demeure qui est celle des deux sœurs, car il ne sait pas qu'elles sont deux, il le déclare lui-même cinq vers plus bas. La phrase doit s'entendre ainsi : « Celle d'entre ces maisons (*harum*) qui est la maison (de Bacchis). »

Dierecte (v. 546). Grand débat parmi les philologues pour déterminer l'étymologie de ce mot. Vient-il de *dies rectus*, pour signifier par antiphrase « malheureux », ou de *sub dio erectus*, c'est-à-dire, élevé en l'air, mis au gibet, ou du grec $\delta\iota\alpha\rho\rho\alpha\kappa\tau o s$, en changeant l'α en ε, et en supprimant un des deux ρ, le sens étant : « rompu ou digne de l'être » ? L'interprétation naturelle d'un passage du *Curculio*, où ce mot est employé, et a été même remplacé par *diruptum* en quelques éditions fort anciennes, semblerait appuyer la dernière opinion. Nous n'osons point prononcer ; mais, d'après l'usage, nous croyons pouvoir affirmer que ce mot renferme une idée d'imprécation : « scélérat ! maudit ! pendard ! »

Huic decet statuam statui ex auro (v. 605). Mascarille a eu probablement réminiscence des paroles de Chrysale :

> Après ce rare exploit, je veux que l'on s'apprête
> A me peindre en héros, un laurier sur la tête,
> Et qu'au bas du portrait on mette en lettres d'or :
> *Vivat Mascarillus fourbum imperator.*
> (MOLIÈRE, *l'Étourdi*, act. II, sc. 2.)

Decumam (v. 619). La dîme ne fut pas toujours d'institution divine ; ce fut même, on pourrait le dire, quelquefois une institution diabolique, chez les païens, s'entend : elle profitait aux démons. Hercule était un de ces dieux décimateurs. Il faisait, disait-on, trouver les trésors cachés ; mais malheur à ses protégés, s'ils ne lui payaient pas la dîme ! On croyait aussi qu'il avait grand crédit auprès de la Fortune, car les riches lui offraient la dîme de ce qu'ils possédaient, apparemment pour qu'il voulût bien leur conserver le reste. Crassus, renommé pour sa *chicheté*, comme dit Amyot, non moins que pour son opulence, fit cette part à Hercule. Martial, au contraire, était de l'avis de quelques esprits forts, qui aimaient mieux être privés de la protection d'Hercule que de la payer trop cher :

> On dit qu'à mes moutons ce dieu sera propice.
> Qu'importe qui les mange, ou d'Hercule, ou des loups ?

Les Romains se conduisirent en Hercules dans les pays conquis ; ils imposaient un tribut du dixième des céréales, quand ils ne prenaient pas le sol même.

Siquoi sperat animus (v. 666). Ce passage a été torturé en tout sens ; les notes de Taubmann en font foi. J'ai adopté la leçon qui m'a paru la plus simple et la moins éloignée des manuscrits. Le mot *sperare* est pris, comme en d'autres passages, pour synonyme de *optare* (*voyez* tom. I, pag. 312, v. 679).

Stilum, ceram, et tabellas et linum (v. 668). Tout ce qu'il faut pour expédier une missive est nommé ici : les tablettes, *tabellas* ; le poinçon, *stilum*, qui tracera les caractères sur les tablettes enduites de cire ; le fil, *linum*, avec lequel on les liera ;

et la cire, *ceram*, qui doit servir à sceller le fil, pour qu'on ne puisse pas ouvrir la lettre.

Curate opficium (v. 712). Chrysale joue sur le mot *fugiamus*, comme Liban dans l'*Asinaria*, v. 364. Il se plaint que les jeunes gens veuillent faire ce qui est plutôt de son devoir.

Insanum (v. 713). Varron et Festus nous expliquent cette manière de parler du poète. *Insanus* est employé par Plaute pour signifier tout ce qui est grand, énorme, et l'adjectif neutre *insanum*, faisant fonction d'adverbe, n'est pas plus rare chez les autres auteurs que chez lui. *Insanum magnum*, énormément grand.

Frictum 'st cicer (v. 719). Les pois frits étaient d'un usage très-commun parmi le peuple de Rome, comme, dans les temps modernes, le macaroni chez les Napolitains, et le roast-beaf en Angleterre; *fricti ciceris et nucis emptor*. Il ne faut pas s'étonner que le poète prête à ses personnages des métaphores et des comparaisons empruntées à cette pratique de la cuisine populaire. Tourner et retourner quelqu'un comme un pois ou comme un poisson dans la poêle, est une des phrases favorites des courtisanes et des esclaves, qui se vantaient de leur habileté à faire des dupes (*voyez* pag. 392, note du vers 68).

Bellerophontem (v. 761). Chrysale aime à citer les héros de la mythologie; il fera tout-à-l'heure de nombreuses allusions à la guerre de Troie. Nous avons vu Sosie étaler une assez riche nomenclature de constellations. C'est bien de la science pour de tels marauds. Mais cette réflexion ne venait pas à l'esprit des anciens comme à nous, parce qu'il n'était pas rare chez eux d'acheter des esclaves instruits, ou de faire donner de l'instruction à quelques-uns des siens pour en tirer parti. On louait un grammairien, comme une bête de somme ou un instrument de labourage (Sueton., *de Illustrib. grammaticis*, cap. 3).

In lapide (v. 767). « Vendre quelqu'un » était une locution proverbiale pour dire « attraper. » Cela ne venait-il pas de ce que, pour vendre un esclave, on le faisait passer pour ainsi dire à la montre, *traducere, circumducere*, en l'exposant ainsi à toutes les avanies? Chrysale insiste sur la métaphore, et dit que le vieillard est sur *la pierre*. C'était l'espèce d'estrade sur laquelle l'esclave, mis en vente, montait avec le crieur qui proposait l'enchère, afin qu'il pût être en vue des acheteurs (*emptos de lapide;* Cic., *in Pison.*, c. 15).

Columnam (v. 774). Il y avait dans la prison un pilier auquel on attachait les coupables; la prison se nommait *puteus* (*voyez* pag. 362).

Cléomaque, Nicobule, Chrysale (p. 287). Cette scène a évidemment servi de modèle à celle des *Fourberies de Scapin*, dans laquelle le maître fripon, aidé d'un autre coquin subalterne, qui fait le spadassin, effraie le vieil Argante (act. II, sc. 9). Mais, il faut l'avouer, la copie reste inférieure à l'original pour l'invention comique. Chez le poète latin, le militaire n'est point un complice, il ne vient pas jouer un rôle de convention pour seconder les projets de Chrysale, il lui sert d'instrument sans qu'il s'en doute; l'adresse du rusé faussaire sait profiter habilement de la rencontre inattendue, qui serait un contre-temps pour un autre moins habile; au lieu de deux fripons conjurés contre un vieillard, nous voyons le machinateur d'intrigues qui se suffit à lui seul contre tous; lui seul trompe deux ennemis à la fois, et s'amuse à duper l'un par l'autre.

Nubta 'st illa n' obsecro (v. 803)? La terreur du vieillard s'explique par la sévérité des peines contre les adultères. Autant l'opinion et la coutume avaient d'indulgence pour les déportemens des jeunes gens avec les courtisanes, autant la loi était menaçante et terrible à l'égard des épouses coupables et de leurs séducteurs. Les satires d'Horace donnent, en plus d'un passage, de salutaires avertissemens à ceux qui seraient tentés de courir ces périlleuses aventures. Le supplice cruel et ridicule que faisait subir l'offensé à l'offenseur surpris en flagrant délit, y est peint dans sa burlesque horreur. Plaute a fait, sur le même sujet, une scène très-comique à la fin du *Miles gloriosus*. Quelquefois l'intérêt l'emportait sur la vengeance, et le criminel qui n'avait pas eu l'adresse d'échapper, en était quitte pour une plaie d'argent.

Roga hunc, etc. (v. 832). Au sujet de la formule à laquelle il est fait allusion dans ce vers et dans les suivans, *voyez* plus haut, pag. 357, note du vers 195.

Mactamus infortunio (v. 837). *Voyez* tom. I, pag. 371.

Nenia (v. 840). Voici un passage désespérant pour qui ne sait qu'appliquer son intelligence à comprendre les paroles des auteurs sans exercer son imagination à refaire les textes. Celui-ci est très-altéré. Entre une foule de conjectures, j'ai préféré celle de Lambin, parce qu'elle était, sinon excellente, au moins plus naturelle que les autres.

Summanus (v. 846). Ovide avoue son ignorance au sujet de ce dieu, *quisquis is est* (*Fast.*, VI, 731); il sait seulement qu'on lui rebâtit un temple pendant la guerre de Pyrrhus (OVID., *l. c.*). Ce temple était voisin de celui de la Jeunesse (PLIN., *Hist. nat.*, XXIX, 4). Ce dieu avait aussi une statue d'argile au faîte du Capitole (CIC., *de Div.*, 1, 10). C'était, selon l'étymologie donnée par les anciens auteurs, le roi des mânes, *summus manium* [1], Pluton, le Jupiter des enfers. On lui attribuait les foudres nocturnes, comme on attribuait les foudres diurnes au Jupiter qui régnait dans les cieux (PLIN., II, 52). Son culte fut, si l'on en croit Varron, apporté à Rome par Tatius.

Atridæ duo, etc. (v. 876). Ce long monologue nous offre un exemple des *canticum*, qui prêtaient si heureusement à la pantomime des acteurs, et qui charmaient les spectateurs (*nosti canticum, meministi Roscium*; CIC., *Ep. fam.*, X, 22). Crispin, des *Folies amoureuses*, fait aussi une allégorie militaire (act. I, sc. 8). La comparaison pourrait donner une idée de la différence des deux théâtres pour les bienséances et la mesure.

> Il faut savoir d'abord si dans la forteresse
> Nous nous introduirons par force ou par adresse,
> S'il est plus à propos, pour nos desseins conçus,
> De faire un siège ouvert, ou former un blocus.
> — Tu te sers à propos de termes militaires ;
> Tu reviens de la guerre. — En toutes les affaires,
> La tête doit toujours agir avant le bras.
> Ce n'est pas d'aujourd'hui que je vois des combats.
> J'ai même déserté deux fois dans la milice.
> Quand on veut, voyez-vous, qu'un siège réussisse,
> Il faut premièrement s'emparer du dehors,

---

[1] Cette étymologie, sans être bien certaine, atteste au moins l'opinion commune. Le nom se trouve écrit aussi *Submanus*.

Connaître les endroits, les faibles et les forts :
Quand on est bien instruit de tout ce qui se passe,
On ouvre la tranchée, on canonne la place,
On renverse un rempart, on fait brèche; aussitôt
On avance en bon ordre, et l'on donne l'assaut.
On égorge, on massacre, on tue, on vole, on pille.
C'est de même, à peu près, quand on prend une fille.
N'est-il pas vrai? monsieur.

Termento (v. 880). Festus dit que, chez les anciens, le mot *termentum* voulait dire la même chose que *detrimentum* chez les modernes, et il cite l'autorité de Plaute dans les *Bacchis*. Très-probablement, il voulait parler de ce vers 880. J'ai adopté le sens du grammairien latin, sans toutefois pouvoir affirmer que ceux qui écrivent *tormento* se trompent. Car la version serait très-raisonnable : « Jamais Achille fut-il un foudre de guerre, eut-il une violence de baliste, à comparer à moi? » Il ne serait pas impossible que le grammairien, induit en erreur par une faute de copiste, eût pris la faute pour une règle, ou que l'*e* eût remplacé l'*o* dans la prononciation de ce mot, comme il arrivait pour quelques autres (*voyez* pag. 398, note du vers 180).

O Troja! o patria! (v. 884). Il y a ici probablement une parodie de quelque tirade d'une tragédie que nous ne connaissons pas. On trouve bien dans ce vers une ressemblance avec un passage de l'*Andromaque* d'Ennius ; mais il est douteux qu'Ennius eût déjà donné son *Andromaque*, ou fût même arrivé à Rome, lorsque les *Bacchis* parurent.

Les Romains, à l'exemple des Grecs, aimaient beaucoup les parodies. Les héros d'Homère et de Sophocle travestis, ridiculisés, les divertissaient infiniment, et un très-grand nombre d'atellanes roulaient sur de pareils sujets. Quelquefois il s'y mêlait une intention satirique. Il en coûta la vie à Helvidius, fils de Priscus, pour avoir fait allusion au divorce de Domitien dans une parodie intitulée *Œnone et Pâris*. (SUETON., *in Domit.*, cap. 10.)

Ipsum exurit (v. 891). Voilà de l'afféterie, et de la plus précieuse. Ce jeu de mots a l'air plutôt d'être emprunté à la Grèce dégénérée, ou à l'Italie moderne, que d'être sorti de la même source que la bouffonnerie, souvent rude et crue, mais jamais maniérée, de notre poète. Nous trouverons encore une inspiration pareille dans le *Marchand* (III, 4) : « Tel est l'incendie que l'amour allume dans mon cœur ; si mes larmes ne sauvaient mes yeux, ma tête s'embraserait. » *Ita... in corde facit amor incendium, Ni oculos lacrumœ defendant, jam ardeat, credo, caput.*

Les meilleurs esprits paient quelquefois leur tribut à la faiblesse humaine. Le goût si pur de Racine ne l'empêcha pas d'écrire ce vers :

Brûlé de plus de feux que je n'en allumai.

Mulsum (v. 923). C'était une recherche des hommes riches, de boire, au commencement du repas, du vin adouci avec du miel, *mulsum*. Lambin dit qu'on donnait de cette boisson aux soldats dans les jours de triomphe ; mais il ne le prouve pas suffisamment. Je crois seulement que Chrysale se promet un repas splendide, où le vin mêlé de miel ne sera épargné ni pour lui général, ni pour ses soldats, Mnésiloque, Pistoclère et leurs amies. Ces comparaisons, prises de la vie militaire, se reproduisent à chaque instant dans le langage des acteurs de Plaute. Ils parlaient selon l'esprit et les idées habituelles des spectateurs.

Coemtionalem (v. 927). On ne sait pas très-précisément ce que veut dire ce mot. Toutefois il est permis, en rapprochant de ce passage une lettre de Curius (Cic., *Epist. fam.*, VII, 29), de conjecturer qu'on appelait en général *senes coemtionales* les vieux esclaves dont on voulait se débarrasser, et qu'on vendait en masse avec d'autres esclaves de plus facile défaite.

Malum tibi dico (v. 951). Pour le double sens de *malum*, voir tom. I, pag. 358, 367. *Malum dicere alicui*, c'est faire une imprécation. Celle de Chrysale tombe comiquement sur le vieillard, soit qu'il lui laisse entendre la fin de la phrase *tibi dico*, mais en la prononçant de manière à lui faire croire qu'elle s'adresse à Mnésiloque, soit, comme j'incline davantage à le penser, qu'il dise ces derniers mots à voix basse, en sorte que le vieillard n'entende que *malum magnum*, qu'il prend pour le cri de l'indignation.

Prius te cavisse œquom fuit (v. 969). Il s'écriera encore tout-à-l'heure, v. 999, « Que n'est-il plutôt resté à Éphèse ! » Voilà bien la nature prise sur le fait. Ces regrets inutiles, ces plaintes qui ne remédient point au mal, sont le cri de l'humaine faiblesse, qui se rejette sur le passé en reculant devant la nécessité d'une douleur ou d'un sacrifice inévitable. « Que diable allait-il faire dans cette galère? » Le bonhomme Argante n'est que l'écho du pauvre Nicobule, et Scapin n'est ni plus adroit ni plus plaisant que Chrysale.

Amator pejeret (v. 994). Ce trait me semble l'un des plus importans à observer dans cette pièce, pour l'histoire des mœurs romaines en ce siècle. Plus tard, ce stratagème de Chrysale n'aurait pas été vraisemblable ; mais alors, on ne s'étonnait pas que Nicobule crût son fils retenu par un lien qu'il ne pouvait briser. Tel fut le respect pour la sainteté du serment. « Nous avons peine à comprendre aujourd'hui, dit Cicéron, le retour de Regulus à Carthage ; mais il lui aurait été impossible de n'y point retourner. Ce n'était pas un effort de vertu qui le distinguât ; c'était la vertu de son temps. » (*De Offic.*, III, 31.) Molière, dans sa scène correspondante à celle-ci (*Fourberies de Scapin*, act. II, sc. 11), a supposé que le jeune homme était pris par des pirates. Pour Nicobule, la foi du serment est une captivité non moins étroite et non moins désespérante.

Montesquieu a dit : « Le serment eut tant de force chez ce peuple, que rien ne l'attacha plus aux lois. Il fit bien des fois, pour l'observer, ce qu'il n'aurait jamais fait pour la gloire ni pour la patrie...... Rome était un vaisseau tenu par deux ancres dans la tempête : la religion et les mœurs. » (*Esprit des lois*, liv. VIII, chap. 13.)

Flagitium volgo dispalescere (v. 998). A voir cette crainte pour la réputation de Mnésiloque, ne croirait-on pas que les anciens étaient très-délicats dans leurs opinions sur l'honnêteté des jeunes gens? Plaute nous explique en plusieurs occasions ce qui leur était interdit, ce qui leur était permis ; et nous ne concevons pas une haute idée de la morale de ces temps-là. Un jeune homme compromettait-il sa fortune, il était blâmé généralement; corrompait-il une personne de condition libre, troublait-il la famille d'un citoyen, c'était un scandale, un opprobre. Mais qu'il fréquentât des courtisanes, on le lui passait volontiers, on l'approuvait même.

Un esclave, dans le *Curculio*, résume ainsi le code des bienséances, concernant les jeunes gens : « Conduis-toi toujours de manière que, si le monde vient à connaître tes galanteries, tu ne sois pas déshonoré. Personne ne t'empêche d'acheter ce qui est en vente. Abstiens-toi de veuve, de femme mariée, de fille nubile, de fils de famille, et tu pourras aimer tout ce qu'il te plaira. »

C'étaient les principes adoptés par le divin Caton. Il savait bon gré à ceux qui n'avaient point de répugnance pour les beautés vénales : *macte Virtute esto, inquit sententia dia Catonis* (HOR., Satire I, 2, 32).

Pervolgatum 'st (v. 1025). Cette pièce fut donnée dans un temps où les Romains avaient rallié la victoire à leurs aigles, et où les fêtes triomphales se multipliaient. Elle n'aura probablement pas précédé de long-temps la conquête de l'Asie, et les guerres contre Philippe et contre les Étoliens.

Unde agis (v. 1058)? Locution à peu près pareille à celles-ci : *Quid agis? Ubi es?* Elles reviennent toutes à l'usage de demander à quelqu'un de ses nouvelles, en l'abordant. Dans la *Cistellaria*, Lampadio salue ainsi son maître, qu'il savait de retour de la campagne : *Unde venis?*

Nitent... haud sordidæ (v. 1075). Bacchis joue sur une équivoque. Cette toison brillante de blancheur, *nitent*, est une allusion à l'éclat des habits, et le mot *sordidæ* peut signifier également malpropres et de bas-lieu. Ces deux vieillards sont des citoyens riches, peut-être des sénateurs, comme Déménète de l'*Asinaria*, comme Apécide et Périphane de l'*Epidicus*.

Taceas (v. 1104). Ces mots *taceas, tace*, dans le dialogue familier des Latins, n'ont point ordinairement le même sens que leurs correspondans en français. Ils ne s'adressent point aux gens à qui l'on veut imposer silence impérieusement. C'est plutôt l'expression du désir d'encourager et de consoler (TERENT., *Eunuch.*, V, 1, 18). On disait ordinairement, quand on voulait faire taire quelqu'un : *Etiam taces?*

Caput prurit (v. 1145). Quand la tête est menacée, la vie, l'existence tout entière est en danger ; et la démangeaison était, chez les anciens, le signe infaillible d'un péril imminent pour la partie du corps qui la ressentait. La mâchoire de Sosie (*Amph.*, v. 139), le dos de Sceledrus (*Mil. glor.*, v. 399), et les épaules de Sagaristion (*Pers.*, v. 32) leur démangent, au moment où des gourmades ou des étrivières se préparent pour eux. Nicobule a donc, en cet instant, le pressentiment de sa perte.

Vidissemus fieri, ut apud lenones, etc. (v. 1161). Un traducteur rend ainsi ce vers : « Si nous n'avions vu auparavant *mettre sur la scène* des pères qui prenaient part aux débauches de leurs fils, » etc. : erreur grave, qui détruit la hardiesse de cette moralité de la pièce, et qui suppose les Romains trop délicats et Plaute trop timide. Ainsi le poète aurait craint que ses spectateurs ne fussent effarouchés de sa dernière scène, et il aurait cherché sa justification ou son excuse dans des exemples d'autres comédies. Le malin citait quelquefois ses confrères pour se moquer d'eux (*Amph.*, prol., v. 41; *Mercat.*, prol., v. 3) : il invoquait peu leur autorité ; et il ne redoute pas tant les susceptibilités de son public. Loin de demander grâce pour la liberté qu'il a prise, en considération de celle qu'on aurait déjà pardonnée à un autre, il déclare aux Romains que c'est, non pas sur un théâtre, mais bien chez eux-mêmes, qu'il a trouvé ses modèles, et que ses fictions s'appuient sur des réalités. Avis à ceux qui devaient en profiter. Il a donné quatre fois une pareille leçon aux vieillards libertins : ici, dans l'*Asinaria*, dans la *Casina* et dans le *Mercator*. Tous les pères ne ressemblaient pas à ce Cornelius Scipion qui alla surprendre un jour son fils chez une courtisane, et le fit sortir devant lui tout confus et rattachant son manteau mal ajusté. Ce jeune homme devait, peu d'années après, sauver les jours de son père, sur les bords du Tésin, et vaincre Annibal dans la plaine de Zama. Ceux qui se conduisaient comme Nicobule et Philoxène, formaient les fuyards de la Trébie et de Cannes. Plaute les a justement flétris.

FIN DU TOME DEUXIÈME.

www.ingramcontent.com/pod-product-compliance
Lightning Source LLC
Chambersburg PA
CBHW051833230426
43671CB00008B/943